本书的出版得到中国马克思主义研究基金会的资助

《德意志意识形态》
"费尔巴哈"章的一种文献学研究

文本重建、文字判读和文献学问题考证

侯 才 编注

中国社会科学出版社

图书在版编目（CIP）数据

《德意志意识形态》"费尔巴哈"章的一种文献学研究：文本重建、文字判读和文献学问题考证 / 侯才编注 . — 北京：中国社会科学出版社，2023.12

ISBN 978 – 7 – 5227 – 2597 – 0

Ⅰ.①德…　Ⅱ.①侯…　Ⅲ.①《德意志意识形态》— 马恩著作研究　Ⅳ.① A811.21

中国国家版本馆 CIP 数据核字（2023）第 173374 号

出 版 人	赵剑英
责任编辑	朱华彬
责任校对	谢　静
责任印制	张雪娇

出　　版	中国社会科学出版社
社　　址	北京鼓楼西大街甲 158 号
邮　　编	100720
网　　址	http://www.csspw.cn
发 行 部	010 – 84083685
门 市 部	010 – 84029450
经　　销	新华书店及其他书店

印刷装订	北京市十月印刷有限公司
版　　次	2023 年 12 月第 1 版
印　　次	2023 年 12 月第 1 次印刷

开　　本	787 × 1092　1/16
印　　张	14
插　　页	2
字　　数	315 千字
定　　价	118.00 元

前　言

　　《德意志意识形态》第一卷第一章"费尔巴哈"（以下简称："费尔巴哈"章）手稿高清照片的公布，《德意志意识形态》第一部第五卷（以下简称：MEGA2_1/5）的问世，以及"费尔巴哈"章在线版（以下简称：Online 版）的上线，使"费尔巴哈"章手稿的原貌和形成过程得到了较为客观和清晰的呈示，同时，也开启了"费尔巴哈"章研究的新起点。

　　鉴于 MEGA2_1/5 将"费尔巴哈"章视为为季刊准备的文集并对其文本编序采取了以写作时间为主、逻辑顺序为辅的编辑原则，在客观上排除和否定了原始手稿所标注的纸张编码的作用和意义，从而也否定了该章固有的文本编序，鉴于既有的"费尔巴哈"章的诸种德文原文版本在对手稿某些语词乃至句子的判读方面仍存在一定的分歧和差异，以及鉴于仍有某些遗留的文献学疑难问题和专业语词的汉译问题有待进一步研究，本书作为一种研究性质的学术版文本主要致力于下述几个方面的工作：

　　一、将"费尔巴哈"章所包含的固有文本视为既相对独立又有机统一的整体，按笔者所曾提出的编辑方案，即确认纸张编码 1—5 均为恩格斯所标注，以该纸张编码为准则来对"费尔巴哈"章诸文本进行编排[①]，对"费尔巴哈"章诸文本进行重新编序。将未编码的、标记有"无法插入"字样的文本"1.一般观念体系，尤其是德国哲学"作为"导言"草稿的遗留文字以及视为"费尔巴哈"章的最初开篇方案排在文本"导言"之后。将巴纳所发现的、被马克思编为第 1、2、29 页的 3 页手稿视为"大束手稿"的组成部分。同时，将 MEGA2_1/5 所收入的恩格斯的《费尔巴哈》这一文本排除在正文之外。

　　二、运用"费尔巴哈"章手稿高清照片对手稿在判读方面仍存在歧义的逾百处文字进行重新辨识、判读和核准，提出自己独立的判定意见，并据此对既有德文文本进行校勘。

[①]　侯才:《〈德意志意识形态〉"费尔巴哈"章的重释与新建——兼评 MEGA2 第一部第 5 卷〈德意志意识形态〉正式版》,《哲学研究》2018 年第 9 期。

三、鉴于经过重新编排和判读的德文文本已区别于既有的诸通行德文文本，故以马克思和恩格斯最终修订的文稿以及经过笔者重新编辑和判读、校订所形成的新的德文文本为底本进行必要的汉译和注释。为尽可能忠实原作的风貌，尽量采用直译的方法。充分重视对哲学专业语词的翻译。同时，注意充分吸收既有诸种汉译本各自的优长。对某些重要的或特殊的语词和句子的翻译注出既有诸种汉译本的不同译法，并加以适当的说明。

四、对在"费尔巴哈"章文献学研究方面仍存在的某些重要问题进行进一步的考证和辨析。

《德意志意识形态》一书的原文书名应译为"德意志观念体系"。郭沫若在 1938 年率先推出该书"费尔巴哈"章汉译本时，借用了日本学者森户辰男和栉田民藏于 1926 年在日译该书第一章中的德文语词 Bewußtseinsform（"意识形式"）时所创制和使用的中文概念"意识形态"，用"意识形态"这一概念来翻译 Ideologie（"观念体系"）一词，以及用"德意志意识形态"这一称谓来作为自己的该书汉译本的封面标题和扉页主标题，由此也在客观上创生了汉语中的"意识形态"这一术语。然而值得注意的是，尽管郭沫若用"德意志意识形态"这一称谓来作为自己的该书汉译本的封面标题和扉页主标题，但是，他在该书的扉页主标题下面仍添加了一个说明性的副标题："原名：德意志观念体系论"，并且在绝大多数情况下将 Ideologie 一词翻译成"观念体系"而非"意识形态"。鉴于"意识形态"这一术语在中国早已为人们所普遍接受，俨然成为定论，本书的标题仍继续沿用"德意志意识形态"这一称谓，但是在译文中则将 Ideologie 一词一律译成"观念体系"。

本书在编版即分页、左右分栏、格式、右栏补充文字和批注所在位置等诸方面均尽可能严格依照原始手稿相应页面的样式，并通过不同的印刷字体将马克思与恩格斯的字迹相区别。

目　录
CONTENTS

编译凡例

1. {1}	恩格斯纸张编码
2. [1]	马克思编页
3. 宋体	恩格斯誊抄和修改字迹
4. 楷体	马克思修订和批注字迹
5. 黑体或楷体加粗	手稿中标有着重号的文字
6. Times New Roman	恩格斯誊抄和修改字迹
7. **Times New Roman**	马克思修订和批注字迹
8. *Times New Roman* 或 ***Times New Roman***	手稿中标有着重号的文字
8. *F*	右栏增补文字插入正文符号
9. X 或 XX	右栏增补文字插入正文符号
10.————	手稿中段落间的分隔线
11. ①	注释（脚注）符号
12. […]	编译者补充的文字或说明符号

上　编

文献学问题研究

《德意志意识形态》是一部极为重要的马克思主义哲学文献。特别是该书第一卷第一章即"费尔巴哈"章，内容颇为丰富，在一定意义上浓缩和体现了全书的精华。自该章的俄文版于 1924 年问世以来，特别是 1972 年 MEGA2（《马克思恩格斯全集》历史考证版）该章"试行版"问世以来，有关文稿遗存的问题较多并难以解决，导致在文稿的理解及其编辑方面歧见纷呈，从而产生了各具特色的不同编排方案和版本。2004 年以 2003 年《马克思恩格斯年鉴》形式发表的 MEGA2《德意志意识形态》第一卷第一、二章"先行版"（以下简称"MEGA2《形态》先行版"），虽然在某些方面推进了既有的研究，然而在文本的理解和编辑方面却存在着诸多失误和误判，导致对文本原始结构的遮蔽和背离。2017 年底面世的 MEGA2 第一部第五卷即《德意志意识形态》正式版（MEGA2-I/5，以下简称"MEGA2《形态》正式版"）为"费尔巴哈"章的研究提供了全新的平台以及重要的契机。但是，由于受到其先行版的影响，该正式版对"费尔巴哈"章的认定、编排和处理仍然存有某些有待商榷和改进之处。本编拟就《德意志意识形态》第一卷"费尔巴哈"章的主要作者、写作动因和"原始论题"、文本构成、文本性质、结构和编序以及文字判读和语词翻译等问题进行必要的考证、澄清和辨析。

一、关于第一卷"费尔巴哈"章的主要作者

关于《德意志意识形态》一书第一卷"费尔巴哈"章的主要作者和写作分工问题，尽管迄今大多数研究者意见较为一致，但实际上仍是一个有待确证和澄清的问题。由于该章涉及唯物主义历史观基本原理的系统论证和阐释，所以这种确证和澄清也就显得更加必要和重要。

众所周知，迈耶、梁赞诺夫和巴纳等人都主张马克思是该章的主要作者。至于遗留下来的手稿大部分是恩格斯的手迹，迈耶率先提出了恩格斯同时承担了文稿"誊写"工作以及记录"事先商量过的某种成熟的想法"这一设想[①]。梁赞诺夫也认为，手稿可能是由恩格斯记录马克思口述内容的结果[②]。梁赞诺夫和迈耶的猜测特别是迈耶的设想得到了巴纳的肯定，同时也得到了国际学术界较为广泛的认可。但是，与此种主张相反，广松涉在研究青年恩格斯思想的专文中，却断然否定了迈耶、梁赞诺夫和巴纳的推断，不仅认为该章的原创者是恩格斯，甚至还进而得出恩格斯在"合奏的初期""拉响第一小提琴"以及"历史唯物主义主要出自恩格斯的独创性见解"这一结论[③]。对于绝大多数研究者来说，广松涉的这种主张的荒谬性是无须多言的。然而，MEGA2《形态》先行版的编辑者陶伯特在其 2004 年出版的先行版中却对此采取了一种甚为含糊和折中的立场，她在谈到大束手稿的第一部分时认为，"从科学的编辑出版的角度来说，能得到完全的保证"

---

① Mayer, G., »Friedrich Engels. Eine Biographie. Bd.1: Friedrich Engels in seiner Fruehzeit. 1820-1851«, Springer-Verlag, 1920, S.226.

② 梁赞诺夫版《德意志意识形态·费尔巴哈》，夏凡编译，张一兵审订，南京大学出版社 2008 年版，第 18 页。

③ 广松涉编著:《文献学语境中的〈德意志意识形态〉》，彭曦翻译，张一兵审订，南京大学出版社 2005 年版，第 358、366 页。

的结论,是"确定马克思和恩格斯作为同等地位的作者"①。然而,这种"同等地位说"如果仅仅是指马克思和恩格斯两者都享有作者的资格,那么显然没有多大意义;如果是指马克思和恩格斯彼此担负了完全对等的写作任务或在写作中扮演了完全对等的角色,没有主次之分,那么则显然不符合历史事实。MEGA2《形态》正式版的编辑者对陶伯特所持的立场有所修正,认为"与恩格斯相比,马克思赋予青年黑格尔派哲学批判以更重大的意义并且起草了较大的部分"②。但是,这一判定是就第一卷整体而言的,并非专门针对"费尔巴哈"章。而且,未免过于笼统和抽象。

对于广松涉的明显属于重大失误的判定,笔者无意在这里去从理论上辩驳,只想枚举几则有助于说明马克思是该章的原创者或主要作者的文献学资料。

首先是马克思于 1846 年 8 月 1 日致卡.威.列斯凯的信。在这封信中,马克思向列斯凯说明了其暂时搁置《政治和政治经济学批判》写作的原因:

> 由于同德国资本家商定要出版那部著作(指《德意志意识形态》——引者注),我就把《政治经济学》的写作工作搁下来了。因为我认为,在发表我的正面阐述以前,先发表一部反对德国哲学和那一时期产生的德国社会主义的论战性著作,是很重要的。为了使读者能够了解我的同迄今为止的德国科学根本对立的政治经济学观点,这是必要的。③

这段文字清晰地表明:马克思将其对德国哲学和德国社会主义的批判同其所进行的政治经济学批判视为密不可分的一体,并且将前者视为后者的前提,也就是说,其对德国哲学和德国社会主义的批判不仅本身具有其独立的意义,而且同时也服务于其政治经济学理论的阐述;而不论对德国哲学和德国社会主义的批判还是对政治经济学理论的阐述,都是表达主要属于马克思自己的理论和观点。

与此相类似,马克思在 1847 年 12 月 9 日致安年柯夫的信中,也完全是以个人著作的口吻来谈论《德意志意识形态》一书手稿的:

> 我的德文手稿(指《德意志意识形态》一书手稿——引者注)没有全部印出来。已印出来那部分,只是为了能够问世,我答应不拿报酬。④

---

① 陶伯特编:《MEGA:陶伯特版〈德意志意识形态.费尔巴哈〉》,李乾坤、毛亚斌、鲁婷婷等编译,张一兵审订,南京大学出版社 2014 年版,第 127 页。

② Bearbeiten von Ulrich Pagel, Gerald Hubmann und Christine Weckwerth, »Karl Marx/Friedrich Engels, Gesamtausgabe(MEGA), erste Abteilung, Werke.Artikel.Entwuerfe«, Bd.5, Hrsg.von der Internationalen Marx-Engels-Stiftung, Walter de Gruyter GmbH, Goettingen, 2017, S.749.

③ 《马克思致卡威·列凯特》(1846 年 8 月 1 日),《马克思恩格斯全集》第 27 卷,人民出版社 1972 年版,第 474-475 页。

④ 《马克思致巴·瓦·安年柯夫》(1847 年 12 月 9 日),《马克思恩格斯全集》第 27 卷,人民出版社 1972 年版,第 479 页。

应予重视的，还有魏德迈（Joseph Weydemeyer）1846 年 4 月 30 日致马克思的信。魏德迈在 1845 年夏曾专门到布鲁塞尔拜访马克思和恩格斯，在那里逗留了一段时间并承担了《德意志意识形态》部分手稿的誊抄工作，显然十分清楚该手稿的写作情况。他在致马克思的信中说：

> 我和路易斯一道通读了你的唯一者（指《德意志意识形态》第一卷第三章"圣麦克斯"——引者注）的大部分，她对此很喜欢。另外顺便说一句，完全重写的那部分是写得最好的。①

在这里，魏德迈将手稿说成是马克思的专属品，根本未予提及恩格斯。

此外，恩格斯的两封信（其中有一封被巴加图利亚列入他主编的《德意志意识形态》第一卷"费尔巴哈"章的"附录"中）在一定意义上也可证明马克思是《德意志意识形态》第一卷"费尔巴哈"章的主要作者。这就是恩格斯分别于 1846 年 8 月 19 日和 10 月 8 日致马克思的信。

1846 年 8 月 15 日恩格斯受布鲁塞尔共产主义通讯委员会的委托到达巴黎，向正义者同盟巴黎各支部的工人成员进行宣传工作，组织通讯委员会。19 日，恩格斯在有机会先于马克思阅读到费尔巴哈 1846 年春发表在《模仿者》（《Die Epigonen》）杂志上的《宗教的本质》一文后，立即致信给马克思，信中说：

> 我浏览了一遍费尔巴哈发表在《模仿者》上的《宗教的本质》。这篇东西除了有几处写得不错外，完全是老一套。一开头，当他还只限于谈论自然宗教时，还不得不较多地以经验主义为基础，但是接下去就混乱了。又全是本质呀，人呀，等等。我要仔细地读一遍，如果其中的一些重要的段落有意思，我就尽快把它摘录给你，使你能够用在有关费尔巴哈的地方（指《形态》第一卷"费尔巴哈"章——引者注）。②

很快，恩格斯就完成了自己所承诺的工作。10 月 8 日，他将该书的摘录以及所附的他自己的一些相关看法寄给了马克思。在信中，恩格斯摘录了该书的七处文字，同时，为了便于马克思引用，均一一标注出其具体出处即引文页码。此外，他还建议马克思：

> 如果你对这个家伙还有兴趣，可以直接或间接地从基斯林格那里搞到他的全集

---

① Joseph Weydemeyer an Karl Marx, 30. April 1846, in: »Karl Marx, Friedrich Engels, Gesamtausgabe（MEGA），Dritte Abteilung, Briefwechsel«, Bd.1, Dietz Verlag, Berlin, 1975, S.533
② 《恩格斯致马克思》（1846 年 8 月 19 日），《马克思恩格斯全集》第 47 卷，人民出版社第 2004 年版，第 387 页。

的第一卷,在这一卷里费尔巴哈还写了一篇序言之类的东西,我见过一些片断,在那里费[尔巴哈]谈到"头脑里的恶"和"胃里的恶",仿佛是要为自己不研究现实作无力的辩解。①

恩格斯这两封信所透露出的信息也可以在一定意义上印证《德意志意识形态》一书第一卷"费尔巴哈"章的写作主要是由马克思来负责和承担的。因为如果主要是由恩格斯负责和承担的话,恩格斯就没有必要专门花费精力去摘录费尔巴哈《宗教的本质》一书,将其提供给马克思为撰写第一卷"费尔巴哈"章作为参考,而完全可以由自己来直接运用所发现的资料亲自从事写作,正像他完全独立地完成由他所主要负责和承担的《德意志意识形态》第二卷"真正的社会主义"的撰写任务那样。

结合上述有关情况,或许我们有理由作出这样的判断:尽管在撰写《德意志意识形态》一书过程中马克思与恩格斯的文字合作互相交织、密不可分,但大体上还是有较为明确的分工,包括"费尔巴哈"章在内的该书第一卷无疑主要是由马克思来负责的。就全书的总体设计和编辑工作而言,其全权负责者也仍然是马克思,这可以从马克思1846年8月1日致卡·威·列凯特的信中得到印证,因为马克思在该信中明确地说明:《德意志意识形态》是"我编辑的和恩格斯等人合写的著作"②。

二、关于含"费尔巴哈"章在内的第一卷的写作动因和"原始论题"

究竟何为包括"费尔巴哈"章在内的《德意志意识形态》第一卷的写作初始动因、主要论战对象和主题?巴加图利亚曾较早地提出,载有鲍威尔《评路德维希·费尔巴哈》一文的《维干德季刊》第3卷的出版,以及同鲍威尔继续论战的需要,是马克思、恩格斯撰写《德意志意识形态》的直接动因。巴加图利亚称:

> 马克思和恩格斯开始写作《德意志意识形态》、写作第一章的直接理由是路·费尔巴哈发表了《就〈唯一者及其所有物〉而论〈基督教的本质〉》的文章(《维干德季刊》,1845年,第2卷),尤其是布·鲍威尔发表了《评路德维希·费尔巴哈》的文章以及麦·施蒂纳发表了《施蒂纳的评论者》的文章(《维干德季刊》,1845年,第3卷)。《维干德季刊》1845年第3卷在10月16—18日期间出版,于11月1日前后在图书市场上出现。③

陶伯特在其所编辑的先行版中,追随巴加图利,断定载有鲍威尔《评路德维希·

---

① 《恩格斯致马克思》(1846年10月8日),《马克思恩格斯全集》第27卷,第63—67页。
② 《马克思致卡威·列凯特》(1846年8月1日),《马克思恩格斯全集》第27卷,人民出版社1972年版,第473页。
③ 巴加图利亚版《德意志意识形态·费尔巴哈》,张俊翔编译,张一兵审订,南京大学出版社2011年版,"序言"第7页。

费尔巴哈》一文的《维干德季刊》第 3 卷的出版以及同鲍威尔继续论战的需要是马克思、恩格斯撰写《德意志意识形态》的最初动因，并且据此将包括"费尔巴哈"章在内的第一卷的主题或所谓"原始论题"明确地概括为"与布鲁诺·鲍威尔的论战"①，并以马克思于 1845 年 11 月 20 日所撰写的反驳鲍威尔《评路德维希·费尔巴哈》一文的文稿即《答布鲁诺·鲍威尔》作为《德意志意识形态》第一卷第一、二章先行版的开篇。

MEGA2《形态》正式版的编辑者意识到陶伯特关于第一卷主要论战对象和论战主题的判断的偏颇和失误，确认"应该是施蒂纳构成了马克思和恩格斯论战以及批判青年黑格尔派的中心"②。然而，却未能将这一理念彻底贯彻到文本的编辑和阐释中，反而在附卷的"导言"中依然沿袭了先行版关于《维干德季刊》第 3 卷的出版以及同鲍威尔继续论战的需要是马克思、恩格斯撰写《德意志意识形态》的最初动因这一说法③，并且将"大束文稿"的第一部分即马克思所标注的第 1—29 页视为马克思、恩格斯最早撰写的《德意志意识形态》的文稿。

实际上，马克思和恩格斯撰写《德意志意识形态》的始初和主要动因是为了回应和批判施蒂纳的《唯一者及其所有物》一书，而《德意志意识形态》第一卷的所谓"原始论题"即主题也是与施蒂纳的论战或对施蒂纳的批判。

施蒂纳《唯一者及其所有物》一书于 1844 年 10 月底在莱比锡出版，比《维干德季刊》1845 年第 3 卷的出版时间整整早了一年。在《唯一者及其所有物》中，施蒂纳将批判的锋芒直接指向费尔巴哈、鲍威尔和赫斯乃至马克思，尤其是指向费尔巴哈的代表作《基督教的本质》和《未来哲学原理》，率先对费尔巴哈哲学进行具有实质性的甚至是根本性的批判。在该书中，施蒂纳基于他的核心概念"自我"即对"现实的个人"的理解，表达了这样一个核心思想：虽然费尔巴哈对基督教进行了批判，将基督教的上帝或神还原为人，宣称"人的本质是人的最高本质"，但是由于这一人的"最高本质"还是一种与现实的个人即"自我"无关的抽象的"纯粹的精神性"，所以，费尔巴哈的工作丝毫也未触及和损害宗教的核心，只不过是将上帝或神从天国移到人间、从彼岸拉回此岸而已，费尔巴哈所给予人们的解放完全是神学意义上的解放。不仅如此，施蒂纳在批判包括马克思在内的社会主义者的一些重要的主张的同时，还径直批评了马克思在《论犹太人问题》中沿用费尔巴哈的术语所表述的人应该成为"真正的类存在物（wirkliches Gattungswesen）"的观点，并且通过注释的形式直接点了马克思的名字④。仅上述这两点就足以使我们想见施蒂纳的《唯一者及其所有物》给马克思和恩格斯所带来的震撼和冲击。

---

① 陶伯特编：《MEGA：陶伯特版〈德意志意识形态·费尔巴哈〉》，李乾坤、毛亚斌、鲁婷婷等编译，张一兵审订，南京大学出版社 2014 年版，第 162 页。

② Hubmann, G.: Die Entstehung des historishen Materialismus aus dem Geiste der Philosophiekritik.Zur Edition der "DeutschenIdeologie" in der MEGA，载中国人民大学编辑《马克思与现时代，——纪念马克思诞辰 200 周年国际高端论坛》论文集（未公开出版），2018 年，第 41 页。

③ Bearbeiten von Ulrich Pagel, Gerald Hubmann und Christine Weckwerth, »Karl Marx/Friedrich Engels, Gesamtausgabe（MEGA），erste Abteilung, Werke.Artikel.Entwuerfe«, Bd.5, Hrsg.von der Internationalen Marx-Engels-Stiftung, Walter de Gruyter GmbH, Goettingen, 2017, S.737-740.

④ Max Stirner, »Der Einzige und sein Eigentum«, Philipp Reclam jun., Stuttgart, 1972，S.192.

笔者以为，正是因为施蒂纳的《唯一者及其所有物》的问世，才给予马克思与费尔巴哈彻底划清思想界限的直接推动力，也正是因为施蒂纳的《唯一者及其所有物》的问世，才迫使马克思不得不将《1844年经济学哲学手稿》束之高阁，因为《手稿》虽然已经内含对费尔巴哈哲学批判的某些要点，但这种批判仍处在潜在的萌芽形式中，还尚未发展成为一种鲜明的和彻底的批判形式。

正因为如此，《唯一者及其所有物》一书于1844年10月底一出版，就引起马克思和恩格斯的极大关注。恩格斯当时从维干德那里获得该书的校样匆匆阅读后立即就写信向马克思推荐该书。值得注意的是恩格斯在信中所写下的下述感言和判断：

> 施蒂纳是以德国唯心主义为依据，是转向唯物主义和经验主义的唯心主义者……正因为如此，所以这个东西是重要的，比赫斯所认为的还重要。我们不应当把它丢在一旁，而是要把它当作现存的荒谬事物的最充分的表现而加以利用，在我们把它翻转过来之后，在它上面继续进行建设。……当施蒂纳摈弃了费尔巴哈的"人"，摈弃了起码是《基督教的本质》里的"人"时，他就是对的。费尔巴哈的"人"，是从上帝引申出来的，费尔巴哈从上帝进到"人"，这样，他的"人"无疑还带着抽象概念的神学光轮。达到"人"的真正道路是与此完全相反的。我们必须从"我"、从经验的、肉体的个人出发……①

而马克思接到恩格斯的信后，很可能在同年11月底以前，就认真地通读和研究了施蒂纳的这部著作，并随即答应为亨利希·伯恩施太因主持的《前进！》杂志撰写批判施蒂纳的文字②。与此同时，马克思还复信给恩格斯，明确地阐述他对施蒂纳著作的基本看法（与恩格斯的看法有所不同）。尽管马克思这封重要的复信没有保留下来，但是，从恩格斯1845年1月20日致马克思的信中可以看出，马克思的观点不仅获得了恩格斯的"完全同意"，而且也说服了赫斯，得到了赫斯的完全肯定和认可③。有理由认为，马克思在准备给亨利希·伯恩施太因的文章以及致恩格斯关于评论施蒂纳著作的复信中实际上已经制定和提出了后来在《德意志意识形态》第一卷第三章得以展开的批判施蒂纳的基本要点。

---

① 《恩格斯致马克思》（1844年11月19日），《马克思恩格斯全集》第27卷，人民出版社1972年版，第11—13页。

② 见《马克思致亨利希·伯恩施太因》（1844年12月2日），《马克思恩格斯全集》第27卷，人民出版社1972年版，第455页："我不能在下星期以前把对施蒂纳的批判寄给你了。"马克思的这一计划后因《前进！》的停刊似乎未能实现，但不能排除马克思已经开始撰写批判施蒂纳的文稿。同时参见 Ergaenzende Materialien zum Biefwechsel von Marx und Engels bis April 1846.In: »Marx-Engels-Jahrbuch« 3. Berlin, 1980.S.299-300.

③ 见《恩格斯致马克思》（1845年1月20日于巴门）："说到施蒂纳的书，我完全同意你的看法。……赫斯……动摇一阵之后，也同你的结论一致了。"载《马克思恩格斯全集》第27卷，人民出版社1972年版，第16页。同时参见赫斯1845年1月17日致马克思的信："当恩格斯给我看您的信时我刚好最终对施蒂纳做出判断，……您对唯一者也完全是从同一视域来看的。"载 »Moses Hess, Briefwechsel«, Hrsg.von Edmund Silberner, Printed in the netherlands by Mouton & co, 1959, S-Gravenhage, S.105.

马克思本人对施蒂纳的《唯一者及其所有物》一书何等重视，可以从这一事实中看出：他不仅承担了批判该书的主要任务[①]，而且几乎是对其进行逐章逐节的批判，遗留下来的德文手稿总计达近 430 页[②]，占《德意志意识形态》全书书稿 650 页的近 70%，其文字量甚至超过了施蒂纳的《唯一者及其所有物》。而且，如果考虑到马克思所标注的第一卷第一章第 30—35 页和 36—72 页这两个片段也是从批判施蒂纳《唯一者及其所有物》的文稿中抽取出来的[③]，可以说，《德意志意识形态》第一卷的基本部分和主要内容就是对施蒂纳哲学的批判。据此我们完全有理由断定：对施蒂纳《唯一者及其所有物》一书的批判其实才是《德意志意识形态》第一卷的真正的"原始论题"和主题，而非陶伯特等人所说的对鲍威尔的论战；而对施蒂纳《唯一者及其所有物》一书批判的手稿即我们今天所见到的《III. 圣麦克斯》部分实际上就是《德意志意识形态》第一卷的初始形态。1845 年 6 月《维干德季刊》第 2 卷和 11 月《维干德季刊》第 3 卷问世后，马克思和恩格斯正是以此手稿为基础构思和形成了新的写作计划，并最终将《形态》第一卷划分和扩展成《I. 费尔巴哈》、《II. 圣布鲁诺》和《III. 圣麦克斯》三个组成部分。

还有必要指出的一个十分重要的事实是，马克思夫人燕妮的回忆也印证了笔者的上述观点和判断。根据燕妮的回忆，马克思、恩格斯之所以写作《德意志意识形态》这部著作，也主要是因为施蒂纳的《唯一者及其所有物》的出版。燕妮在其回忆录中写道：

> 在夏期间（指 1845 年夏——引者注），恩格斯和卡尔撰写了德国哲学批判。出版物（施蒂纳的）《唯一者及其所有物》对此给予了外部的推动。[④]

燕妮的这段简短的记述除了清晰地说明了《德意志意识形态》一书开始写作的时间，同时也清晰地说明了《德意志意识形态》的写作直接源起于对施蒂纳《唯一者及其所有物》的批判。

上述种种情况表明，构成马克思、恩格斯写作《德意志意识形态》这部著作初始动机的首先是施蒂纳的《唯一者及其所有物》一书的出版以及对其批判的需要，而非鲍威尔在《维干德季刊》第 3 卷上所发表的《评路德维希·费尔巴哈》一文的作用和影响。鲍威尔在《维干德季刊》第 3 卷上所发表的《评路德维希·费尔巴哈》一文固然对马克思和恩格斯写作《德意志意识形态》产生了某种直接的作用和影响，然而这种作用和

---

① 关于马克思是《III. 圣麦克斯》部分的主要作者这一事实，如前已述，可以参见魏德迈 1846 年 4 月 30 日致马克思的信。

② »Karl Marx/Friedrich Engels, Gesamtausgabe（MEGA），erste Abteilung, Werke.Artikel.Entwuerfe«, Bd.5, S.1046. 与《形态》正式版的说法稍有不同，陶伯特将其说成是 425 页，见 Inge Taubert, Die Ueberlieferungsgeschichte der Manuskripte der "Deutsche Ideologie" und die Erstveroeffentlichungen in der Originalsprach, MEGA Studien, Hrsg.von der Internationalen Marx-Engels-Stiftung, Amsterdam:IMES 1997/2, S.36.

③ 参见陶伯特编《MEGA：陶伯特版〈德意志意识形态·费尔巴哈〉》，李乾坤、毛亚斌、鲁婷婷等编译，张一兵审订，南京大学出版社 2014 年版，第 127、128 页。

④ 参见 Jenny Marx，»Kurze Umrisse eines bewegten Lebens in Mohr und General, Erinnerung an Marx und Engels«, Berlin：Dietz Verlag, 1964, S.206.

影响是后来才发生的，并不能构成《德意志意识形态》写作的最初和主要的动因。《维干德季刊》第 2 卷和第 3 卷的出版固然也是马克思和恩格斯撰写《德意志意识形态》的直接和重要的推动力，但毕竟是第二次推动力，而非首次和始初的推动力。巴加图利亚片面地强调鲍威尔《评路德维希·费尔巴哈》一文的作用，陶伯特在先行版中有意识地将《德意志意识形态》的"原始论题""降格为与布鲁诺·鲍威尔的论战"[①]，以及郑文吉有关《德意志意识形态》原本可能只是对〈神圣家族〉之批判的回应或再批判的推测[②]，如此等等类似的观点和主张，显然并不符合历史的实际情境。这种臆断，在客观上完全曲解了《德意志意识形态》第一卷的主题和主线。不仅如此，这种臆断还贬低了马克思和恩格斯批判施蒂纳哲学的意义。实际上，马克思和恩格斯批判施蒂纳哲学的意义显然不仅限于批判施蒂纳哲学本身。由于施蒂纳哲学已然是对费尔巴哈哲学的批判和某种超越，所以，实际上马克思和恩格斯对施蒂纳哲学的批判必然内含对费尔巴哈哲学的批判，或者说以对费尔巴哈哲学的批判为前提，因而是对费尔巴哈哲学和施蒂纳哲学的双重批判和扬弃。

与《德意志意识形态》第一卷的写作动因和"原始论题"相关联的另一个问题，是该卷开始写作的时间。关于《德意志意识形态》第一卷的写作时间，既有研究说法不一。迈耶、阿多拉茨基、贝尔·安德烈亚斯认为是 1845 年 9 月[③]。巴加图利亚根据载有鲍威尔《评路德维希·费尔巴哈》一文的《维干德季刊》第 3 卷的出版时间是 1845 年 10 月 16—18 日，认定《德意志意识形态》第一卷开始写作的时间是 1845 年 11 月。陶伯特在其所编辑的先行版中，追随巴加图利，也将《德意志意识形态》第一卷开始写作的时间确定为 1845 年 11 月。MEGA2《形态》正式版则将写作时间定在 1845 年 10 月中旬[④]，即与《维干德季刊》1845 年第 3 卷出版的时间相一致。

然而，如果确认对施蒂纳《唯一者及其所有物》的回应和批判而非同鲍威尔的继续论战是马克思、恩格斯撰写《德意志意识形态》的最初和主要动因，那么，将《德意志意识形态》第一卷开始写作的时间确定为《维干德季刊》1845 年第 3 卷出版或发行的时间即 1845 年 10 月或 11 月就十分令人生疑了，因为施蒂纳的《唯一者及其所有物》一年前就已经出版了，而且，马克思在 1844 年 11 月就已经产生了批判施蒂纳的最初冲动并且已经形成了有关的基本观点和构思。有理由认为，《德意志意识形态》一书的撰写应该首先从该书第一卷第三章即对施蒂纳《唯一者及其所有物》一书的批判开始，而开始

---

① 陶伯特编：《MEGA：陶伯特版〈德意志意识形态·费尔巴哈〉》，李乾坤、毛亚斌、鲁婷婷等编译，张一兵审订，南京大学出版社 2014 年版，第 162 页

② 参阅郑文吉《〈德意志意识形态〉与 MEGA2 文献研究》，赵莉、尹海燕、彭曦译，方向红校译，张一兵审订，南京大学出版社 2010 年版，第 103—104、108 页。

③ Bert Andreas, Karl Marx/Friedrich Engels, Das End der klassischen deutschen Philosophie. »Bibliographie, Schriften aus dem Karl Marx-Haus«, Nr.28, Trier, 1983, S.139.

④ »Karl Marx/Friedrich Engels, Gesamtausgabe（MEGA）, erste Abteilung, Werke.Artikel.Entwuerfe«, Bd.5, S.773-774.

写作的时间按照前面已述的马克思夫人燕妮的回忆最晚也应是在 1845 年夏①，而绝不会拖至 1845 年 10 月甚至 11 月。鉴于马克思和恩格斯赴英国作研究旅行的时间为 1845 年 7 月 12 日至 8 月 21 日，我们有理由推测，马克思和恩格斯正式动笔撰写《德意志意识形态》第一卷的时间很可能是在 1845 年 8 月下旬（按每月划分上中下三旬计算），即从英国返回布鲁塞尔后就开始。

值得注意的是，根据恩格斯本人晚年的有关回忆，《德意志意识形态》一书文稿写作的时间也是第一卷第三章即对施蒂纳《唯一者及其所有物》的批判在先，然后才是第一卷第一、二章即对费尔巴哈和鲍威尔的批判，最后是第二卷即对真正的社会主义的批判：

"［…］

2）施蒂纳 1845/1846 摩尔．& 我

3）费尔巴哈 & 鲍威尔，1846/1847 M.（摩尔，即马克思——引者注）& 我

［…］

13）真正的社会主义 1847，摩尔．& 我

［…］"②

陶伯特在先行版中强调"III. 圣麦克斯"部分也涉及了 1845 年 10 月出版的《维干德季刊》1845 年第 3 卷中施蒂纳的《施蒂纳的评论者》这篇文章，特别是其中包含专门批判《施蒂纳的评论者》一文的《2. 辩护性的评注》这一小节，据此论证《III. 圣麦克斯》部分如同《I. 费尔巴哈》和《II. 圣布鲁诺》部分一样，也是 1845 年 10 月《维干德季刊》第 3 卷出版以后才开始撰写的③。笔者认为，《III. 圣麦克斯》中涉及施蒂纳《施蒂纳的评论者》的文字以及《2. 辩护性的评注》这一小节，实际上均应是马克思 1846 年 3、4 月间在为出版社准备《德意志意识形态》全书付印稿而重新修订既有手稿时补充和追加上去的。

三、关于第一卷"费尔巴哈"章的文本构成

就其《德意志意识形态》第一卷"费尔巴哈"章的正文而论，陶伯特主持编辑的先行版与以往版本的一个重要区别，是新增了两篇文本，即马克思刊载在 1846 年 1 月第 2 卷第 7 期《社会明镜》的短评《答布鲁诺·鲍威尔》和另一篇被编者判为马克思和恩格

---

① 广松涉在其编辑的版本中也援引了燕妮的这一说法作为其判断《德意志意识形态》写作时间的根据，见广松涉编注《文献学语境中的〈德意志意识形态〉》，中译本，彭曦翻译，张一兵审订，南京大学出版社 2005 年版，第 344 页。

② Inge Taubert, Die Ueberlieferungsgeschichte der Manuskripte der "Deutschen Ideologie" und die Erstveroeffentlichungen in der Originalsprach, »MEGA Studien«, Hrsg.von der Internationalen Marx-Engels-Stiftung, 1997/2, S.35.

③ 陶伯特编：《MEGA：陶伯特版〈德意志意识形态·费尔巴哈〉》，李乾坤、毛亚斌、鲁婷婷等编译，张一兵审订，南京大学出版社 2014 年版，第 127 页。

斯是其共同作者的《费尔巴哈》。

MEGA2《形态》正式版将马克思的短评《答布鲁诺·鲍威尔》排除在《德意志意识形态》第一卷"费尔巴哈"章的正文文本之外，同时却在确定恩格斯是《费尔巴哈》篇的作者的情况下，依然将其保留在正文文本之内①。

在笔者看来，将马克思的短评《答布鲁诺·鲍威尔》排除在《德意志意识形态》第一卷第一章的正文文本之外是合理的，亦有充分的根据。然而，将恩格斯的《费尔巴哈》视为并列入《德意志意识形态》第一卷"费尔巴哈"章的正文则无论如何是难以成立的。

先说将马克思的短评《答布鲁诺·鲍威尔》排除在《德意志意识形态》第一卷第一章的正文文本之外的合理性。马克思的短评《答布鲁诺·鲍威尔》发表时稿件标注的日期是 1845 年 11 月 20 日，而刊载布鲁诺·鲍威尔文章《评路德维希·费尔巴哈》的《维干德季刊》第 3 卷是在 1845 年 10 月中旬出版。从时间上看，《答布鲁诺·鲍威尔》一文是在马克思阅读到布鲁诺·鲍威尔的文章《评路德维希·费尔巴哈》后随即写下的，是对鲍威尔文章的一种即时回应。马克思之所以及时回应鲍威尔的反批判文章，从马克思的文章中可以看出，主要是因为鲍威尔对马克思和恩格斯《神圣家族》一书的反批评完全以《威斯特伐里亚汽船》杂志上一名匿名作者对《神圣家族》的歪曲描述和混乱评论为根据（据 MEGA2《形态》正式版编辑者考证，该匿名作者可能是赫曼·克里格 [Hermann Krieg]②），而非以《神圣家族》原著为根据（据此有理由推测，此时鲍威尔还未能见到和直接阅读《神圣家族》一书）。这样一来，当然势必严重曲解或误解马克思和恩格斯的观点和原意。因此，马克思《答布鲁诺·鲍威尔》一文的主旨和目的实际上只是申明一点：这名匿名作者对于《神圣家族》的论点作了"完全歪曲的、荒唐可笑的、纯粹臆想的概括"以及"平庸而混乱的评论"③，并不能代表马克思和恩格斯本人的观点。除此之外，该文并不涉及对鲍威尔文章的论点乃至一般思想的批判。

而且，更为重要的是，《答布鲁诺·鲍威尔》一文所表达的上述申明及其基本内容尔后已经被纳入《德意志意识形态》第一卷正文《II. 圣布鲁诺》的第 3 节《圣布鲁诺反对"神圣家族"的作者》之中。在正文《II. 圣布鲁诺》第 3 节《圣布鲁诺反对"神圣家族"的作者》中，马克思首先回应和批驳了鲍威尔关于《神圣家族》作者以费尔巴哈哲学为前提并持"真正的人道主义"立场的指责。尔后，马克思就重述和发挥了《答布鲁诺·鲍威尔》一文已表述过的申明，即在《威斯特伐里亚汽船》杂志上评论《神圣家族》的

---

① Bearbeiten von Ulrich Pagel, Gerald Hubmann und Christine Weckwerth, »Karl Marx/Friedrich Engels, Gesamtausgabe（MEGA）, erste Abteilung, Werke.Artikel.Entwuerfe«, Bd.5, Hrsg.von der Internationalen Marx-Engels-Stiftung, Goettingen, Walter de Gruyter GmbH, 2017, S.124-128, 964.

② 参见 Bearbeiten von Ulrich Pagel, Gerald Hubmann und Christine Weckwerth, »Karl Marx/Friedrich Engels, Gesamtausgabe（MEGA）, erste Abteilung, Werke.Artikel.Entwuerfe«, Bd.5, Hrsg.von der Internationalen Marx-Engels-Stiftung, Goettingen, Walter de Gruyter GmbH, 2017, S.738. 该评论文章为《神圣家族或对批判之批判的批判，恩格斯和马克思反对布·鲍威尔和同伙》，载《威斯特伐里亚汽船》1845 年度第 1 期，该年 5 月出版，第 206—214 页。

③ 见《对布·鲍威尔反批评的回答》，《马克思恩格斯全集》第 42 卷，人民出版社 1979 年版，第 366、364 页。

匿名作者对《神圣家族》一书的观点作了完全歪曲和主观的报道，而鲍威尔在未能核对原著的情况下却完全以匿名评论作者的评论为根据。马克思特别指出这一事实：鲍威尔文章的"所有引文都是摘自《威斯特伐里亚汽船》（匿名评论文章）上所引用的话，除此以外没有任何引文是引自原著"①。

综上可见，马克思发表在《社会明镜》的短评《答布鲁诺·鲍威尔》一文无论在形式还是在内容上都具有明显的即时性，其写作和发表均系单纯出于澄清事实的需要。而且，其主要内容已被纳入和包含在《德意志意识形态》第一卷正文《Ⅱ.圣布鲁诺》第3节《圣布鲁诺反对"神圣家族"的作者》之中。因此，无论在马克思的编辑构思中还是在马克思和恩格斯交付出版社的付印稿中，该文显然都不可能作为《德意志意识形态》第一卷"费尔巴哈"章的正文而出现。

这样，MEGA2《形态》正式版将马克思的短评《答布鲁诺·鲍威尔》排除在《德意志意识形态》第一卷"费尔巴哈"章的正文文本之外，无疑是对 MEGA2《形态》先行版的一项重要的纠正和改进。

关于被陶伯特列入 MEGA2《形态》先行版《德意志意识形态》第一卷"费尔巴哈"章正文的另一篇文本《费尔巴哈》，巴加图利亚判定其性质为札记，作者是恩格斯，写于 1845 年秋，认为"恩格斯的这些札记显然是为撰写《德意志意识形态》第一卷第三章而作"②。而陶伯特则将马克思和恩格斯标为该文的共同作者，断定"此手稿是为了草稿（指第一卷"费尔巴哈"章手稿——引者注）的修订而成"，从而推断"此手稿是在以布鲁诺·鲍威尔的《评路德维希·费尔巴哈》为对象的论文手稿（即"大束手稿"的第 28 和 29 页——引者注）写下之后才产生的"③。

笔者认为，该短篇手稿系出于恩格斯之手，应为恩格斯为马克思写作第一卷"费尔巴哈"章而提供的资料稿或素材稿，写作时间应在内容上与其相雷同的、马克思所标注的"大束手稿"的第 28 和 29 页手稿完成之前，而非完成之后。也就是说，该短篇手稿既非如巴加图利亚所言，"是为撰写《德意志意识形态》第一卷第三章而作"，更非如陶伯特所断定，马克思和恩格斯是其共同作者，以及是为了第一卷"费尔巴哈"章手稿的修订而写，写于"大束手稿"成形之后。这可以从以下几个方面来看。

其一，在体例上，《费尔巴哈》具有纯读书摘要的性质。该手稿由六个片断组成，用英文字母（a）（b）（c）（d）（e）（f）明确标出六个片断的顺序。在六个片断中，有目的地选择和摘抄了费尔巴哈《未来哲学原理》一文的五段文字，然后主要结合和围绕这些摘录下来的段落附以最必要的说明和评论。因此，完全有理由将这份文稿的标题命名为"费尔巴哈《未来哲学原理》一文摘要和评注"。

---

① 《马克思恩格斯全集》第 3 卷，人民出版社 1960 年版，第 119—120 页。

② 〔德〕巴加图利亚主编：《巴加图利亚版〈德意志意识形态·费尔巴哈〉》，张俊翔编译，张一兵审订，南京大学出版社 2011 年版，第 77 页、第 100 页注 [34]。

③ 〔德〕陶伯特编：《MEGA：陶伯特版〈德意志意识形态·费尔巴哈〉》，李乾坤、毛亚斌、鲁婷婷等编译，张一兵审订，南京大学出版社 2014 年版，第 148 页。

其二，在内容上，如果细心比较就可以发现，"大束手稿"中的第 28 和 29 页手稿明显是在利用、借鉴和吸收《费尔巴哈》内容的基础上而形成的，是对后者的吸纳、深化和发挥。也就是说，在写作时间上，是《费尔巴哈》这篇短篇手稿在前，"大束手稿"的第 28 和 29 页手稿在后，而不是相反。《费尔巴哈》六个片断的主题可以分别概括为：（a）对费尔巴哈哲学的总体评价；（b）费尔巴哈对"交往"的理解；（c）费尔巴哈对新时代哲学任务的规定；（d）费尔巴哈对天主教与新教的区别的论述；（e）费尔巴哈对存在与本质的关系的理解；（f）费尔巴哈对时间的理解。这些，大致构成了《费尔巴哈》这篇手稿的全部内容。将这些内容与"大束手稿"的第 28 和 29 页手稿相对照，可以看出，"大束手稿"的第 28 和 29 页手稿虽然只选用了《费尔巴哈》提供的（b）和（e）这两个片断，但是却抓住了费尔巴哈哲学思想的关键。更为重要的是，"大束手稿"的第 28 和 29页手稿对《费尔巴哈》（b）（e）两个片断中的评论进行了明显的修订、完善和发挥，特别是深化了其思想蕴含。比如，《费尔巴哈》（b）只限于指出：费尔巴哈将对人们之间彼此需要以及交往的研究作为其哲学全部成果的体现，并且赋予其一种自然的和神秘的形式。而"大束手稿"的第 28 页在确认"费尔巴哈关于人与人之间的关系的全部推论无非是要证明：人们是互相需要的，而且过去一直是互相需要的"的同时，还进一步将问题提升到这样的高度：费尔巴哈"和其他理论家一样，只是希望确立对存在的事实的正确理解，然而一个真正的共产主义者的任务却在于推翻这种存在的东西"[1]。这一论断，与马克思《关于费尔巴哈的提纲》中所表述的"哲学家们只是用不同的方式解释世界，问题在于改变世界"的命题可谓完全吻合。又比如，《费尔巴哈》（e）在摘录了费尔巴哈关于存在与本质的论述之后，仅是指出这是"对现存事物的绝妙的赞扬"。而"大束手稿"的第 28 和 29 页手稿则将费尔巴哈关于存在与本质的关系的论述作为费尔巴哈"既承认存在的东西，同时又不理解存在的东西"的一个典型案例来剖析。并且，"大束手稿"的第 28 和 29 页手稿不仅就此对费尔巴哈展开批判，而且还将这种批判扩及鲍威尔和施蒂纳。还有，就举例而言，"大束手稿"的第 28 和 29 页手稿也没有采用《费尔巴哈》（e）所枚举的关于矿井守门人和纺织接线工的例子，而是直接采用费尔巴哈所使用的鱼和水的关系这一更为贴切和直白的事例来进行阐释和说明。如此等等。

其三，在文稿风格上，《费尔巴哈》与恩格斯的文风极为吻合。特别是如果将《费尔巴哈》与前面引述过的恩格斯 1846 年 10 月 8 日致马克思信中所附的关于费尔巴哈《宗教的本质》一书的摘要及所附评论相对照，可以看出某种惊人的类似。值得注意的是《费尔巴哈》（e）片断开始的一句话："《未来哲学》一开头就表明我们（指马克思和恩格斯——引者注）同他（指费尔巴哈——引者注）之间的区别"[2]。这句话不仅体现恩格斯的口吻，而且表明，《费尔巴哈》只是供恩格斯和马克思二人之间传阅的一份文稿。

总之，上述各方面的情况均表明，《费尔巴哈》应为恩格斯为马克思写作第一卷"费

---

[1] 《马克思恩格斯文集》第 1 卷，人民出版社 2009 年版，第 549 页。
[2] 《马克思恩格斯全集》第 42 卷，人民出版社 1979 年版，第 361 页。

尔巴哈"章特别是其中的"大束手稿"部分而提供的资料稿或素材稿，写作时间应在"大束手稿"第 28 和 29 页草稿完成之前。如此说来，显然它也绝不可能构成《德意志意识形态》第一卷"费尔巴哈"章的正文。

　　MEGA2《形态》正式版完全肯定和沿袭 MEGA2《形态》先行版的做法，仍然将恩格斯为马克思撰写和提供的这篇《费尔巴哈》素材稿列入《德意志意识形态》第一卷"费尔巴哈"章的正文文本之中，这不能不说是一个重大的失误。

四、关于第一卷"费尔巴哈"章的文本性质

　　MEGA2《形态》先行版的一个所谓重大创新之处，是一反以往按照各文本之间的内在逻辑来进行文本编序的传统做法，首次采取了所谓按照写作时间即完稿时间来进行文稿排序和编辑的原则。而采用这一原则的前提则是基于这样一个基本的事实判断：《德意志意识形态》并不是一部未完成的著作，而只是为某种期刊（季刊）而准备的文章的汇集。陶伯特强调："为了正确地对待手稿流传下来的状况，我们将流传下来的 7 份手稿……作为独立的文稿进行编辑。""这只不过实现了一个寻找并找到了的全新开端。"①

　　MEGA2《形态》正式版的编者对陶伯特的这一判定给予了完全肯定，认为其在《德意志意识形态》编辑史上具有开创性："由英格·陶伯特负责的《年鉴》在编辑这一版本时有了开创性做法，即把手稿按时间顺序编成独立的文稿。这样一来，首先摈弃了关于著作的虚幻观念。"与此同时，《形态》正式版的编者还对此予以特别发挥："马克思和恩格斯的《德意志意识形态》没有被考虑作为一部著作，而是作为一个季刊，这首先意味着《德意志意识形态》不是一部未完成的著作。更确切地说，马克思和恩格斯根本没有计划要写一部著作，而是原本打算出版一种期刊。"②

　　这样，由此首先提出来的一个重要的问题是：包括"费尔巴哈"章在内的《德意志意识形态》到底是一部著作还是一本文章的汇集？它果真如 MEGA2《形态》先行版和正式版的编辑者所说只是为某种期刊（季刊）而准备的一些文章吗？

　　如我们所知，断定《德意志意识形态》是为计划中的期刊（季刊）而准备的一些文章并非为 MEGA2《形态》先行版和正式版的编辑者们所首创，而是源自戈洛维娜（Galina Golowina）的说法，为其于 1980 年所提出。戈洛维娜对刊载于 MEGA2 III/1 和 MEGA2 III/2 的马克思和恩格斯在 1845—1846 年间的书信进行了分析，根据其中并未提及"两卷《德意志意识形态》"以及马克思早在 1845 年秋就有发行一份季刊的计划，认定《德意志意识形态》原先并非两卷本的著作，而是马克思、恩格斯和赫斯三人为其将

---

① 〔德〕陶伯特编：《MEGA：陶伯特版〈德意志意识形态·费尔巴哈〉》，李乾坤、毛亚斌、鲁婷婷等编译，张一兵审订，南京大学出版社 2014 年版，第 4、13 页。

② Hubmann，G.：Die Entstehung des historishen Materialismus aus dem Geiste der Philosophiekritik.Zur Edition der "DeutschenIdeologie" in der MEGA，载中国人民大学编辑《马克思与现时代，——纪念马克思诞辰 200 周年国际高端论坛论文集》（未公开出版），2018 年，第 40 页。

要发行的季刊所撰写的文稿，而所谓"两卷"的说法并非指两卷著作而是指两卷季刊①。另外，罗基扬斯基（Jakow Rokitjanski）也曾提出过与此相类似的意见，即《德意志意识形态》最初是为季刊而撰写的文章，只是当1846年季刊出版受挫以后马克思和恩格斯才尝试将其改为著作出版②。MEGA2《形态》正式版的编者也认同这一意见："如果将所有材料和全部工作阶段考虑在内，作品的形成过程便会清晰地呈现出来：从计划出版季刊……到季刊出版失败，直至马克思和恩格斯最终决定出版两卷本或单卷本的出版物。"③

对于此种"文集"说，我们不妨首先看一下马克思自己的说法。马克思本人曾在不同场合提及《德意志意识形态》。首先，在《德意志意识形态》"序言"中，马克思在说明该著第一卷的写作目的时称：

> 本出版物第一卷（*Der erste Baende dieser Publication*）的目的在于揭露这些自称为狼而且也被看作狼的绵羊，指出他们如何以哲学的形式咩咩地重复德国市民的想象，而这些哲学宣讲家的大言不惭不过反映了现实德国状况的贫乏。④

此外，在本文第一部分已经引述过的马克思于1846年8月1日致卡·威·列斯凯的信中，马克思多次谈到《德意志意识形态》：

> 为了把我编辑的和恩格斯等人合写的出版物的第一卷手稿（das Manuscript des ersten Bandes der……Publication）安全地带过边境……；
>
> 只是在那出版物的第二卷手稿（……des zweiten Bandes jener Publication）绝大部分已经寄往德国以后……；
>
> 先发表一部反对德国哲学和那一时期产生的德国社会主义的论战性著作（eine polemische Schrift）……；
>
> ……在《政治经济学》出版以前必须完成的那部论战性著作（dieselbe polemische Schrift）；⑤
>
> 等等。

---

① Galina Golowina, Das projekt der Vierteljahrsschrift von 1845-1846: zu den urspruenglichen Publikationsplaenen der Manuskripte der Deutsche Ideologie, »Marx-Engels-Jahrbuch«, 3（1980）, S.260-274.

② Jakow Rokitjanski, »Zur Geschichte der Beziehungen von Karl Marx und Friedrich Engels zu Moses Hess in Bruessel 1845/46«, S.260 Anmelkungen 38.

③ Hubmann, G.: Die Entstehung des historishen Materialismus aus dem Geiste der Philosophiekritik.Zur Edition der "DeutschenIdeologie" in der MEGA, 载中国人民大学编辑《马克思与现时代，——纪念马克思诞辰200周年国际高端论坛论文集》（未公开出版），2018年，第40页。

④ Bearbeiten von Ulrich Pagel, Gerald Hubmann und Christine Weckwerth, »Karl Marx/Friedrich Engels, Gesamtausgabe（MEGA）, erste Abteilung, Werke.Artikel.Entwuerfe«, Bd.5, Hrsg.von der Internationalen Marx-Engels-Stiftung, Walter de Gruyter GmbH, Goettingen, 2017, S.3.

⑤ 《马克思致卡威·列凯特》（1846年8月1日），《马克思恩格斯全集》第27卷，人民出版社1972年版，第474—475页。译文有修订。

　　诚然，马克思在这里指谓《德意志意识形态》使用的是较为抽象的语词 Publication（意为：出版物）和 Schrift（意为：文章、论文；著作、书籍），而非更具体的 Werk（意为：作品；著作、书）或 Buch（意为：书、书籍；著作）。但是，笔者注意到，在同一封信中，马克思在谈到其正在撰写和计划出版的另外两卷本著作《政治经济学批判》时，使用的称谓也多是 Schrift。这表明，Publication 和 Schrift 这两个语词很可能是马克思的惯用语，即对其使用是出于马克思个人的偏好和表述习惯，马克思并没有将它们与 Werk 一词进行有意识的或严格的区分。假若如此，也就难以将使用 Publication 或 Schrift 而非 Werk 作为论证《德意志意识形态》是文集而非著作的证据。

　　而且，实际上，马克思在谈及《德意志意识形态》时也并非完全没有用过 Werk 一词。例如，在 1860 年 3 月 3 日致法律顾问维贝尔的信中，马克思在谈到《德意志意识形态》时就称其为"一部两卷本的著作"（ein zweibaendiges Werk）：

　　　　在布鲁塞尔我除了为各家激进的巴黎报纸和布鲁塞尔报纸不取报酬写稿以外，还同恩格斯合写了……关于现代哲学和社会主义的一部两卷本的著作 [ein zweibaendiges Werk]（没有出版，见我的《政治经济学批判》一书的序言，1859 年由弗·敦克尔在柏林出版）以及许多传单。①

　　此外，应予特别提及的是，在本文第二部分所提及的燕妮的回忆录中，燕妮在谈到《德意志意识形态》时也径直称其为"著作"（Werk）。她在叙述了"在夏期间，恩格斯和卡尔撰写了德国哲学批判。出版物（施蒂纳的）《唯一者及其所有物》对此给予了外部的推动"之后，紧接着写道：

　　　　它（指《德意志意识形态》——引者注）成为一部庞大的著作（ein voluminoeses Werk），并应在威斯特法伦州出版。②

　　燕妮在这里明确称《德意志意识形态》为"一部庞大的著作"（ein voluminoeses Werk）。然而令人不解的是，燕妮的这一回忆却没有被 MEGA2《形态》卷的编辑者和某些研究者们所重视和引用。但是，笔者恰恰认为，燕妮的这一长篇回忆录极有可能经过马克思本人的亲自过目和审订，是不应被忽视的。

　　这样看来，无论马克思用 Publication 和 Schrift 还是用 Werk 来称谓《德意志意识形态》，他所说的实际上都是"一部两卷本的著作"。

　　或许还需要继续追问的是，《德意志意识形态》是否原初是为季刊而撰写的一些文

---

① »Marx-Engels-Werke«，Band30，Dietz-Verlag，Berlin，1974，S.509. 参阅赵玉兰《〈德意志意识形态〉：著作还是季刊?》，载冯鹏志主编《哲学与中国》2018 年春季卷。

② 参见 Jenny Marx，»Kurze Umrisse eines bewegten Lebens in Mohr und General，Erinnerung an Marx und Engels«，Berlin：Dietz Verlag，1964，S.206.

章，只是当 1846 年季刊出版受挫后马克思和恩格斯才将其改为著作以便出版的。

　　实际上，如果不纠缠和囿于表面形式，判断一个作品是著作抑或文集，归根到底要看其作品的实际内容及其内在结构的完整性、系统性、有机性和内在的逻辑统一性等。如果原本就是文集，即使赋予其著作的形式，本质上仍是文集；反之，如果原本是著作，即使赋予其刊物的形式，即通过在刊物上连载而面世，本质上也依然是著作。就此而论，如果《德意志意识形态》原本是著作，即便马克思和恩格斯曾经有过通过季刊来将其发表的设想，也否定不了其是著作。这样，如果我们就作品本身的内容及其结构来考察，那么，一个明显的事实则是，不要说《德意志意识形态》全书，仅该书第一卷"圣麦克斯"章本身——如前已述，该章占全书总量的近 70%——就堪称或理应被视为一部独立的著作。在现存的"圣麦克斯"章的文稿中，"旧约：人"的部分中的 D.1、2、3、4 节被马克思移到"费尔巴哈"章的第 30—35 页；"新约：我"的部分中的"B. 我的交往"中的 I.1、2、3、4 节被马克思移到"费尔巴哈"章的第 36—72 页；"新约：我"的部分中的"C. 我的享乐"中的第 1 小节 1、2、3、4、5 佚失。这三部分手稿的分离和佚失，在一定程度上影响了"圣麦克斯"章的完整性和全貌。然而，如果我们将这 3 部分复原，"圣麦克斯"章作为一本独立著作的风貌就向我们完整地展现出来。伯恩斯坦正是看清了这一点，于是分别于 1903—1904 年和 1913 年通过报刊的形式将其大部分文稿作为独立的著作予以发表。而他首次发表"圣麦克斯"章手稿所命名的标题就是"圣麦克斯。源自马克思和恩格斯论施蒂纳的一部著作（Aus einem Werk）"[①]。

五、关于第一卷"费尔巴哈"章的文本结构和排序

　　MEGA2《形态》先行版在彻底否定《德意志意识形态》第一卷是一部著作的基础上，按照文集的构思采取了所谓按照写作时间即完稿时间来编辑文本的原则，对《德意志意识形态》第一卷"费尔巴哈"章的各部分文稿进行了如下编序：

　　　　I/5-1　马克思:《答布鲁诺．鲍威尔》；

　　　　I/5-3　马克思、恩格斯:《费尔巴哈和历史。草稿和笔记》；

　　　　I/5-4　马克思、恩格斯:《费尔巴哈》；

　　　　I/5-5　马克思、恩格斯:《I. 费尔巴哈 A. 一般意识形态，特别是德意志的》；

　　　　I/5-6　马克思、恩格斯:《I. 费尔巴哈 1. 一般意识形态，特别是德国哲学》；

　　　　I/5-7　马克思、恩格斯:《I. 费尔巴哈 导言》（"正如德国意识形态家们所宣告的……"）；

　　　　I/5-8　马克思、恩格斯:《I. 费尔巴哈 残篇 1》（"各民族之间的相互关系……"）；

---

①　Der heilige Max.Aus einem Werk von Marx-Engels ueber Stirner.Vorbemerkung, in: »Dokumente des Sozialismus«, hrsg.von Eduard Bernstein（Suttgart, 1903）, Bd.3, S.17f., 19.; "Mein Selbstgenuss".Unveroeffentlichtes aus dem Nachlass von Karl Marx, hrsg.von E.Bernstein, »Unterhaltungsblatt des Vorwaerts«, Nr.52, 14.Maerz 1913, S.205.

I/5-9　马克思、恩格斯:《I. 费尔巴哈 残篇 2》("由此可见，事情是这样的……");

I/5-10　马克思、恩格斯:《莱比锡宗教会议》;

I/5-11　马克思、恩格斯:《II. 圣布鲁诺》;

附录：约瑟夫·魏德迈和马克思:《布鲁诺·鲍威尔及其辩护士》。[①]

抽象而论，按照文稿的写作时间来进行文本的编序也不是没有其特殊的价值和意义。这主要体现在，有助于弄清作者在撰写过程中的思想的发展和演进过程。但是问题在于，构成《德意志意识形态》第一卷"费尔巴哈"章的正文文本实际上是经过马克思和恩格斯亲自构建和编辑过的，在各个文本之间是存在内在逻辑和结构的。撇开文本上既有的原始数字编码顺序不论，仅就文本的内容而言，"导言"文本的标题（被马克思写在阿姆斯特丹国际社会历史研究所档案编号为 A10 的手稿上）以及 "I. 费尔巴哈"文本的标题（被恩格斯抄写在马克思和伯恩斯坦标注的第 1 页、阿姆斯特丹国际社会历史研究所档案编号为 A11 的手稿上）都是文稿中原来就有的，这已经清晰地向人们昭示了《德意志意识形态》第一卷"费尔巴哈"章正文文本的大致的内在逻辑、结构和排序。从逻辑上说，既然是"导言"，当然应该位于全部正文的前面，而不应该被置于全部正文的末尾；既然是文本上标有 "I. 费尔巴哈"的标题，当然应该属于全部正文的开始部分，而不应该被置于全部正文的中间；而没有被加任何标题的 "大束手稿"即所谓 "费尔巴哈和历史。草稿和笔记"，作为全部正文的主体，显然应该位于全部正文的开始部分即文本 "I. 费尔巴哈"之后，而不应该被置于文本 "I. 费尔巴哈"之前；如此等等。然而，由于先行版的编辑者采用所谓按照写作时间即完稿时间来进行排序的原则，其编辑结果当然只能是既有的逻辑、结构和文本顺序都被颠倒或倒置了。

MEGA2《形态》正式版的编辑者试图彻底遵循《形态》先行版按照写作时间来编辑文稿的原则，但是面对由此而带来的棘手问题和消极后果，不得不对手稿的总体关联和内在逻辑给予一定的注意，因此便采取了一种略带改良和折中的方案，即按照文本写作时间与按照文本内在逻辑相结合、而仍以按照文本写作时间为主的办法[②]，在对先行版的"费尔巴哈"章的编排方案进行稍许调整的基础上，对诸文本作出如下编排：

H1. 马克思：前言（"人们迄今总是为自己造出关于自己本身……种种虚假观念"）

---

① 陶伯特编:《MEGA：陶伯特版〈德意志意识形态·费尔巴哈〉》，李乾坤、毛亚斌、鲁婷婷等编译，张一兵审订，南京大学出版社 2014 年版，第 3 页。

② 编辑者承认，"纯粹按时间顺序编排手稿会遇到下述问题：作为统一流传下来的文稿不得不分成多个部分；时间顺序排列也总是难以被精确地确定……。此外，按时间顺序排列也可能会同作者的意图相矛盾，这种意图通过章的编码或贯穿……大束手稿整个文本的编码而得到体现"。因此，编辑者坦承：该卷的文本编排是权衡有关编排的各种可能性及其利弊的一种结果。参见 Bearbeiten von Ulrich Pagel, Gerald Hubmann und Christine Weckwerth, »Karl Marx/Friedrich Engels, Gesamtausgabe（MEGA），erste Abteilung, Werke.Artikel.Entwuerfe«, Bd.5, Hrsg.von der Internationalen Marx-Engels-Stiftung, Walter de Gruyter GmbH, Goettingen, 2017, S.795, Anmerkungen 264.

H2. 马克思、恩格斯:《I. 费尔巴哈 . A. 一般意识形态，特别是德意志的》

H3. 马克思、恩格斯:《I. 费尔巴哈 . 1. 一般意识形态，特别是德国哲学》

H4. 马克思、恩格斯:《I. 费尔巴哈 ."正如德国意识形态家们所宣告的……"》

H5. 马克思、恩格斯：论费尔巴哈的大束手稿

H6. 恩格斯、马克思:《费尔巴哈》(摘记)

H7. 马克思、恩格斯:《残篇 1，编页 3》("各民族之间的相互关系……")

H8. 马克思、恩格斯:《残篇 2，编页 5》("由此可见，事情是这样的……")

H9.《莱比锡宗教会议》①

  将其与先行版对比不难看出，MEGA2《形态》正式版对先行版所做出的修正，除了将马克思的短评《答布鲁诺·鲍威尔》排除于"费尔巴哈"章的正文文本之外，是把论费尔巴哈的"大束手稿"和《费尔巴哈》这两篇文本由原来第一和第二的位置移置到了"导言"即《I. 费尔巴哈 ."正如德国意识形态家们所宣告的……"》这篇文本之后。

  在某种意义上，或许可以将 MEGA2《形态》正式版所采取的这种编辑方案看作一种新的编辑模式，即以文本写作时间为主、以文本内在逻辑为辅的模式。假若如此，那么在《德意志意识形态》第一卷"费尔巴哈"章编辑史上除基本沿用手稿编页的模式外迄今已经形成和存有了三种有代表性的独立的编辑模式:(1)以文本内在逻辑为原则的模式 ②;(2)以文本写作时间（年代学）为原则的模式;(3)以文本写作时间（年代学）和文本内在逻辑相结合而以文本写作时间为主为原则的模式。

  现在的问题是，MEGA2《形态》正式版所采取的这种以文本写作时间为主、以文本内在逻辑为辅的编辑模式是不是最合理的模式？它是否客观地再现了《德意志意识形态》第一卷"费尔巴哈"章的文本结构和编序的原貌？

  笔者注意到，MEGA2《形态》正式版所创新的编辑模式如同以往的前两种编辑模式一样，也依然忽视、回避乃至排除了这样一个重大的问题，即手稿上遗存的原始纸张数字编码。这一问题迄今一直未能得到解决，成为《德意志意识形态》第一卷"费尔巴哈"章编辑史上的悬案。而在笔者看来，手稿上遗存的原始纸张数字编码，才是破解文本原始结构和排序的密钥，因此也是复原和重建文本结构的关键。因此，在此有必要正式和明确提出《德意志意识形态》第一卷"费尔巴哈"章的另种编辑方案和模式——按照恩格斯在文本手稿上标注的纸张原始编码来进行文本排序和编辑的方案和模式。

---

① Bearbeiten von Ulrich Pagel, Gerald Hubmann und Christine Weckwerth, »Karl Marx/Friedrich Engels, Gesamtausgabe（MEGA）, erste Abteilung, Werke.Artikel.Entwuerfe«, Bd.5, Hrsg.von der Internationalen Marx-Engels-Stiftung, Walter de Gruyter GmbH, Goettingen, 2017, S.723.

② 以文本的内在逻辑为原则重建"费尔巴哈"章，是在找不到确凿的客观依据的情况下做出的一种相对合理的选择，对于深入理解和把握文本的内容也具有一定的意义，因此被以往的研究者在不同程度上采用。这不仅在阿多拉茨基版和广松涉版中得到较充分的体现，而且在梁赞诺夫版和巴加图利亚版中也有所体现。笔者也曾以该原则为主要依据提出过一种重建《德意志意识形态》"费尔巴哈"章的方案。参见侯才《对〈德意志意识形态〉第一章文稿结构的重建》，载《中共中央党校学报》2003 年第 2 期。

手稿遗留下来的既有四种编码，分别为恩格斯、马克思、伯恩斯坦以及阿姆斯特丹国际社会历史研究所所标注。其中，马克思和恩格斯本人的亲自编序无疑最为重要。马克思具体标注了"大束手稿"的页码，尽管现在已经缺失了第3—7页以及第36—39页，但是"大束手稿"的整体性及其内在结构依然被清晰地呈现了出来。相比较而言，恩格斯所标注的纸张编码似乎缺乏完整性。迄今为止人们所能辨认和认同并被马克思改写过的恩格斯的纸张数码主要是6—11、20—21、84—92这样三组，即"6"（被分为b、c、d、e）"7""8""9""10""11"；"20"；"21"；"84""85""86""87""88""89""90""91""92"。先行版的编辑者虽然在相关的出版说明中也谈到手稿《残篇2》有恩格斯标注的纸张数码"5"以及手稿《残篇1》第一印张有被认为恩格斯所写的纸张数码"3"，但是同时却又坚执地认定：数码3"无法确定到底是出自恩格斯的笔迹还是出自第三者"，而纸张编码1、2、4等"这些编号出自伯恩斯坦之手"[①]，与恩格斯无关。由此得出的结论是：无法利用纸张编码来确定各文本排列的顺序。这样，纸张编码这一手稿原始标记的作用和意义就被彻底否定和排除在编辑原则之外。

其实，如果仔细研究就不难发现，恩格斯的编码实际上有着自身独有的特点，这使它与马克思的编页不仅明显区别开来，而且相互补充。这一特点就是，编码按纸张（每一张纸包含4页）来进行，数字所显示的是纸张的排序，而非文稿具体页码的排序。具体说来，它在每一张纸上只标出一个数字，数字均被写在纸张首页的上端中间。而且，这种纸张排序几乎涉及第一卷"费尔巴哈"章正文的所有文本。而马克思的编页则是按每一张纸所含有的具体书写页面来计算，即将每一张纸中所包含的带有文字的纸页页面（通常为4页）逐一都用数字标记出来。而且，其编页范围只限于"大束手稿"。在弄清了恩格斯这一编序特点以后，再回头看"导论""A.一般意识形态，特别是德意志的""残篇1"和"残篇2"这四篇原始文稿，就会发现它们在每一张纸首页上端实际上均标有纸张数字，按1-5顺序排列，不仅与恩格斯所标记的6—11、20—21、84—92三组印张数码的编码所具有的特点完全一致，而且与恩格斯所标注的6—11这组印张数码直接相衔接。就数字的写法和墨色而言，与其他纸张上标记的数字的写法和手稿字迹本身的墨色比较，也无明显不同之处。据此，笔者认为可以断定：分别标记在"导论""A.一般意识形态，特别是德意志的""残篇1"和"残篇2"这四篇原始文稿上带有斜划线数字的1—5纸张数码，即"1""2""3""4""5"，应均为恩格斯所标记，是出自恩格斯的手笔。

这样一来，我们就得到了恩格斯对《德意志意识形态》第一卷"费尔巴哈"章正文文本几乎全部纸张的编码，从而也得到了恩格斯列入《德意志意识形态》第一卷"费尔巴哈"章的全部正文文本以及恩格斯对这些文本所进行的排序，这就是：

[①]　陶伯特编:《MEGA：陶伯特版〈德意志意识形态·费尔巴哈〉》，李乾坤、毛亚斌、鲁婷婷等编译，张一兵审订，南京大学出版社2014年版，第150页。

纸张编码"1":《导言》("正如德国意识形态家们所宣告的……");

纸张编码"2":《I. 费尔巴哈 A. 一般意识形态，特别是德意志的》;

纸张编码"3""4":《残篇1》("各民族之间的相互关系……");

纸张编码"5":《残篇2》("由此可见，事情是这样的……");

纸张编码"6"—"11"、"21"、"84"—"92"（分别对应马克思编页的第8—29、30—35、40—72页）:"大束手稿"。

应该说，这就是马克思、恩格斯生前所亲自编定的《德意志意识形态》第一卷"费尔巴哈"章正文的文本构成及其内在结构。

基于此，应该得出的结论自然是：这一原始的文本构成及其结构也是我们今天编辑和出版《德意志意识形态》第一卷"费尔巴哈"章所应该遵循和再现的、客观和合理的方案。

从恩格斯所做的上述编序可以看出，在既有的应属于《德意志意识形态》第一卷"费尔巴哈"章的正文文本中，只有被用铅笔标记上"无法插入"字样的"1. 一般意识形态，特别是德国哲学"这一文稿未被恩格斯所列入和编号。笔者推测，该文稿之所以未被恩格斯列入，主要原因是该文稿的前半部分草稿在修订时已经被改作"导言"而重新誊抄并被恩格斯列为纸张编码"1"。恩格斯未处理的其实只是该文稿后半部分即在"1. 一般意识形态，特别是德国哲学"标题下所写的五个自然段，这部分文字被伯恩斯坦标记为第43和第44页，被阿姆斯特丹国际社会历史研究所标记为A11/9和A11/10。

以恩格斯通过纸张编码所作的"费尔巴哈"章诸文本的上述编序为准则和标尺，或许可以对后人所做的该章原始手稿的编页以及迄今已出版的各种版本的文本编排做出明晰的评判。

应该说，伯恩斯坦和阿姆斯特丹国际社会历史研究所标注的编页都是基本上尊重和忠实于马克思和恩格斯所构建的文本结构和排序的，只是对"1. 一般意识形态，特别是德国哲学"这一篇特殊文稿的处理方式有所不同，即伯恩斯坦是将其排列到文本"残篇1"即"各民族之间的相互关系……"之后，阿姆斯特丹国际社会历史研究所是将其排列到文本"I. 费尔巴哈 A. 一般意识形态，特别是德意志的"之后，而迄今既有的各种版本的编辑则都在不同程度上偏离了马克思和恩格斯所亲自构建的文本结构和排序。

梁赞诺夫版作为"费尔巴哈"章的第一个版本，开创了该章诸文本编辑的先河。该版在按照恩格斯的纸张编码和马克思的大束手稿编页来进行"费尔巴哈"章的文本编辑方面做出了最初的尝试，特别是对恩格斯的纸张编码给予了一定的重视，并将其作为文本排序的不证自明的前提，自觉地"利用了这些页码排序"[1]，从而在很大程度上奠定了尔后的"费尔巴哈"章编辑的基础。遗憾的是，该版未能将恩格斯的纸张编码明确地提升

---

① 梁赞诺夫主编:《德意志意识形态·费尔巴哈》，夏凡编译，张一兵审订，南京大学出版社2008年版，第18页。

为文本编辑的根本准则和将其贯彻到底。这表现在，该版认为"残篇 1"即"各民族之间的相互关系……""其内容是对主手稿的全部内容的概括和总结"，因此，撇开恩格斯的 3 和 4 的纸张编码，将其冠之以"分工和所有制的形式"这一标题，置于大束手稿的最后①。这样一来，恩格斯的纸张编码顺序就被变成了 1、2、5、6（—92）、3、4。此外，在"费尔巴哈"章所原有的"A. 一般意识形态，特别是德意志的"这一标题的基础上，又主观地添加了"[B.] 唯物主义观点中的经济、社会、个人及其历史"这一标题，以及将手稿中的文字"国家和法同所有制的关系"列为标题 [C.]，从而将全章划分为三个组成部分。这显然破坏了该章原有的内在结构。

阿多拉茨基版撇开恩格斯的纸张编码乃至马克思的大束手稿编页，依据手稿中的批注和分隔线，采取了按专题进行分类选编的编纂方式，完全打乱了该章手稿固有的内在秩序，从而使该章彻底变成了专题汇集。

巴加图利亚版直接采用和沿袭了阿姆斯特丹国际社会历史研究所对"费尔巴哈"章各文本所作的排序，正如该版编辑者在其"序言"中所云："文本按照其手稿顺序编排"。②这使得该版在客观上基本遵循了恩格斯的纸张编码。但是，与梁赞诺夫版相类似，该版同时主观地对全章的结构作了某种新的划分，即将大束手稿分割为三个相互独立的部分以及将其余文稿合并为一个部分，进而将"费尔巴哈"章全部文稿分为四个部分 26 个小节。这在客观上无疑割裂了大束手稿的内在结构和统一性，有悖于马克思将其连续编页的意图。另外，阿姆斯特丹国际社会历史研究所对于"1. 一般意识形态，特别是德国哲学"这一特殊文本的处理，即将其排列在文本"I. 费尔巴哈 A. 一般意识形态，特别是德意志的"之后，实际上缺乏充分的根据，具有一定的主观性。然而，巴加图利亚版无批判地沿袭了阿姆斯特丹国际社会历史研究所的这一处理方案。

涩谷正版沿用了巴加图利亚版的结构，即在尊重文稿既有编码和编页的同时将全部文稿划分为四个组成部分。但是该版的一个突出特色是，将"导言"的完整基底稿（含有"1. 一般意识形态，特别是德国哲学"这一部分）列为正文放在了誊清稿"导言"之后。这无疑是一种有益的尝试。

值得专门提及的是利波尔版。这里说的利波尔版，指的是由汉斯-约阿希姆·利波尔（Hans-Joachim Lieber）和佩特尔·富尔特（Peter Furth）主编的《马克思著作集》（六卷七册）第 2 卷。该卷收录了《德意志意识形态》全书，由联邦德国科学书社 1971 年出版③。由于种种原因，该版迄今尚未引起国际和国内学界的注意。该版"费尔巴哈"章的编序特点是，完全承继和沿袭了阿姆斯特丹国际社会历史研究所对"费尔巴哈"章

---

① 梁赞诺夫主编：《德意志意识形态·费尔巴哈》，夏凡编译，张一兵审订，南京大学出版社 2008 年版，第 99 页及其注释 3。

② 巴加图利亚主编：《巴加图利亚版〈德意志意识形态·费尔巴哈〉》，张俊翔编译，张一兵审订，南京大学出版社 2011 年版，"序言"第 8 页。

③ Karl Marx/Friedrich Engels, »Kritik der neuesten deutschen Philosophie in ihren Repräsentanten, Feuerbach, B.Bauer und Stirner, und des deutschen Sozialismus in seinen verschiedenen Propheten, Karl Marx, Frühe Schriften«, Bd.2, Hrsg.von Hans-Joachim Lieber und Peter Furth, Wissenschaftliche Buchgesellschaft, Darmstadt 1971.

各文本所作的排序，然后将其分为两个部分，"导言"即文本"正如德国意识形态家们所宣告的……"单独作为一个部分，其余所有文本被视为一个整体而作为一个部分。这样，利波尔版既遵循了恩格斯的纸张编码，又纠正和避免了梁赞诺夫版和巴加图利亚版主观划分全章文本内在结构的缺陷。唯一值得商榷的只是对于"1.一般意识形态，特别是德国哲学"这一特殊文本的处理，其原因已在上面说过了。

广松涉版将"1.一般意识形态，特别是德国哲学"这一特殊文本作为大束手稿第11页的异稿来处理，将纸张编号5即文本"由此可见，事情是这样的……"作为大束手稿的第13—16页的异稿来处理，将纸张编码2即文本"I.费尔巴哈 A.一般意识形态，特别是德意志的"视为大束手稿的第1—7页，以及将纸张编码3和4即文本"各民族之间的相互关系……"视为大束手稿的第36—39页。这一处理方案虽然基于文本之间内容上的某种关联，但由于缺乏充分的实证根据，不免流于主观臆测。按照这一方案，纸张编码为2、3、4、5的三个文本的独立性就被取消了。另外，该版承认巴纳发现的第29页文稿属于大束手稿，同时却将巴纳发现的第1、2页文稿排除在大束手稿和正文之外而作为附录来处理，这也未免自相矛盾。其实，如果前者有理由被归入大束手稿，那么后者同样也有理由被归入大束手稿。

比较之下，很显然，MEGA2《形态》先行版和正式版离开恩格斯的纸张编码都太远了。按照MEGA2《形态》先行版的文本排序，恩格斯纸张编码的顺序被颠倒成了6（-92）、2、1、3、4、5。而如果将MEGA2《形态》正式版的文本排序与恩格斯的纸张编码排序相对照，则会发现，MEGA2《形态》正式版把"导言"即文本"正如德国意识形态家们所宣告的……"置于第三而不是第一的位置，以及把文本"各民族之间的相互关系……"和文本"由此可见，事情是这样的……"置于大束手稿之后而不是之前，均有悖于恩格斯的纸张编码。由此导致的结果是，在MEGA2《形态》正式版中，恩格斯纸张编码的顺序被颠倒成：2、1、6（—92）、3、4、5。

最后要提及的是MEGA2《形态》正式版编辑者格拉尔德·胡布曼（Gerald Hubmann）和乌尔里希·帕格尔（Ulrich Pagel）在正式版之外专门编辑和出版的一个完全按照文本写作时间顺序来编排的"费尔巴哈"章的单行本，该单行本被命名为"德意志意识形态，论哲学批判——按年代学编辑的手稿"[①]，或可简称为胡布曼版。正如副标题所示，该版堪称按写作时间编排"费尔巴哈"章诸文本的一个典型的标本。根据该版的文本排序，恩格斯的纸张编码被颠倒为6（-92）、3、4、5、2、1，由此，"费尔巴哈"章的内在逻辑和系统性也就被彻底解构了。如前已述，若撇开文本的原有编序和内在结构不论，按照文本写作时间来对文本进行编排也有其某种特定的价值和意义。但问题是，有的文本的写作时间根本无法精确确定，只能根据大致的推测。如此一来，这种编序方法也就部分地缺失了客观的实证性的根据。

---

① Gerald Hubmann/ Ulrich Pagel hrsg., »Karl Marx/Friedrich Engels, Deutsche Ideologie.Zur Kritik der Philosophie，------Manuskripte in chronologischer Anordnung«, Walter de Gruyter GmbH，2018.

六、关于第一卷"费尔巴哈"章手稿的文字判读和文本汉译

对"费尔巴哈"章手稿文字的辨识和判读是复原和重建该章的最为基础性的工作，也是研究、阐释和翻译等一系列工作赖以开展的基本前提。这项工作具有较高的难度。就"费尔巴哈"章手稿本身而言，恩格斯的字迹相对较为容易识别一些，这主要是因其出于誊清稿的要求和出版的需要。其书写特点是如行云流水、神采飞扬、放任不羁而又不失规范。而马克思的字迹似乎反其道而行之，近乎狂草，风格内敛，尽其简约。尤其喜用个性化的缩略语。例如定冠词往往被缩写成"d."，而且对大小写并不作严格区分。对于 en、em、un、um、uum 等字母组合均写成类似锯齿状的横线，只是有时在字母 u 的上端作出横线标记。ie 甚至被写成近乎品字形的三个墨点。这些无疑都大大增加了识别的难度。

在"费尔巴哈"章手稿的识读方面，梁赞诺夫主持编辑的"费尔巴哈"章作为首版德文版无疑作出了值得铭记的开创性贡献，尽管该版遗留了数十处的错判和失误。客观地说，这种错判和失误对于初创性工作来说在所难免，因而也是完全可以理解的。

阿多拉茨基版虽然在"费尔巴哈"章文本的编排方面并不成功，但是在该章的文字识读方面却取得了比较突出的成效。该版纠正了梁赞诺夫版的大多数文字错判，从而推进了梁赞诺夫版的既有成果，为"费尔巴哈"章的文字判读和文稿的复原进一步奠定了坚实的基础。

利波尔版在"费尔巴哈"章手稿的识读方面也取得了引人瞩目的成果。该版充分借鉴和吸收了阿多拉茨基版的文字判读的成果，同时也保持了自己应有的独立性。这表现在，对阿多拉茨基版的文字判读并没有全部盲目照搬，而是重新审核、校勘，从而纠正了阿多拉茨基版的某些判读失误。

MEGA2《形态》正式版无疑是迄今文字判读较为完善的一个版本。该版纠正了阿多拉茨基版遗留的某些文字错判，从而将"费尔巴哈"章文字判读的失误率降低到该章编辑史上的最低水平，虽然也还含有个别文字错判和失误。

尽管"费尔巴哈"章手稿的辨识和判读工作现已愈趋完善，但实际上并没有结束。这主要是因为，据笔者不完全统计，迄今在识读方面有歧异或争议的文字达百余处，对于彻底的科学研究而言，显然需要对其进行重新识读和审核，以便把正确的判读进一步确定下来。另外，也还有个别文字迄今被完全错判或尚未能被识别。仅举较为典型的一例，在马克思标注为第 47 页手稿的右栏文字中有一句话为："……während früher die Nationen soweit sie in Verbindung waren, einen harmlosen Austausch mit einander vorführt hatten."（"……而这些民族在过去，只要它们发生联系，都显现出相互间的一种友善的交换"）这句话中的 vorführt（展示、显示）一词，梁赞诺夫版、阿多拉茨基版、利波尔版和 MEGA2《德意志意识形态》正式版均将其判读为 verführt（引诱、拐骗）。这样一来，这句话就变成了一个自相矛盾的病句。鉴此，梁赞诺夫版和阿多拉茨基版明确地将 verführt 一词视为 vollführt（作出、完成）一词的笔误，而利波尔版则干脆将其直接修正

为 vollführt。但是，实际上该词既不应被判读为 verführt，也不应被判读为 vollführt，而应被判读为 vorführt，并不存在所谓笔误的问题。

与"费尔巴哈"章手稿文字的判读密切相连的是该章德文原文的汉译。在既有的汉译本中，比较具有特色的译本是郭沫若版（1938），克士（周建人）版（1941），中央编译局的《马克思恩格斯全集》第 3 卷（1960）、《马克思恩格斯：费尔巴哈》（单行本，1988）、《马克思恩格斯选集》第 1 卷（1995）和《马克思恩格斯文集》第 1 卷（2009），以及孙善豪版（2016）。郭沫若版到底是以德文本还是以日译本为底本译出，学界尚存有争议。笔者认为，即便该版以德文本为底本译出，也无法排除该版最大限度地利用了日译本，这从日译本所使用的汉语术语译名对该版的影响即可看出。这里所说的日译本，是指森户辰男和栉田民藏译本（1926，1930）[①]，可能还有由利保一译本（1930）[②] 和三木清译本（1930）[③]。克士（周建人）版（1941）系从劳夫（W.Lough）所翻译的英译本译出。中央编译局编译的《马克思恩格斯全集》第 3 卷（1960）即《德意志意识形态》卷系以俄文版《马克思恩格斯全集》第 3 卷（苏联国家政治书籍出版局，1960 年）为底本译出，其中的"费尔巴哈"章经杨一之据德文本作了校阅。该章的译文为后来中央编译局编辑的《马克思恩格斯选集》（1972）第 1 卷所袭用。《马克思恩格斯：费尔巴哈》（单行本，1988）是根据 1966 年《德国哲学杂志》的新德文版并参照俄文版单行本重新编译的一个版本。与《马克思恩格斯全集》第 3 卷（1960）相比，译文在后者的基础上作了较大的改进和提升，由此构成了尔后的《马克思恩格斯选集》第 1 卷（1995）和《马克思恩格斯文集》第 1 卷（2009）的译文的基础。《马克思恩格斯文集》第 1 卷（2009）在既有译文的基础上又根据德文版对译文重新做了审核和修订，使译文质量有了进一步的提高。孙善豪版（2016）的编译者是一位台湾学者，其编版采取了完全复制原始手稿的形式，译文较为口语化。

在笔者看来，作为哲学著作，翻译的难点或许首先在于专业语词的理解和把握。下面仅枚举几个概念为例：

Ideologie：该词按照德文原意应译为"观念体系"。对该词的翻译首先涉及《德意志意识形态》一书的书名。如果按照该词德文原意将其翻译为"观念体系"，那么，该书的书名自然应译为《德意志观念体系》。克士版就是这样翻译的。但是，由于郭沫若在 1938 年率先推出该书"费尔巴哈"章汉译本时，借用了日本学者森户辰男和栉田民藏于 1926 年在日译该书第一章中的德文语词 Bewußtseinsform（意识形式）时所创制和使用的中文概念"意识形态"，用"意识形态"这一概念来翻译 Ideologie（观念体系）一词，以及用"德意志意识形态"这一称谓来作为自己的该书汉译本的封面标题和扉页主标题，因此也

---

① 《马克思恩格斯遗稿〈德意志意识形态〉的第一篇 费尔巴哈论》，森户辰男和栉田民藏译，《我等》，第 8 卷 5—6 号，1926 年 5—6 月；《马克思恩格斯遗稿/德意志意识形态》，栉田民藏和森户辰男译，《我等丛书》第 4 册，1930 年 5 月。

② 《梁赞诺夫编 马克思恩格斯遗稿 德意志意识形态第一篇 费尔巴哈论》，由利保一译，竹沼隼人校，永田书店，1930 年 2 月版。

③ 《德意志意识形态》，三木清译，岩波文库，1930 年 7 月版。

就在客观上创生了汉语中的"意识形态"这一术语，以至于这一语词现今已成为我国哲学和社会科学中使用频率极高的一个重要概念。然而有一个细节很值得注意，即尽管郭沫若用"德意志意识形态"这一称谓来作为自己的该书汉译本的封面标题和扉页主标题，但是，他在该书的扉页主标题下面却加有一个说明性的副标题："原名：德意志观念体系论"，以此表明书名已经被改动。而且，在书中，在绝大多数情况下郭沫若均将 Ideologie 一词翻译成了"观念体系"，而并没有翻译成"意识形态"。上述这一情况，在中国学界可谓罕为人知。这为"费尔巴哈"章的重译带来了一个棘手的难题。沿袭郭沫若版书名所开创的传统译法用"意识形态"来翻译 Ideologie 一词当然最为便利，甚至也无可厚非，然而这毕竟有违该词的德文原意。

Individuum：Individuum（复数：Individuen）一词源自希腊语 atomon，原意为不可分之物。在德文中作为哲学概念其基本含义是：1. 单个存在物；2. 特殊的个人，特别是与"共同联合体"（Gemeinschaft）相对应的单个人。该词在汉译中往往被等同于 Person（个人）。Person 一词源自拉丁语 persona，其基本含义是：1. 面具；2. 角色；3. 人格性。该词最初形成于基督教教义。在哲学意义上，洛克将其定义为"一种能够理解和思考的思维着的理性的存在者"。在法学和伦理学意义上，该词是指能够拥有权利和义务的人以及作为具有自我意识的道德主体的人，即法人和人格人。鉴于 Individuum 与 Person 两词词义的差异，特别是针对黑格尔对两词的使用情况，马克思将 Individuum 一词与 Person 一词严格区分开来，并赋予 Individuum 以特殊的含义[①]。鉴此，在翻译这两者时应将其加以严格的区分，即宜将 Individuum 译为"个体"，而将 Person 译为"个人"。应该说，这不仅涉及语词的区别，而且涉及对马克思和恩格斯哲学思想的实质的理解，因为仅在"费尔巴哈"章中马克思和恩格斯就数十次使用了 Individuum 这一概念。中国学界混淆两者的区别而将 Individuum 亦译为"个人"的传统源于日译文，从日译文中输入。

Gemeinschaft：Gemeinschaft 与 Individuum 一词相对应，它与 Gemeinwesen 一词一样，均具有"共同体"的含义。既有诸汉译本均将这两个词译为"共同体"。但是，两者实际上也有着重要的区别。两者的区别在于：Gemeinschaft 具有联合、联盟的蕴涵，在社会学和哲学中通常被用来指谓具有共同利益的个人在私法意义上的一种联合；Gemeinwesen 被认为源自拉丁语 respublica，被用来指谓具有政治色彩的集体、国家或社团。在"费尔巴哈"章中，马克思和恩格斯频繁使用的是 Gemeinschaft，并用其来指谓作为自由人联合体的共产主义。而对于 Gemeinwesen，马克思和恩格斯则将其严格限制在古代共同体或前资本主义共同体之内。鉴此，在译名上有必要将 Gemeinschaft 与 Gemeinwesen 这两者相区别。对此，日本学者曾进行过较为深入的讨论。例如，渡边宪正主张，应将 Gemeinschaft 译为"共同制"或"共同制社会"，而将 Gemeinwesen 译为"共同社会"[②]。笔者以为，鉴于 Gemeinschaft 具有联合、联盟的蕴涵以及马克思和恩格斯

---

① 参见侯才《马克思的"个体"和"共同体"概念》，《哲学研究》2012 年第 1 期。
② 渡边宪正：《马克思研究和对〈德意志意识形态〉原始文本的解读》，载《〈德意志意识形态〉文献学及其思想研究论文集》（未公开发表），清华大学，2010 年 8 月 8 日，第 19 页。

赋予其的特殊含义，或许可以将 Gemeinschaft 译为"共同联合体"，而将 Gemeinwesen 译为"共同体"。

persoenliches Individuum：该词应译为"人格的个体"，或简称"人格个体"。在既有的各种译本中，对该词的译法各不相同。例如，郭沫若版将其译为"人性的个人"；克士版将其译为"人格的个人"；《全集》（1960）版、单行本（1988）、《选集》（1995）版和《文集》（2009）版将其译为"有个性的个人"；孙善豪版将其译为"个性的个人"。这里，涉及对 Persoenlichkeit（"人格"）与 Individualitaet（"个性"）两词的理解。其实，在德文中，尽管 Persoenlichkeit 一词也具有个性的含义，但是与 Individualitaet 一词也有实质性的区别：Individualitaet 来源于法语，该词仅被用来指谓一般意义上的独一无二的单个人所具有的标记或特征；而 Persoenlichkeit 则来源于新拉丁语和中古高地德语，它不是被用来指谓一般意义上的单个人所具有的特性，而是被用来指谓特殊意义上的单个人即法人和人格人所具有的特性，按照康德的界定，是指作为以自我本身为目的的道德的主体所具有的特性。该词在马克思那里往往被用来标志获得自由全面发展的人，是个体应该趋向的理想目标。因此，其重要地位无须多言。

ideologische Superstruktur：该词应译为"观念的上层结构"或"观念的超级结构"，不宜与 ideologischer Ueberbau（"观念的上层建筑"）一词相混淆。其中的 Superstruktur 一词应译为"上层结构"或"超级结构"而非"上层建筑"。既有的大多数译本均将 Superstruktur 一词译成了"上层建筑"。马克思和恩格斯在《德意志意识形态》中确实首次提出了"观念的上层建筑"这一概念，但他们使用的是 ideologischer Ueberbau 一词，而且并不是在"费尔巴哈"章中，而是在"圣麦克斯"章中①。

就"费尔巴哈"章的汉译而论，除了上述说到的专业语词的理解和把握，当然也还存有其他的难点，但因篇幅所限这里就不再讨论了。

［本编以笔者《〈德意志意识形态〉"费尔巴哈"章的重释与新建》（《哲学研究》2018年第 9 期）一文为基础修订而成。现对原文作了较大幅度的修改和增补，特别是增加了第四和第六部分］

---

① Bearbeiten von Ulrich Pagel，Gerald Hubmann und Christine Weckwerth，»Karl Marx/Friedrich Engels，Gesamtausgabe（MEGA），erste Abteilung，Werke.Artikel.Entwuerfe«，Bd.5，Hrsg.von der Internationalen Marx-Engels-Stiftung，Walter de Gruyter GmbH，Goettingen，2017，S.430.《马克思恩格斯全集》第 3 卷，人民出版社 1960 年版，第 432 页。该词被译为"思想上层建筑"。

中　编

文本重建和文字判读

KARL MARX, FRIEDRICH ENGELS

DEUTSCHE IDEOLOGIE

I. Feuerbach

Vorrede

Die Menschen haben sich bisher siets falsche Vorstellungen über sichselbst gemacht, von dem, was sie sind oder sein sollen. Nach ihren Vorstellungen von Gott, von dem Normalmenschen u. s. w. haben sie ihre Verhältnisse eingerichtet. Die Ausgeburten ihres Kopfes sind ihnen über den Kopf gewachsen. Vor ihren Geschöpfen haben sie, die Schöpfer sich gebeugt. Befrreien wir sie von den Hirngespinsten, den Ideen, den Dogmen, den eingebildeten Wesen[①], unter deren Joch sie verkümmern. Rebelliren wir gegen diese Herrschaft der Gedanken. Lehren wir sie, diese Einbildungen mit Gedanken vertauschen, die dem Wesen des[②] Menschen entsprechen, sagt der Eine, sich kritisch zu ihnen verhalten, sagt der Andere, sie sich aus dem Kopf schlagen, sagt der Dritte, und die bestehende wirklichkeit wird zusammenbrechen.

Diese unschuldigen und kindlichen Phantasien bilden den Kern der neuern junghegelschen Philosophie, die in Deutschland nicht nur von dem Publicum mit Entsetzen u. Ehrfurcht empfangen, sondern auch von den *philosophischen Heroen* selbst mit dem feierlichen Bewußtsein der weltumstürzenden Gefährlichkeit und der verbrecherischen Rücksichtslosigkeit ausgegeben wird. Der erste Band dieser Publication hat den Zweck, diese Schaafe, die sich für Wölfe halten und dafür gehalten werden, zu entlarven, zu zeigen, wie sie die Vorstellungen der deutschen Bürger nur philosophisch nachblöken, wie die Prahlereien dieser philosophischen Ausleger nur die Erbärmlichkeit der wirklichen deutschen Zustände wiederspiegeln. Sie hat den Zweck, den philosophischen Kampf mit den[③] Schatten der Wirklichkeit, der dem träumerischen und duseligen deutschen Volk zusagt, zu blamiren und um den Credit zu bringen.

Ein wackrer Mann bildete sich einmal ein, die Menschen ertränken nur im Wasser, weil sie vom *Gedanken der Schwere* besessen wären. Schlügen sie sich diese Vorstellung aus dem Kopf, etwa indem sie dieselbe für eine abergläubige, für eine religiöse Vorstellung erklärten, so seien sie über alle Wassergefahr erhaben. Sein Leben lang bekämpfte er die Ilusion der Schwere, von deren schädlichen Folgen jede Statistik ihm neue u. zahlreiche Beweise lieferte. Der wackre Man war der Typus der neuen deutschen revolutionairen Philosophen.

---

① den eingebildeten Wesen：手稿应判读为 den eingebildeten Wesen。梁版、兰版判读为 dem eingebildeten Wahn；阿版、利版、MEGA2-1/5 和 online 版判读为 den eingebildeten Wesen。

② des：梁版判读为 der；阿版、利版、MEGA2-1/5 和 online 版判读为 des。现依据阿版、利版、MEGA2-1/5 和 online 版。

③ den：手稿应判读为 den。梁版、利版判读为 dem；阿版、MEGA2-1/5 和 online 版判读为 den。

DEUTSCHE IDEOLOGIE

{1}-1

I.

Feuerbach

Wie deutsche Ideologen melden, hat Deutschland in den letzten Jahren eine Umwälzung ohne Gleichendurchgemacht. Der Verwesungsprozeß des Hegelschen Systems, der mit Strauß begann, hat sich zu einer Weltgährung entwickelt, in welche alle „Mächte der Vergangenheit" hineingerissen sind. In dem allgemeinen Chaos haben sich gewaltige Reiche gebildet, um alsbald wieder unterzugehen, sind Heroen momentan aufgetaucht, um von kühneren & mächtigeren Nebenbuhlern wieder in die Finsterniß zurückgeschleudert zu werden. Es war eine Revolution, wogegen die französische ein Kinderspiel ist, ein Weltkampf, vor dem die Kämpfe der Diadochen kleinlich erscheinen. Die Prinzipien verdrängten, die Gedankenhelden überstürzten einander mit unerhörter Hast, & in den drei Jahren 1842-45 wurde in Deutschland mehr aufgeräumt als sonst in drei Jahrhunderten.

Alles dies soll sich im reinen Gedanken zugetragen haben.

Es handelt sich allerdings um ein interessantes Ereigniß: um den Verfaulungsprozeß des absoluten Geistes. Nach Erlöschen des letzten Lebensfunkens traten die verschiedenen Bestandteile dieses Caput mortuum in Dekomposition, gingen neue Verbindungen ein & bildeten neue Substanzen. Die philosophischen Industriellen, die bisher von der Exploitation des absoluten Geistes gelebt hatten, warfen sich jetzt auf die neuen Verbindungen. Jeder betrieb den Verschleiß des ihm zugefallenen

[A]ntheils mit möglichster Emsigkeit. Es konnte dies nicht abgehen ohne Konkurrenz. Sie wurde anfangs ziemlich bürgerlich & solide geführt. Später als der deutsche Markt überführt war & die Waare trotz aller Mühe auf dem Weltmarkt keinen Anklang fand, wurde das Geschäft nach gewöhnlicher deutscher Manier verdorben durch fabrikmäßige & Scheinproduktion, Verschlechterung der Qualität, Sophistikation des Rohstoffs, Verfälschung der Etiketten, Scheinkäufe, Wechselreiterei & ein aller reellen Grundlage entbehrendes Creditsystem. Die Konkurrenz lief in einen erbitterten Kampf aus, der uns jetzt als welthistorischer Umschwung, als Erzeuger der gewaltigsten Resultate & Errungenschaften angepriesen & konstruirt wird.

Um diese philosophische Marktschreierei, die selbst in der Brust des ehrsamen deutschen Bürgers ein wohlthätiges Nationalgefühl erweckt, richtig zu würdigen, um die Kleinlichkeit, die lokale Bornirtheit F den tragikomischen Kontrast zwischen den wirklichen Leistungen dieser Helden & den Illusionen über diese Leistungen anschaulich zu machen, ist es nöthig sich den ganzen Spektakel einmal von einem Standpunkte anzusehen, der außerhalb Deutschland liegt.

F dieser ganzen junghegelschen Bewegung, um namentlich

{1}-2　Entwurfsseite

I. *Die Ideologie überhaupt, speciell die deutsche Philosophie.*

A.

Die Voraussetzungen mit denen wir beginnen, sind keine willkührlichen, keine Dogmen, es sinwirkliche Voraussetzungen von denen man nur in der Einbildung abstrahiren kann. Es sind die wirklichen Individuen, ihre Aktion & ihre F Lebensbedingungen, sowohl die vorgefundenen wie die durch ihre eigne Aktion erzeugten. Diese Voraussetzungen sind also

F materiellen

auf rein empirischem Wege konstatirbar.

Die erste Voraussetzung aller Menschen-geschichte ist natürlich die Existenz lebendiger menschlicher Individuen. Der erste zu konstatirende Thatbestand ist also die körperliche Organisation dieser Individuen & ihr dadurch gegebenes Verhältniß zur übrigen Natur. Wir können hier natürlich weder auf die physische Beschaffenheit der Menschen selbst, noch auf die von den Menschen vorgefundenen Naturbedingungen, die geologischen, oro-hydrographischen, klima-tischen & andern Verhältnisse eingehen. Alle Geschichtschreibung muß von diesen natürlichen Grundlagen & ihrer Modifikation im Lauf der Geschichte durch die Aktion der Menschen ausgehen.

Man kann die Menschen durch das Bewußtsein, durch die Religion, durch was man sonst will, von den Thieren unterscheiden. Sie selbst fangen an sich von den Thieren zu unterscheiden, sobald sie anfangen ihre Lebensmittel zu produziren, ein Schritt der durch ihre körperliche Organisation bedingt ist. Indem die Menschen ihre Lebensmittel produziren, produziren sie indirekt ihr materielles Leben selbst.

Die Weise, in der die Menschen ihre Lebensmittel produziren, hängt zunächst von der Beschaffenheit der F Lebensmittel selbst ab.

F vorgefundenen & zu reproducirenden

Diese Weise der Produktion ist nicht bloß nach der Seite hin zu betrachten, daß sie die Reproduktion der physischen Existenz der Individuen ist. Sie ist vielmehr schon eine bestimmte Art der Thätigkeit dieser Individuen, eine bestimmte Art, ihr Leben zu äußern, eine bestimmte Lebensweise derselben. Wie die Individuen ihr Leben äußern, so sind sie. Was sie sind, fällt also zusammen mit ihrer Produktion, sowohl damit, was sie produziren, als auch damit, wie sie produziren. Was die Individuen also sind, das hängt ab von den materiellen Bedingungen ihrer Produktion.

Diese Produktion tritt erst ein mit der Vermehrung der Bevölkerung. Sie setzt selbst wieder einen Verkehr der Individuen unter einander voraus. Die Form dieses Verkehrs ist wieder durch die Produktion bedingt.

{2}

I. *Feuerbach.*
A. *Die Ideologie überhaupt,*
namentlich die deutsche.

Die F Kritik hat bis auf ihre neuesten Efforts den Boden der Philosophie nicht verlassen. Weit davon entfernt, ihre allgemein-philosophischen Voraussetzungen zu untersuchen, sind ihre sämmtlichen Fragen sogar auf dem Boden eines bestimmten philosophischen Systems, des Hegeischen, gewachsen. Nicht nur in ihren Antworten, schon in den Fragen selbst lag eine Mystifikation. Diese Abhängigkeit von Hegel ist der Grund, warum keiner dieser neueren Kritiker eine umfassende Kritik des Hegeischen Systems auch nur versuchte, F Jeder von ihnen behauptet über Hegel hinaus zu sein. Ihre Polemik gegen Hegel & gegen einander beschränkt sich darauf, daß Jeder eine Seite des Hegeischen Systems herausnimmt & diese sowohl gegen das ganze System, wie gegen die von den Andern herausgenommenen Seiten wendet. Im Anfange nahm man reine, unverfälschte Hegeische Kategorieen heraus, wie Substanz & Selbstbewußtsein, später profanirte man diese Kategorieen durch weltlichere Namen, wie Gattung, der Einzige, der Mensch &c.

Die gesammte deutsche philosophische Kritik von Strauß bis Stirner beschränkt sich auf Kritik der religiösen Vorstellungen.

F deutsche

F so sehr

Man ging aus von der wirklichen Religion &
eigentlichen Theologie. Was religiöses Bewußtsein,
religiöse Vorstellung sei, wurde im Weiteren
Verlauf verschieden bestimmt. Der Fortschritt
bestand darin, die angeblich herrschenden
metaphysischen, politischen, rechtlichen, moralischen & andern Vorstellungen auch unter
die Sphäre der religiösen oder theologischen
Vorstellungen zu subsumiren; ebenso das
politische, rechtliche, moralische Bewußtsein
für religiöses oder theologisches Bewußtsein,
& den politischen, rechtlichen, moralischen
Menschen, in letzter Instanz „den Menschen", für
religiös zu erklären. Die Herrschaft der Religion
wurde vorausgesetzt. Nach & nach wurde jedes
herrschende Verhältniß für ein Verhältniß der
Religion erklärt & in Kultus verwandelt, Kultus
des Rechts, Kultus des Staats pp. Überall hatte
man es nur mit Dogmen & dem Glauben an
Dogmen zu thun. Die Welt wurde in immer
größerer Ausdehnung kanonisirt bis endlich
der ehrwürdige Sankt Max sie en bloc heilig
sprechen & damit ein für alle mal abfertigen
konnte.

Die Althegelianer hatten Alles begriffen,
sobald es auf eine Hegeische logische Kategorie
zurückgeführt war. Die Junghegelianer kritisirten
Alles, indem sie ihm religiöse Vorstellungen
unterschoben oder es für theologisch erklärten. Die
Junghegelianer stimmen mit den Althegelianern
überein in dem Glauben an die Herrschaft der
Religion, der Begriffe, des Allgemeinen in der
bestehenden Welt. Nur bekämpfen die Einen die
Herrschaft als Usurpation, welche die Andern als
legitim feiern.

Da bei diesen Junghegelianern die Vorstellungen, Gedanken, Begriffe, überhaupt die Produkte des von ihnen verselbstständigten Bewußtseins für die eigentlichen Fesseln der Menschen gelten, gerade wie sie bei den Althegelianern für die wahren Bande der menschlichen Gesellschaft erklärt werden, so versteht es sich, daß die Junghegelianer auch nur gegen diese Illusionen des Bewußtseins zu kämpfen haben. Da nach ihrer Phantasie die Verhältnisse der Menschen, ihr ganzes Thun & Treiben, ihre Fesseln & Schranken Produkte ihres Bewußtseins sind, so stellen die Junghegelianer konsequenter Weise das moralische Postulat an sie, ihr gegenwärtiges Bewußtsein mit dem menschlichen, kritischen oder egoistischen Bewußtsein zu vertauschen & dadurch ihre Schranken zu beseitigen. Diese Forderung, das Bewußtsein zu verändern, läuft auf die Forderung hinaus, das Bestehende anders zu interpretiren, d. h. es vermittelst einer andren Interpretation anzuerkennen. Die junghegelschen Ideologen sind trotz ihrer angeblich „welterschütternden" Phrasen die größten Konservativen. Die jüngsten von ihnen haben den richtigen Ausdruck für ihre Thätigkeit gefunden wenn sie behaupten nur gegen „Phrasen" zu kämpfen. Sie vergessen nur, daß sie diesen Phrasen selbst nichts als Phrasen entgegensetzen, & daß sie die wirkliche bestehende Welt keineswegs bekämpfen wenn sie nur die Phrasen dieser Welt bekämpfen. Die einzigen Resultate, wozu diese philosophische Kritik es bringen konnte,

waren einige & noch dazu einseitige, religionsge-
schichtliche Aufklärungen über das Christenthum;
ihre sämmtlichen sonstigen Behauptungen sind
nur weitere Ausschmückungen ihres Anspruchs,
mit diesen unbedeutenden Aufklärungen welthi-
storische Entdeckungen geliefert zu haben.

Keinem von diesen Philosophen ist es
eingefallen, nach dem Zusammenhange der
deutschen Philosophie mit der deutschen Wirklichkeit, nach dem Zusammenhange ihrer Kritik
mit ihrer eignen materiellen Umgebung zu fragen.

{3-4}

{3}Die Beziehungen verschiedener Nationen unter einander hängen davon ab, wie weit jede von ihnen ihre Produktivkräfte, die Theilung der Arbeit, & den innern Verkehr entwickelt hat. Dieser Satz ist allgemein anerkannt. Aber nicht nur die Beziehung einer Nation zu anderen, sondern auch die ganze innere Gliederung dieser Nation selbst hängt von der Entwicklungsstufe ihrer Produktion & ihres innern & äußern Verkehrs ab. Wie weit die Produktionskräfte einer Nation entwickelt sind, zeigt am augenscheinlichsten der Grad, bis zu dem die Theilung der Arbeit entwickelt ist. Jede neue Produktivkraft, sofern sie nicht eine bloß quantitative Ausdehnung der bisher schon bekannten Produktivkräfte ist F, hat eine neue Ausbildung der Theilung der Arbeit zur Folge.

F (z. B. Urbarmachung von Ländereien)

Die Theilung der Arbeit innerhalb einer Nation führt zunächst die Trennung der industriellen & commerziellen von der ackerbauenden Arbeit, & damit die Trennung von Stadt & Land & den Gegensatz der Interessen Beider herbei. Ihre weitere Entwicklung führt zur Trennung der kommerziellen Arbeit von der industriellen. Zu gleicher Zeit entwickeln sich durch die Theilung der Arbeit innerhalb dieser verschiednen Branchen wieder verschiedene Abtheilungen unter den zu bestimmten Arbeiten zusammenwirkenden Individuen. Die Stellung dieser einzelnen Abtheilungen gegen einander ist bedingt durch die Betriebsweise der ackerbauenden, industriellen & kommerziellen Arbeit (Patriarchalismus, Sklaverei, Stände, Klassen). Dieselben Verhältnisse zeigen sich bei entwickelterem Verkehr in den Beziehungen verschiedner Nationen zu einander.

Die verschiedenen Entwicklungsstufen der Theilung der Arbeit sind eben soviel verschiedene Formen des Eigenthums; d. h. die jedesmalige Stufe der Theilung der Arbeit bestimmt auch die Verhältnisse der Individuen zu einander in Beziehung auf das Material, Instrument, & Produkt der Arbeit.

Die erste Form des Eigenthums ist das Stammeigenthum. Es entspricht der unentwickelten Stufe der Produktion, auf der ein Volk von Jagd & Fischfang, von Viehzucht oder höchstens vom Ackerbau sich nährt. Es setzt in diesem letzteren Falle eine große Masse unbebauter Ländereien voraus. Die Theilung der Arbeit ist auf dieser Stufe noch sehr wenig entwickelt, & beschränkt sich auf eine weitere Ausdehnung der in der Familie gegebenen naturwüchsigen Theilung der Arbeit. Die gesellschaftliche Gliederung beschränkt sich daher auf eine Ausdehnung der Familie: patriarchalische Stammhäupter, unter ihnen die Stammmitglieder, endlich Sklaven. Die in der Familie latente Sklaverei entwickelt sich erst allmählig mit der Vermehrung der Bevölkerung & der Bedürfnisse & mit der Ausdehnung des äußern Verkehrs, sowohl des Kriegs wie des Tauschhandels.

Die zweite Form ist das antike Gemeinde-& Staatseigenthum, das namentlich aus der Vereinigung mehrerer Stämme zu einer Stadt F hervorgeht & bei dem die Sklaverei fortbestehen bleibt. Neben dem Gemeindeeigenthum entwickelt sich schon das mobile & später auch das immobile Privateigenthum, aber als eine abnorme, dem Gemeindeeigenthum untergeordnete Form. Die Staatsbürger besitzen nur in ihrer Gemein-

F durch Vertrag oder Eroberung

schaft die Macht über ihre arbeitenden
Sklaven, & sind schon deßhalb an die Form
des Gemeindeeigenthums gebunden. Daher
verfällt die ganze hierauf basirende Gliederung
der Gesellschaft & mit ihr die Macht des Volks
in demselben Grade, in dem namentlich das
immobile Privateigenthum sich entwickelt.
Die Theilung der Arbeit ist schon entwickelter.
Wir finden schon den Gegensatz von Stadt &
Land, später den Gegensatz zwischen Staaten
die das städtische, & die das Land-Interesse
repräsentiren, & innerhalb der Städte selbst den
Gegensatz zwischen Industrie & Seehandel.
Das Klassenverhältniß zwischen Bürgern &
Sklaven ist vollständig ausgebildet. Mit der
Entwicklung des Privateigenthums treten hier
zuerst dieselben Verhältnisse ein, die wir beim
modernen Privateigenthum, nur in ausgedehn-
terem Maßstabe, wiederfinden werden: Einerseits
die Konzentration des Privateigenthums, die in
Rom sehr früh anfing (Beweis das licinische
Ackergesetz) seit den Bürgerkriegen & namentlich
unter den Kaisern sehr rasch vor sich ging;
andrerseits im Zusammenhange hiermit die
Verwandlung der plebejischen kleinen Bauern
in ein Proletariat, das aber bei seiner halben
Stellung zwischen besitzenden Bürgern & Sklaven
zu keiner selbstständigen Entwicklung kam.

Die dritte Form ist das feudale oder ständi-
sche Eigenthum. Wenn das Alterthum von der Stadt
ausging, F ausging, so ging das Mittelalter vom
Lande aus. Die vorgefundene dünne, über eine
große Bodenfläche zersplitterte Bevölkerung, die
durch die Eroberer keinen großen Zuwachs erhielt,
bedingte diesen veränderten Ausgangspunkt. Im
Ge-

Es ist das gemeinschaftliche Privateigenthum der aktiven Staatsbürger, die den Sklaven gegenüber gezwungen sind in dieser naturwüchsigen Weise der Association zu bleiben.

F & ihrem kleinen Gebiet

gensatz zu Griechenland & Rom beginnt die feudale Entwicklung daher auf einem viel ausgedehnteren, durch die römischen Eroberungen & die Anfangs damit verknüpfte Ausbreitung der Agrikultur vorbereiteten Terrain. Die letzten Jahrhunderte des verfallenden römischen Reichs & die Eroberung durch die Barbaren selbst zerstörten eine Masse von Produktivkräften; der Ackerbau war gesunken, die Industrie aus Mangel an Absatz verfallen, der Handel eingeschlafen oder gewaltsam unterbrochen, die ländliche & städtische Bevölkerung hatte abgenommen. Diese vorgefundenen Verhältnisse & die dadurch bedingte Weise der Organisation der Eroberung entwickelten unter dem Einflüsse der germanischen Heerverfassung das feudale Eigenthum. Es beruht, wie das Stamm- & Gemeinde-Eigenthum[①], wieder auf einem Gemeinwesen, dem aber nicht wie dem antiken, die Sklaven, sondern die leibeignen kleinen Bauern als unmittelbar produzirende Klasse gegenüber stehen. Zugleich mit der vollständigen Ausbildung des Feudalismus tritt noch der Gegensatz gegen die Städte hinzu. Die hierarchische Gliederung des Grundbesitzes & die damit zusammenhangenden bewaffneten Gefolgschaften gaben dem Adel die Macht über die Leibeignen. Diese feudale Gliederung war ebensogut wie das antike Gemeindeeigenthum eine Association gegenüber der beherrschten produzirenden Klasse; nur war die Form der Association & das Verhältniß zu den unmittelbaren Produzenten verschieden, weil verschiedene Produktionsbedingungen vorlagen.

　　Dieser feudalen Gliederung des Grundbesitzes entsprach in den Städten das korporative Eigenthum, die feudale Organisation des Handwerks. Das Eigenthum bestand

---

①　Gemeinde-Eigenthum：手稿应判读为 Gemeinde-Eigenthum。阿版、MEGA2-1/5 和 online 版判读为 Gemeinde-Eigenthum；利版、新德版判读为 Gemeindeeigenthum。

{4}hier hauptsächlich in der Arbeit jedes Einzelnen. Die Nothwendigkeit der Association gegen den associirten Raubadel, das Bedürfniß gemeinsamer Markthallen in einer Zeit, wo der Industrielle zugleich Kaufmann war, die wachsende Konkurrenz der den aufblühenden Städten zuströmenden entlaufnen Leibeignen, die feudale Gliederung des ganzen Landes führten die *Zünfte* herbei; die allmählig ersparten kleinen Kapitalien einzelner Handwerker, & ihre stabile Zahl bei der wachsenden Bevölkerung entwickelten das Gesellen- & Lehrlingsverhältniß, das in den Städten eine ähnliche Hierarchie zu Stande brachte wie die auf dem Lande.

Das Haupteigenthum bestand während der Feudalepoche also in Grundeigenthum mit daran geketteter Leibeignenarbeit einerseits, & eigner Arbeit mit kleinem, die Arbeit von Gesellen beherrschendem Kapital andrerseits. Die Gliederung von Beiden war durch die bornirten Produktionsverhältnisse - die geringe & rohe Bodenkultur & die handwerksmäßige Industrie - bedingt. Theilung der Arbeit fand in der Blüthe des Feudalismus wenig Statt. Jedes Land hatte den Gegensatz von Stadt & Land in sich; die Ständegliederung war allerdings sehr scharf ausgeprägt, aber außer der Scheidung von Fürsten, Adel, Geistlichkeit & Bauern auf dem Lande, & Meistern, Gesellen, Lehrlingen & bald auch Taglöhnerpöbel in den Städten fand keine bedeutende Theilung statt. Im Ackerbau war sie durch die parzellirte Bebauung erschwert, F in der Industrie war die Arbeit in den einzelnen Handwerken selbst gar nicht, unter ihnen sehr wenig getheilt. Die Theilung von Industrie & Handel wurde in älteren Städten vorgefunden, entwickelte sich in den neueren erst später, als die Städte unter sich in Beziehung

F neben der die Hausindustrie der Bauern selbst aufkam,

traten.

Die Zusammenfassung größerer Länder zu feudalen Königreichen war für den Grundadel wie für die Städte ein Bedürfniß. Die Organisation der herrsehenden Klasse, des Adels, hatte daher überall einen Monarchen an der Spitze.

{5}

Die Thatsache ist also die: bestimmte
Individuen die auf bestimmte Weise produktiv
thätig sind gehen diese bestimmten gesellschaftlichen
& politischen Verhältnisse ein. Die empirische
Beobachtung F in jedem einzelnen Fall den Zusa-   **F muß**
mmenhang der gesellschaftlichen & politischen
Gliederung mit der Produktion empirisch & ohne
alle Mystifikation & Spekulation aufweisen. Die
gesellschaftliche Gliederung & der Staat gehen
beständig aus dem Lebensprozeß bestimmter
Individuen hervor; aber dieser Individuen nicht
wie sie in der eignen oder fremden Vorstellung
erscheinen mögen, sondern wie sie wirklich
sind, d. h. wie sie wirken, materiell produziren,
also wie sie unter bestimmten materiellen &
von ihrer Willkühr unabhängigen Schranken,
Voraussetzungen & Bedingungen thätig sind.

Die Produktion der Ideen, Vorstellungen, des Bewußtseins ist zunächst unmittelbar verflochten in die materielle Thätigkeit & den materiellen Verkehr der Menschen, Sprache des wirklichen Lebens. Das Vorstellen, Denken, der geistige Verkehr der Menschen erscheinen hier noch als direkter Ausfluß ihres materiellen Verhaltens. Von der geistigen Produktion, wie sie in der Sprache der Politik, der Gesetze, der Moral, der Religion, Metaphysik usw. eines Volkes sich darstellt, gilt dasselbe. Die Menschen sind die Producenten ihrer Vorstellungen, Ideen pp aber die wirklichen, wirkenden Menschen, wie sie bedingt sind durch eine bestimmte Entwicklung ihrer Produktivkräfte & des denselben entsprechenden Verkehrs bis zu seinen weitesten Formationen hinauf. Das Bewußtsein kann nie etwas Andres sein als das bewußte Sein, & das Sein der Menschen ist ihr wirklicher Lebensprozeß. Wenn in der ganzen Ideologie die Menschen u. ihre Verhältnisse, wie in einer Camera obscura, auf den Kopf gestellt erscheinen, so geht dies Phänomen ebensosehr aus ihrem historischen Lebensprozeß hervor, wie die Umdrehung der Gegenstände auf der Netzhaut aus ihrem unmittelbar physischen.

Ganz im Gegensatz zur deutschen Philosophie, welche vom Himmel auf die Erde herabsteigt, wird hier von der Erde zum Himmel gestiegen. D. h. es wird nicht ausgegangen von dem was die Menschen sagen, sich einbilden, sich vorstellen, auch nicht von den gesagten, gedachten, eingebildeten, vorgestellten Menschen, um davon aus bei den leibhaftigen Menschen anzukommen; es wird von den wirklich thätigen Menschen ausgegangen & aus ihrem wirklichen Lebensprozeß auch die Entwicklung der ideologischen Reflexe & Echos dieses Lebensprozesses dargestellt. Auch die Nebelbildungen im Gehirn der Menschen sind nothwendige Sublimate[①] ihres materiellen, empirisch konstatirbaren, & an materielle Voraussetzungen geknüpften Lebensprozesses. Die Moral, Religion, Metaphysik & sonstige Ideologie F & die ihnen entsprechenden Bewußtseinsformen behalten hiermit nicht länger den Schein der Selbstständigkeit. Sie haben keine Geschichte, sie haben keine Entwicklung, sondern die ihre materielle Produktion & ihren materiellen Verkehr entwickelnden Menschen ändern mit dieser ihrer Wirklichkeit auch ihr Denken & die Produkte ihres Denkens. Nicht das Bewußtsein bestimmt das Leben, sondern das Leben bestimmt das Bewußtsein. In der ersten Betrachtungsweise geht man von dem Bewußtsein als dem lebendigen Individuum aus in der zweiten, dem wirklichen Leben entsprechenden, von den wirklichen lebendigen Individuen selbst & betrachtet das Bewußtsein nur als ihr Bewußtsein.

Diese Betrachtungsweise ist nicht voraussetzungslos. Sie geht von den wirklichen Voraussetzungen aus, sie verläßt sie keinen Augenblick. Ihre Voraussetzungen sind die Menschen nicht in irgend einer phantastischen Abgeschlossenheit & Fixirung, sondern in ihrem wirklichen

F & die ihnen entsprechenden Bewußtseinsformen

---

① nothwendige Sublimate: 手稿应判读为 nothwendige Sublimate。兰版判读为 notwendig Supplemente；阿版、利版、MEGA2-1/5 和 online 版判读为 nothwendige Sublimate。

empirisch anschaulichen Entwicklungsprozeß unter bestimmten Bedingungen. Sobald dieser thätige Lebensprozeß dargestellt wird, hört die Geschichte auf, eine Sammlung todter Fakta zu sein, wie bei den selbst noch abstrakten Empirikern, oder eine eingebildete Aktion eingebildeter Subjekte, wie bei den Idealisten.

Da wo die Spekulation aufhört, beim wirklichen Leben, beginnt also die wirkliche, positive Wissenschaft, die Darstellung der prakti-schen Bethätigung, des praktischen Entwi-cklungsprozesses der Menschen. Die Phrasen vom Bewußtsein hören auf, wirkliches Wissen muß an ihre Stelle treten. Die selbstständige Philosophie verliert mit der Darstellung der Wirklichkeit ihr Existenzmedium. An ihre Stelle kann höchstens eine Zusammenfassung der allgemeinsten Resultate treten, die sich aus der Betrachtung der historischen Entwicklung der Menschen abstrahiren lassen. Diese Abstraktionen haben für sich, getrennt von der wirklichen Geschichte, durchaus keinen Werth. Sie können nur dazu dienen, die Ordnung des geschichtlichen Materials zu erleichtern, die Reihenfolge seiner einzelnen Schichten anzudeuten. F Wir nehmen hier einige dieser Abstraktionen heraus, die wir gegenüber der Ideologie gebrauchen & werden sie an historischen Beispielen erläutern.

F Sie geben aber keineswegs, wie die Philosophie, ein Recept oder Schema, wonach die geschichtlichen Epochen zurechtgestutzt werden können. Die Schwierigkeit beginnt im Gegentheil erst da, wo man sich an die Betrachtung & Ordnung des Materials, sei es einer vergangnen Epoche oder der Gegenwart, an die wirkliche Darstellung gibt. Die Beseitigung dieser Schwierigkeiten ist durch Voraussetzungen bedingt, die keineswegs hier gegeben werden können, sondern die erst aus dem Studium des wirklichen Lebensprozesses & der Aktion der Individuen jeder Epoche sich ergeben.

[1-2，8-35，40-72]

[1] Wir werden uns natürlich nicht die Mühe geben, unsere weisen Philosophen darüber aufzuklären, daß die „Befreiung" des „Menschen" damit noch um keinen Schritt weiter gekommen ist, wenn sie Philosophie, Theologie, Substanz & den ganzen Unrath in das „Selbstbewußtsein" aufgelöst, wenn sie den „Menschen" von der Herrschaft dieser Phrasen, unter der er nie geknechtet war, befreit haben; daß es nicht möglich ist, eine wirkliche Befreiung anders als in der wirklichen Welt & mit wirklichen Mitteln durchzusetzen, daß man die Sklaverei nicht aufheben kann ohne die Dampfmaschine & die Mule-Jenny, die Leibeigenschaft nicht ohne verbesserten Ackerbau, daß man überhaupt die Menschen nicht befreien kann, solange sie nicht im Stande sind, sich Essen & Trinken, Wohnung & Kleidung in vollständiger Qualität & Quantität zu verschaffen. Die „Befreiung" ist eine geschichtliche That, keine Gedan kenthat, & sie wird bewirkt durch geschichtliche Verhältnisse, durch den St[an]d d[er] Industrie, des Han[del]s, [des Acker]baus, d[es] Ver[kehrs ...][①]

Feuerbach

Philosophische u. wirkliche Befreiung.
Der **Mensch**. **Der** *Einzige*. **Das** *Individuum*.
Geologische hydrographische etc Bedingungen.
Der menschliche Körper. Das Bedürfniß u. die Arbeit.

---

① 手稿此处缺损。MEGA2-1/5 补充为 d [es]Ver [kehrs...] sen，新德版判读为 d [es] Ver [kehrs...]，广版判读 为 der Ver[kehrsverhaeltnisse]。

[2]dann nachträglich, je nach ihren verschiednen Entwicklungsstufen, den Unsinn von Substanz, Subjekt, Selbstbewußtsein & reiner Kritik gerade wie den religiösen & theologischen Unsinn, & beseitigen ihn nachher wieder, wenn sie weitgenug entwickelt sind. Natürlich ersetzen in einem Lande wie Deutschland, wo nur eine lumpige geschichtliche Entwicklung vor sich. geht, diese Gedankenentwicklungen, diese verklärten & thatlosen Lumpereien den Mangel der geschichtlichen, setzen sich fest & müssen bekämpft werden. Aber das ist ein Kampf von lokaler Bedeutung.

Phrasen u. wirkliche Bewegung,

Bedeutung der Phrasen für Deutschland

Die Sprach ist die Sprach d.Wi

[8] [...]sich in Wirklichkeit & für den praktischen Materialisten, d. h. Kommunisten, darum handelt, die bestehende Welt zu revolutioniren, dievorgefundnen Dinge praktisch anzugreifen & zu verändern. Wenn bei Feuerbach sich zuweilen derartige Anschauungen finden, so gehen sie doch nie über vereinzelte Ahnungen hinaus & haben auf seine allgemeine Anschauungsweise viel zu wenig Einfluß als daß sie hier anders, denn als entwicklungsfähige Keime, in Betracht kommen könnten.Feuerbachs „Auffassung" der sinnlichen Welt beschränkt sich einerseits auf die bloße Anschauung derselben, & andrerseits auf die bloße Empfindung, X Im ersten Falle, in der Anschauung der sinnlichen Welt stößt er nothwendig auf Dinge, die seinem Bewußtsein & seinem Gefühl wider sprechen, die die von ihm vorausge setzte Harmonie F des Menschen mit der Natur stören. Um diese zu beseitigen, muß er dann zu einer doppelten Anschauung seine Zuflucht nehmen, zwischen einer profanen, die nur das „auf platter Hand Liegende" & einer höheren, philosophischen, die das „wahre Wesen" der Dinge erschaut. Er sieht nicht wie die ihn umgebende sinnliche Welt nicht ein unmittelbar von Ewigkeit her gegebenes, sich stets gleiches Ding ist, sondern das Produkt X der Thätigkeit einer ganzen Reihe von Generationen ist, deren Jede auf den Schultern der vorhergehenden stand, ihre Industrie & ihren Verkehr weiter ausbildete, ihre soziale Ordnung nach den veränderten Bedürfnissen modifizirte. Selbst die Gegenstände der einfachsten „sinnlichen Gewißheit" sind ihm nur durch die gesellschaftliche Entwicklung, die Industrie & den commerziellen Verkehr gegeben. Der Kirschbaum ist, wie fast alle Obstbäume, bekanntlich erst vor wenig Jahrhunderten durch den Handel in unsre Zone verpflanzt worden, & wurde deßhalb erst

Feuerbach.

X ersezt [①] *„den* Menschen" statt den „wirklichen historischen Menschen". *„Der* Mensch" ist realiter „der Deutsche".

F aller Theile der sinnlichen Welt, & namentlich
NB. Nicht daß F. das auf platter Hand liegende, den sinnlichen Schein der durch genauere Untersuchung des sinnlichen Thatbestandes constatirten sinnlichen Wirklichkeit unterordnet, ist der Fehler, sondern daß er in letzter Instanz nicht mit der Sinnlichkeit fertig werden kann, ohne sie mit den „Augen", d. h. durch die „Brille" des *Philosophen* zu betrachten.

X der Industrie & des Gesellschaftszustandes & zwar in dem Sinne, daß sie geschichtliches **Product ist**, das Resultat

---

① ersezt: 手稿应判读为 ersezt。阿版、利版判读为 er sagt;梁版、MEGA2-1/5 和 online 版判读为 sezt。

[9]durch diese Aktion einer bestimmten Gesellschaft in einerbestimmten Zeit der „sinnlichen Gewißheit" Feuerbachs gegeben. Übrigens löst sich in dieser Auffassung der Dinge wie sie wirklich sind & geschehen sind, wie sich weiter unten noch deutlicher zeigen wird, jedes tiefsinnige philosophische Problem ganz einfach in ein empirisches Faktum auf. Z. B. die wichtige Frage über das Verhältniß des Menschen zur Natur, X aus der alle die „unergründlich hohen Werke" über „Substanz" & „Selbstbewußtsein"[①] hervorgegangen sind, zerfällt von selbst in der Einsicht, daß die vielgerühmte „Einheit des Menschen mit der Natur" in der Industrie von jeher bestanden & in jeder Epoche je nach der geringeren oder größeren Entwicklung der Industrieanders bestanden hat X Die Industrie & der Handel, die Produktion & der Austausch der Lebensbedürfnisse bedingen ihrerseits & werden wiederum in der Art ihres Betriebes bedingt durch die Distribution, die Gliederung der verschiedenen gesellschaftlichen Klassen - & so kommt es denn, daß Feuerbach in Manchester z. B. nur Fabriken & Maschinen sieht, wo vor hundertJahren nur Spinnräder & Webstühle zu sehen waren oder in der Campagna di Roma nur Viehweiden & Sümpfe entdeckt wo er zur Zeit des Augustus nichts als Weingärten & Villen römischer Kapitalisten gefunden hätte. Feuerbach spricht nament lieh von der Anschauung der Naturwissenschaft, er erwähnt Geheimnisse die nur dem Auge des Physikers & Chemikers offenbar werden; aber wo wäre ohne Industrie & Handel die Naturwissenschaft? Selbst diese „reine" Naturwissenschaft erhält ja ihren Zweck sowohl, wie ihr Material erst durch Handel & Industrie, durch sinnliche Thätigkeit der Menschen. F Feuerbach hat

Feuerbach

(oder gar, wie Bruno sagt (p. 110) die „Gegensätze in Natur u. Geschichte" als ob das zwei von ein ander getrennte „Dinge" seien, der Mensch nicht immer eine geschichtliehe Natur u. eine natürliche Geschichte vor sich habe,)

X ebenso wie der „Kampf" des Menschen mit der Natur, bis zur Entwicklung seiner Productivkräfte auf einer entsprechenden Basis.
Feuerbach

F So sehr ist diese Thätigkeit dieses fortwährende sinnliche Arbeiten & Schaffen, diese Produktion die Grundlage der ganzen sinnlichen Welt, wie sie jetzt existirt, daß, wenn sie auch nur für ein Jahr unterbrochen würde, Feuerbach eine ungeheure Veränderung nicht nur in der natürlichen Welt vorfinden, sondern auch die ganze Menschenwelt u. sein eignes Anschauungsvermögen, ja seine Eigne Existenz sehr bald vermissen würde. Allerdings bleibt dabei die Priorität der äußeren Natur bestehen, & allerdings hat dies Alles keine

---

① Selbstbewußtsein: 手稿应判读为 Selbstbewußtsein。梁版、兰版判读为 Weltbewußtsein；阿版、利版、MEGA2-1/5 和 online 版判读为 Selbstbewußtsein。

[10] allerdings den großen Vorzug vor den „reinen" Materialisten, daß er einsieht, wie auch der Mensch „sinnlicher Gegenstand" ist; aber XX da er sich auch hierbei in der Theorie hält, die Menschen nicht in ihrem gegebenen gesellschaftlichen Zusammenhange, nicht unter ihren vorliegenden Lebensbedingungen, die sie zu Dem gemacht haben was sie sind, auffaßt, so kommt er nie zu den wirklich existirenden, thätigen Menschen, sondern bleibt bei dem Abstraktum „der Mensch" stehen, & bringt es nur dahin, den „wirklichen, individuellen, leibhaftigen Menschen" in der Empfindunganzuerkennen, d. h. er kennt keine andern „menschlichen Verhältnisse" „des Menschen zum Menschen", als Liebe & Freundschaft F. Er kommt also nie dazu, die sinnliche Welt als die gesammte lebendige sinnliche Thätigkeit der sie ausmachenden Individuen aufzufassen, ist daher gezwungen, wenn er z. B. statt gesunder Menschen einen Haufen skrophulöser, überarbeiteter & schwindsüchtiger Hungerleider sieht, da zu der „höheren Anschauung" & zur ideellen „Ausgleichung in der Gattung" seine Zuflucht zu nehmen also gerade da in den Idealismus zurückzufallen, wo der kommunistische Materialist die Nothwendigkeit & zugleich die Bedingung einer Umgestaltung sowohl der Industrie wie der gesellschaftlichen Gliederung sieht. Soweit Feuerbach Materialist ist, kommt die Geschichte bei ihm nicht vor, & soweit er die Geschichte in Betracht zieht ist er kein Materialist. Bei ihm fallen Materialismus & Geschichte ganz auseinander, was sich übrigens schon aus dem Gesagten erklärt.

Anwendung auf die ursprünglichen, durch generatio aequivoca erzeugten Menschen; aber diese Unterscheidung hat nur in sofern Sinn als man den Menschen als von der Natur unterschieden betrachtet. Übrigens ist diese, der menschlichen Geschichte vorhergehende Natur ja nicht die Natur in der Feuerbach lebt, nicht die Natur, die heutzutage, ausgenommen etwa auf einzelnen australischen Koralleninseln neueren Ursprungs, nirgends mehr existirt, also auch für Feuerbach nicht existirt.

XX abgesehn davon, daß er ihn nur als „sinnlichen Gegenstand" nicht als „sinnliche Thätigkeit" faßt,

F.

F u. zwar idealisirt. Giebt keine Kritik der jetzigen Liebesverhältnisse[①]

Feuerbach

---

① Liebesverhältnisse：梁版、阿版、利版等判读为 Lebensverhältnisse; MEGA2-1/5 和 online 版判读为 Liebesverhältnisse。现依据 MEGA2-1/5 和 online 版。

[11] Wir müssen bei den voraussetzungslosen Deutschen damit anfangen, daß wir die erste Voraussetzung aller menschlichen Existenz, also auch aller Geschichte constatiren, nämlich die Voraussetzung daß die Menschen im Stande sein müssen zu leben, um „Geschichte machen" zu können. Zum Leben aber gehört vor Allem Essen & Trinken, Wohnung, Kleidung & noch einiges Andere. Die erste geschichtliche That ist also die Erzeugung der Mittel zur Befriedigung dieser Bedürfnisse, die Produktion des materiellen Lebens selbst, & zwar ist dies eine geschichtliche That, eine Grundbedingung aller Geschichte, die noch heute, wie vor Jahrtausenden, täglich & stündlich erfüllt werden muß, um die Menschen nur am Leben zu erhalten. Das Erste also bei aller geschichtlichen Auffassung ist, daß man diese Grundthatsache in ihrer ganzen Bedeutung & ihrer ganzen Ausdehnung beoachtet & zu ihrem Rechte kommen läßt. Dies haben die Deutschen bekanntlich nie gethan, daher nie eine irdische Basis für die Geschichte & folglich nie einen Historiker gehabt. Die Franzosen & Engländer, wenn sie auch den Zusammenhang dieser Thatsache mit der sogenannten Geschichte nur höchst einseitig auffaßten, namentlich solange sie in der politischen Ideologie befangen waren, so haben sie doch immerhin die ersten Versuche gemacht, der Geschichtschreibung eine materialistische Basis zu geben, indem sie zuerst Geschichten der bürgerlichen Gesellschaft, des Handels & der In dustrie schrieben. - Das Zweite ist,

Geschichte
Hegel.

Geologische, hydrographische etc Verhältnisse. D. menschlichen Leiber[①]**. Bedürfniß, Arbeit.**

Selbst wenn die Sinnlichkeit wie beim heiligen Bruno, auf einen Stock, auf das Minimum reduzirt ist, setzt sie die Thätigkeit der Produktion dieses Stockes voraus.

---

① 　手稿应判读为 D. menschlichen Leiber。梁版判读 为 des menschlichen Lebens；阿版、利版、MEGA2-1/5 和 online 版判读为 Die menschlichen Leiber。

[12] daß das befriedigte erste Bedürfniß selbst, die Aktion der Befriedigung & das schon erworbene Instrument der Befriedigung zu neuen Bedürfnissen führt – & diese Erzeugung neuer Bedürfnisse ist die erste geschichtliche That. Hieran zeigt sich sogleich, weß Geistes Kind die große historische Weisheit der Deutschen ist, die da, wo ihnen das positive Material ausgeht, & wo weder theologischer, noch politischer, noch literarischer Unsinn verhandelt wird, gar keine Geschichte, sondern die „vorgeschichtliche Zeit" sich ereig nen läßt, ohne uns indeß darüber aufzuklären wie man aus diesem Unsinn der „Vorgeschichte" in die eigentliche Geschichte kommt - obwohl auf der andern Seite ihre historische Spekulation sich ganz besonders auf diese „Vorgeschichte" wirft weil sie da sicher zu sein glaubt vor den Eingriffen des „rohen Faktums" & zugleich weil sie hier ihrem spekuliren den Triebe alle Zügel schießen lassen & Hypothesen zu Tausenden erzeugen & umstoßen kann. - Das dritte Verhältniß was hier gleich von vorn herein in die geschichtliche Entwicklung eintritt, ist das, daß die Menschen, die ihr eignes Leben täglich neu machen, anfangen, andre Menschen zu machen, sich fortzupflanzen- das Verhältniß zwischen Mann & Weib, Eltern & Kindern, die Familie. Diese Familie, die im Anfange das einzige soziale Verhältniß ist, wird späterhin, wo die vermehrten Bedürfnisse neue gesellschaftliche Verhältnisse, & die vermehrte Menschenzahl neue Bedürfnisse erzeugen, zu einem untergeordneten (ausgenommen in Deutschland), & muß als dann nach den existirenden empirischen Daten, nicht nach dem „Begriff der Familie" wie man in Deutschland zu thun pflegt, behandelt & entwickelt werden. —— Die Produktion des Lebens, sowohl des eignen in der Arbeit wie des fremden in der Zeugung erscheint nun schon sogleich als ein doppeltes

Übrigens sind diese drei Seiten der sozialen Thätigkeit nicht als drei verschiedne Stufen zu fassen, sondern eben nur als drei Seiten, oder um für die Deutschen klar zu schreiben, drei[①] „Momente", die vom Anbeginn[②] der Geschichte an & seit den ersten Menschen zugleich existirt haben & sich noch heute in der Geschichte geltend machen.

---

① drei: 手稿应判读为 drei。梁版判读为 die；阿版、利版、MEGA2-1/5 和 online 版判读为 drei。

② Anbeginn: 手稿应判读为 Anbeginn，前缀 An 应为后改写。梁版判读为 <An> Beginn；阿版、利版判读为 Anbeginn；MEGA2-1/5 和 online 版判读为 Beginn。

[13] [V]erhältniß - einerseits als ein natürliches, andrerseits als gesellschaftliches Verhältniß-gesellschaftlich in dem Sinne als hierunter das Zusammenwirken mehrerer Individuen, gleichviel unter welchen Bedingungen, auf welcher Weise & zu welchem Zweck verstanden wird. Hieraus geht hervor, daß eine bestimmte Produktionsweise oder industrielle Stufe stets mit einer bestimmten Weise des Zusammenwirkens oder gesellschaftlichen Stufe vereinigt ist, X daß die Menge der den Menschen zugänglichen Produktivkräfte den gesellschaftlichen Zustand bedingt & also die „Geschichte der Menschheit" stets im Zusammenhange mit der Geschichte der Industrie & des Austausches studirt & bearbeitet werden muß. Es ist aber auch klar, wie es in Deutschland unmöglich ist, solche Geschichte zu schrei ben, da den Deutschen dazu nicht nur die Auffassungsfähigkeit & das Material, sondern auch die „sinnliche Gewißheit" abgeht, & man jenseits des Rheins über diese Dinge keine Erfahrungen machen kann, weil dort keine Geschichte mehr vorgeht. Es zeigt sich also schon von vorn herein ein materialistischer Zusammenhang der Menschen unter einander der durch die Bedürfnisse & die Weise der Produktion bedingt & so alt ist wie die Menschen selbst - ein Zusammenhang, der stets neue Formen annimmt & also eine „Geschichte" darbietet, auch ohne daß irgend ein politischer oder religiöser Nonsens existirt der die Menschen noch extra zusammenhalte. — Jetzt erst, nachdem wir bereits vier Momente, vier Seiten der ursprünglichen, geschicht lichen Verhältnisse betrachtet haben, finden wir, daß der Mensch auch „Bewußtsein" hat. Aber auch dies nicht von vorn herein als „reines" Bewußtsein. Der „Geist" hat von vornherein

u. diese Weise des Zusammenwirkens ist selbst eine „Productivkraft"

Die Menschen haben Geschichte,weil sie ihr Leben *produciren* müssen, u. zwar erst① auf *stimmte*② Weise; dieß ist durch ihre physische Organisation gegeben; ebenso wie ihr Bewußtsein.

① erst：手稿应判读为 erst。阿版判读为 müssen；MEGA2-1/5 判读为 erst；online 版判读为 muß。
② stimmte：手稿应判读为 stimmte。阿版、利版、MEGA2-1/5 和 online 版判读为 bestimmte。

[14]den Fluch an sich, mit der Materie „behaftet" zu sein, die hier in der Form von bewegten Luftschichten, Tönen, kurz der Sprache auftritt. Die Sprache ist so alt, wie das Bewußtsein - die Sprache ist das praktische auch für andre Menschen existirende, also auch für mich selbst erst exisitirende wirkliche Bewußtsein, & die Sprache entsteht, wie das Bewußtsein, erst aus dem Bedürfniß, der Nothdurft des Verkehrs mit andern Menschen. Das Bewußtsein ist also von vornherein schon ein gesellschaftliches Produkt, & bleibt es, solange überhaupt Menschen existiren. Das Bewußtsein ist natürlich zuerst bloß Bewußtsein[①] über die X sinnliche Umgebung & Bewußtsein des XX Zusammenhanges mit andern Personen & Dingen außer dem sich bewußt Werdenden Individuum; es ist zu gleicher Zeit Bewußtsein der Natur, die den Menschen anfangs als eine durchaus fremde, allmächtige & unangreifbare Macht gegenübertritt, zu der sich die Menschen rein thierisch verhalten, von der sie sich imponiren lassen wie das Vieh, & also ein rein thierisches Bewußtsein der Natur (Naturreligion) - & andrerseits Bewußtsein der Notwendigkeit, mit den umgebenden Individuen in Verbindung zu treten, der Anfang des Bewußtseins darüber daß er überaupt in einer Gesellschaft lebt. Die ser Anfang ist so thierisch wie das gesellschaftliche Leben dieser Stufe selbst, er ist bloßes Heerdenbewußtsein, & der Mensch unterscheidet sich hier vom Hammel nur dadurch, daß sein Bewußtsein ihm die Stelle des Instinkts vertritt, oder daß sein Instinkt ein bewußter ist. Dieses Hammel- oder Stammbewußtsein er hält seine weitere Entwicklung & Ausbildung durch die gesteigerte Produktivität, die Vermehrung der Bedürfnisse & die Beiden zum Grunde liegende.

Wo ein Verhältniß existirt da existirt es für mich, das Thier „verhält" sich zu Nichts & überhaupt nicht.
Für d.Thier existirt sein Verhältniß zu andern nicht als Verhältniß.

X *nächste*
XX bornirten

XX eben weil die Natur noch kaum geschichtlich modificirt ist

XX Man sieht hier sogleich. Diese Naturreligion od. dieß bestimmte Verhalten zur Natur ist bedingt durch die Gesellschaftsform u. umgekehrt. Hier wie überall tritt die Identität von Natur u. Mensch auch so hervor, daß das bornirte Verhalten der Menschen zur Natur ihr bornirtes Verhalten zu einander u. ihr borniertes Verhalten zu einander ihr borniertes Verhältniß zur Natur bedingt.

---

① bloß Bewußtsein：手稿应判读为 bloß Bewußtsein。在 Bewußtsein 前有 "sinnl"，但被划上删除符号。阿版、兰版、利版判读为 bloß sinnliches Bewußtsein；MEGA2-1/5 和 online 版判读为 bloß Bewußtsein。

[15]Vermehrung der Bevölkerung. Da mit entwickelt sich die Theilung der Arbeit, die ursprünglich nichts war als die Theilung der Arbeit im Geschlechtsakt, dann Theilung der Arbeit, die sich vermöge dernatürlichenAnlage (z.B.Körperkraft), Bedürfnisse, Zufälle, &c &c von selbst oder „naturwüchsig" macht. Die Theilung der Arbeit wird erst wirklich Theilung von dem Augenblicke an, wo eine Theilung der materiellen & geistigen Arbeit eintritt.

Erste Form der Ideologen *Pfaffen.* **fällt zusammen.**

Von diesem Augenblicke an kann sich das Bewußtsein wirklich einbilden, etwas Andres als das Bewußtsein der bestehenden Praxis zu sein, wirklich etwas vorzustellen, ohne etwas Wirkliches vorzustellen - von diesem Augenblicke an ist das Bewußtsein im Stande, sich von der Welt zu emanzipiren & zur Bildung der „reinen" Theorie, Theologie Philosophie Moral &c überzugehen. Aber selbst wenn diese Theorie, Theologie, Philosophie, Moral &c in Widerspruch mit den bestehenden Verhältnissen treten, so kann dies nur dadurch geschehen daß die bestehenden gesellschaftlichen Verhältnisse mit der bestehenden Produktionskraft in Wider-spruch getreten sind - was übrigens in einem bestimmten nationalen Kreise von Verhältnissen

Religionen. **D. Deutsch mit d.** *Ideologie* **als solcher,**[1]

auch dadurch geschehen kann, daßder Widerspruch nicht in diesem nationalen Umkreis, sondern zwischen diesem nationalen Bewußtsein & der Praxis der andern Nationen d. h. zwischen dem nationalen & allgemeinen Bewußtsein einer Nation (wie jetzt in Deutschland)sich einstellt - wo dieser Nation dann, weil dieser Widerspruch scheinbar nur als ein Widerspruch innerhalb des nationalen Bewußtseins erscheint auch der Kampf sich auf diese na-

---

[1] Religionen.D. Deutsch mit d. Ideologie als solcher: 手稿应判读为 Religionen.D. Deutsch mit d. Ideologie als solcher。阿版、利版、MEGA2-1/5 和 online 版补充为 Religionen.Die Deutschen mit der Ideologie als solcher。

[16]tionale Scheiße zu beschränken scheint eben weil diese Nation die Scheiße an & für sich ist. Übrigens ist es ganz einerlei was das Bewußtsein alleene anfängt, wir erhalten aus diesem ganzen Dreck nur das eine Resultat, daß diese drei Momente, die Produktions kraft, der gesellschaftliche Zustand, & das Bewußtsein in Widerspruch unter einander gerathen können & müssen, weil mit der *Theilung der Arbeit* die Möglichkeit, ja die Wirklichkeit gegeben ist, daß die geistige & materielle Thätigkeit daß der Genuß & die Arbeit, Produktion & Consumtion verschiedenen Individuen zufallen, & die Möglichkeit, daß sie nicht in Widerspruch gerathen, nur darin liegt daß die Theilung der Arbeit wieder aufgehoben wird. Es versteht sich übrigens von selbst, daß die „Gespenster", „Bande", „höheres Wesen", „Begriff", „Bedenklichkeit" blos der idealistische spekulative geistliche Ausdruck, die Vorstellung scheinbar des vereinzelten Individuums sind, die Vorstellung von sehr empirischen Fesseln & Schranken, innerhalb deren sich die Produktionsweise des Lebens & die damit zusammenhängende Verkehrsform bewegt.

Mit der Theilung der Arbeit, in welcher alle diese Widersprüche gegeben sind, & welche ihrerseits wieder auf der naturwüchsigen Theilung der Arbeit in der Familie & der Trennung der Gesellschaft in einzelne, einander entgegengesetzte Familien beruht - ist zu gleicher Zeit auch die Vertheilung, & zwar die ungleiche sowohl quantitative wie qualitative Vertheilung der Arbeit & ihrer Produkte gegeben, also das Eigenthum, das in

11, 12, 13, 14, 15, 16,

[17]der Familie, wo die Frau & die Kinder die Sklaven des Mannes sind, schon seinen Keim[①], seine erste Form hat. Die freilich noch sehr rohe, latente Sclaverei in der Familie ist das erste Eigenthum, das übrigens hier schon vollkommen der Definiti on der modernen Oekonomen entspricht, nach der es die Verfügung über fremde Arbeitskraft ist. - Ferner ist mit der Theilung der Arbeit zugleich der Widerspruch zwischen dem Interesse des einzelnen Individuums oder der einzelnen Familie & dem gemeinschaftlichen Interesse aller Individuen die mit einander verkehren, gegeben; und zwar existirt dies gemeinschaftliche Interesse nicht etwa bloß in der Vorstellung, als „Allgemeines", sondern zuerst in der Wirklichkeit als gegenseitige Abhängigkeit der Individuen unter denen die Arbeit getheilt ist. Und endlich bietet uns die Theilung der Arbeit gleich das erste Beispiel davon dar, daß solange die Menschen sich in der naturwüchsigen Gesellschaft befinden, solange also die Spaltung zwischen dem besondern & gemeinsamen Interesse[②] existirt, solange die Thätigkeit also nicht freiwillig, sondern naturwüchsig getheilt ist, die eigne That des Menschen ihm zu einer fremden, gegenüberstehenden Macht wird, die ihn unterjocht, statt daß er sie beherrscht. Sowie nämlich die Arbeit vertheilt zu werden anfängt, hat jeder einen bestimmten ausschließlichen Kreis der Thätigkeit, der ihm aufgedrängt wird, aus dem er nicht heraus kann; er ist Jäger, Fischer oder Hirt X & muß es bleiben, wenn er nicht die Mittel zum Leben verlieren will - während in der kommunistischen Gesellschaft, wo Jeder nicht einen ausschließlichen Kreis der Thätigkeit hat, sondern sich in jedem beliebigen Zweige ausbilden kann, die Gesellschaft die allgemeine Produktion regelt & mir eben dadurch möglich macht, heute dies, morgen jenes zu thun, Morgens zu jagen, Nachmittags zu fischen, Abends Viehzucht zu treiben, X wie ich gerade Lust habe, ohne je Jäger Fischer Hirt X zu werden.

Übrigens sind Theilung der Arbeit & Privateigenthum identische Ausdrücke in dem Einen wird in Beziehung auf die Thätigkeit dasselbe ausgesagt was in dem andern in Bezug auf das Produkt der Thätigkeit ausgesagt wird.

eben aus diesem Widerspruch des besonderen & gemeinschaftlichen Interesse nimmt das gemeinschaftliche Interesse als Staat eine selbstständige Gestaltung, getrennt von den wirklichen Einzel- & Gesammtinteressen, an, & zugleich als illusorische Gemeinschaftlichkeit aber stets auf der realen Basis der in jedem Familien & Stamm-Conglomerat vorhandenen Bänder, wie[①] Fleisch & Blut, Sprache, Theilung der Arbeit im größeren[②] Maßstabe & sonstigen Interessen - & besonders, wie wir später entwikkeln werden, der durch die Theilung der Arbeit bereits bedingten Klassen die in jedem derartigen Menschen- haufen sich absondern & von denen eine alle andern beherrscht. Hieraus folgt daß alle Kämpfe innerhalb des Staats, der Kampf zwischen Demokratie, Aristokratie & Monarchie, der Kampf um das Wahlrecht &c &c nichts als die illusorischen Formen sind - überhaupt das Allgemeine illusorische Form des Gemeinschaftlichen - in denen die wirklichen Kämpfe der verschiednen Klassen unter

X oder kritischer Kritiker,

einander geführt werden, (wovon die deutschen Theoretiker nicht eine Sylbe ahnen, trotz dem daß man ihnen in den dtsch-franz Jahrb. & der heiligen Familie dazu Anleitung genug gegeben hatte) & ferner daß jede nach der Herrschaft strebende Klasse, wenn ihre Herrschaft auch, wie dies beim Proletariat der Fall ist, die Aufhebung der ganzen alten Gesellschaftsform X bedingt, sich zuerst die politische Macht erobern muß, um ihr Interesse wieder als das Allgemeine, wozu sie im ersten Augenblick gezwungen ist, darzustellen.X

X u. der Herrschaft überhaupt

X Eben weil die Individuen nur ihr besondres - für sie nicht mit ihrem gemeinschaftlichen Interesse[③] Zusammenfallendes suchen - wird dieß als ein ihnen „fremdes" u. von ihnen

X u. nach d.[④] Essen zu kritisiren,

X oder Kritiker

---

① Keim: 手稿应判读为 Keim。梁版判读为 Kern; 阿版、利版、MEGA2-1/5 和 online 版判读为 Keim。

② dem besondern & gemeinsamen Interesse: 手稿应判读为 dem besondern & gemeinsamen Interesse。梁版判读为 den besondern & gemeinsamen Interessen; 阿版、利版、MEGA2-1/5 和 online 版判读为 dem besondern & gemeinsamen Interesse。

① Bänder, wie: 手稿应判读为 Bänder, wie。梁版判读为 Bande von; 阿版、利版、MEGA2-1/5 和 online 版判读为 Bänder, wie。

② im größeren: 手稿应判读为 im größeren。梁版判读为 in größerem; 阿版、利版、MEGA2-1/5 和 online 版判读为 im größeren。

③ mit ihrem gemeinschaftlichen Interesse: 手稿应判读为 mit ihrem gemeinschaftlichen Interesse。梁版判读为 mit ihren gemeinschaftlichen Interessen; 阿版、利版、MEGA2-1/5 和 online 版判读为 mit ihrem gemeinschaftlichen Interesse。

④ nach d.: 手稿应判读为 nach d.。梁版、兰版判读为 auch das; 阿版、利版、MEGA2-1/5 和 online 版判读为 nach dem。

[18]Dieses Sichfestsetzen der sozialen Thätigkeit, diese Consolidation unsres eignen Produkts zu einer sachlichen Gewalt über uns, die unsrer Kontrolle entwächst, unsre Erwartungen durchkreuzt, unsere Berechnungen zu Nichte macht, ist eines der Hauptmomente in der bisherigen geschichtlichen Entwicklung. Die soziale Macht, d. h. die vervielfachte Produktionskraft, die durch das in der Theilung der Arbeit bedingte Zusammenwirken der verschiedenen Individuen entsteht, erscheint diesen Individuen, weil das Zusammenwirken selbst nicht freiwillig, sondern naturwüchsig ist, nicht als ihre eigne, vereinte Macht, sondern als eine fremde, außer ihnen stehende Gewalt, von der sie nicht wissen woher & wohin, die sie also nicht mehr beherrschen können, die im Gegentheil nun eine eigenthümliche vom Wollen & Laufen der Menschen unabhängige, ja dies Wollen & Laufen erst dirigirende Reihenfolge von Phasen & Entwicklungsstufen durchlaufen[①]. X Wie hätte sonst z. B. das Eigenthum überhaupt eine Geschichte haben, verschiedene Gestalten annehmen & etwa das Grundeigenthum je nach der verschiedenen vorliegenden Voraussetzung in Frankreich aus der Parzellirung zur Centralisation in wenigen Händen, in England aus der Centralisation in wenigen Händen zur Parzellirung drängen können, wie dies heute wirklich der Fall ist? Oder wie kommt es, daß der Handel, der doch weiter nichts ist als der Austausch der Produkte verschiedner Individuen & Länder, durch das Verhältniß von Nachfrage & Zufuhr die ganze Welt beherrscht - ein Verhältniß, das, wie ein englischer Oekonom sagt, gleich dem antiken Schicksal über der Erde schwebt & mit unsichtbarer Hand Glück & Unglück an die Menschen vertheilt, Reiche stiftet

X X ergeben sich aus der jetzt bestehenden Voraussetzung[①] „unabhängiges", als ein selbst wieder besondres u. eigenthümliches „Allgemein" Interesse geltend gemacht, od. sie selbst müssen sich in diesem Zwiespalt bewegen[②], wie in der Demokratie. Andrerseits macht denn auch der *praktische* Kampf dieser, beständig *wirklich* den gemeinschaftlichen u. illusorischen gemeinschaftlichen Interessen entgegentretenden Sonderinteressen, die *praktische* Dazwischenkunft u. Zügelung durch das illusorisch „Allgemein" Interesse als Staat nöthig.

Der Communismus ist für uns nicht ein *Zustand*, der hergestellt werden soll, ein *Ideal*, wonach die Wirklichkeit sich zu richten haben. Wir nennen Communismus die *wirkliche* Bewegung welche den jetzigen Zustand aufhebt. Die Bedingungen dieser Bewegung ergeben sich aus der jetzt bestehenden Voraussetzung.

X Diese „*Entfremdung*", um den Philosophen verständlich zu bleiben, kann natürlich nur unter zwei *praktischen* Voraussetzungen aufgehoben werden. Damit sie eine „unerträgliche" Macht werde, d. h. eine Macht, gegen die man revolutionirt, dazu gehört, daß sie die Masse der Menschheit als durchaus „Eigenthumslos" erzeugt hat u. zugleich im Widerspruch zu einer vorhandnen Welt des Reichthums u. der Bildung, was beides eine grosse Steigerung der Productivkraft - einen hohen Grad ihrer Entwicklung voraussetzt, - u. andrer- seits ist diese Entwicklung der Productivkräfte (womit zugleich schon das in *weltgeschichtlichem* statt d. in lokalem Dasein d. Menschen vorhandne empirische Existenz[③] gegeben ist) auch deßwegen eine absolut nothwendige praktische Voraussetzung, weil ohne sie nur d. *Mangel* \ Nothdurft[④] verallgemeinert, also mit der *Nothdurft* auch der Streit um das Nothwendige wieder beginnen u. die ganze alte Scheisse sich herstellen müßte, weil ferner nur mit dieser universellen Entwicklung der Productivkräfte ein *universeller* Verkehr der Menschen gesetzt ist, daher einerseits das Phänomen der „Eigenthumslosen" Masse in Allen Völkern gleichzeitig erzeugt (die allgemeine Concurrenz) - jedes derselben von den Umwälzungen der andern abhängig[⑤] macht, u. endlich *weltgeschichtliche*, empirisch universelle Individuen an die Stelle der lokalen gesetzt hat. Ohne dieß könnte 1) der Communismus nur als eine Lokalität existiren 2) die fremden *Mächte* des Verkehrs selbst hätten sich als *universelle*, daher unerträgliche Mächte, nicht entwickeln können, sie wären heimisch-abergläubige „Umstände" geblieben u. 3) würde jede Erweiterung des Verkehrs den lokalen Communismus aufheben. Der Com munismus ist empirisch nur als die That der herrschenden Völker „auf einmal" u.[⑥] gleichzeitig möglich, was die universelle Entwicklung der Productivkraft u. d. mit ihnen[⑦] zusammenhängenden Weltverkehr voraussetzt.

---

① 此句为梁版、阿版和 MEGA2-1/5 等所未载。

② bewegen：手稿应判读为 bewegen。梁版和阿版判读为 begegnen；利版、MEGA2-1/5 和 online 版判读为 bewegen。

③ das in weltgeschichtlichem statt d. in lokalem Dasein d. Menschen vorhandne empirische Existenz：梁版判读为 die in weltgeschichtlichem statt der in lokalem Dasein des Menschen vorhandenen empirischen Existenz；阿版、利版判读为 die in weltgeschichtlichem statt der in lokalem Dasein der Menschen vorhandne empirische Existenz；MEGA2-1/5 和 online 版判读为 die in weltgeschichtlichem statt die in lokalem Dasein der Menschen vorhandne empirische Existenz。

④ Nothdurft：手稿存有该词。阿版、利版将该词删除。

⑤ Umwälzungen der andern abhängig：手稿应判读为 Umwälzungen der andern abhängig。阿版、利版、MEGA2-1/5 和 online 版判读为 Umwälzungen der andern abhängig；兰版判读为 Umwälzungen abhängig。

⑥ „auf einmal" u.：梁版、利版判读为 auf einmal und；阿版判读为 auf „einmal" oder；MEGA2-1/5 和 online 版判读为 „aufeinmal" u.。

⑦ mit ihnen：手稿应判读为 mit ihnen。梁版、兰版判读为 mit ihr；阿版、利版判读为 mit ihm；MEGA2-1/5 和 online 版判读为 mit ihnen。

---

① durchlaufen：手稿应判读为 durchlaufen。阿版视为 durchläuf 的笔误。

[19] & Reiche zertrümmert, Völker entstehen & verschwinden① macht - während mit der Aufhebung der Basis, des Privateigenthums, mit der kommunistischen Regelung der Produktion & der darin liegenden Vernichtung der Fremdheit, mit der sich die Menschen zu ihrem eignen Produkt verhalten, die Macht des Verhältnisses von Nachfrage & Zufuhr sich in Nichts auflöst, & die Menschen den Austausch, die Produktion, die Weise ihres gegenseitigen Verhaltens wieder in ihre Gewalt bekommen?

———

Die durch die auf allen bisherigen geschichtlichen Stufen vorhandenen Produktionskräfte bedingte & sie wiederum bedingende Verkehrsform ist die *bürgerliche Gesellschaft*, die, wie schon aus dem Vorhergehenden hervorgeht, die einfache Familie & die zusammengesetzte Familie, das sogenannte Stammwesen zu ihrer Voraussetzung & Grundlage hat, & deren nähere Bestimmungen im Vorhergehenden enthalten sind. Es zeigt sich schon hier, daß diese bürgerliche Gesellschaft der wahre Heerd & Schauplatz aller Geschichte ist, & wie widersinnig die bisherige, die wirklichen Verhältnisse vernachlässigende Geschi-chtsauffassung mit ihrer Beschränkung auf hochtönende Haupt- & Staatsaktionen ist.

Bisher haben wir hauptsächlich nur die eine Seite der menschlichen Thätigkeit, die *Bearbeitung der Natur* durch die Menschen betrachtet. Die andre Seite, die *Bearbeitung der Menschen* durch *die Menschen*

Ursprung des Staats & Verhältniß des Staats zur Bürgerlichen Gesellschaft.

Communismus.

Uebrigens sezt die Masse von *blosen* Arbeitern - massenhafte von Kapital, od. von irgend einer bornirten Befriedigung abgeschnittne Arbeiterkraft - u. drum auch der nicht mehr temporäre Verlust dieser Arbeit, die rein prekäre Lage, selbst als einer gesicherten Lebensquelle durch die Concurrenz den *Weltmarkt* voraus. Das Proletariat kann also nur *weltgeschichtlich* existiren, wie der Communismus, seine Actio nur als „weltgeschichtliche" Existenz überhaupt vorhanden sein kann; weltgeschichtliche Existenz der Individuen, d. h. Existenz der Individuen, die unmittelbar mit der Weltgeschichte verknüpft ist.

Verkehr u. Productivkraft.

---

① verschwinden：手稿应判读为 verschwinden。阿版判读为 schwinden；利版、MEGA2-1/5 和 online 版判读为 verschwinden。

[20] Die Geschichte ist nichts als die Aufeinanderfolge der einzelnen Generationen, von denen Jede die ihr von allen vorhergegangenen übermachten Materiale, Kapitalien, Produktionskräfte exploitirt, daher also einerseits unter ganz veränderten Umständen die überkommene Thätigkeit fortsetzt & andrerseits mit einer ganz veränderten Thätigkeit die alten Umstände modifizirt, was sich nun spekulativ so verdrehen läßt, daß die spätere Geschichte zum Zweck der früheren gemacht wird, z. B. daß der Entdeckung Amerikas der Zweck zu Grunde gelegt wird, der französischen Revolution zum Durchbruch zu verhelfen, wodurch dann die Geschichte ihre aparten Zwecke erhält & eine „Person neben anderen Personen" (als da sind „Selbstbewußtsein, Kritik, Einziger" etc) wird, während das, was man mit den Worten „Bestimmung", „Zweck", „Keim", „Idee" der früheren Geschichte bezeichnet, weiter nichts ist als eine Abstraktion von der späteren Geschichte ist, eine Abstraktion von dem aktiven Einfluß[①], den die frühere Geschichte auf die spätere ausübt. - Je weiter sich im Laufe dieser Entwicklung nun die einzelnen Kreise die aufeinander einwirken, ausdehnen, je mehr die ursprüngliche Abgeschlossenheit der einzelnen Nationalitäten. durch die ausgebildetere Produktionsweise, Verkehr & dadurch naturwüchsig hervorgebrachte Theilung der Arbeit zwischen verschiednen Nationen vernichtet wird, desto mehr wird die Geschichte zur Weltgeschichte, sodaß z. B. wenn in England eine Maschine erfunden wird, die in Indien & China zahllose Arbeiter außer Brot setzt & die ganze Existenzform dieser Reiche umwälzt, diese Erfindung zu einem weltgeschichtlichen Faktum wird; oder daß der Zucker & Kaffee ihre weltgeschichtliche Bedeutung im neunzehnten Jahrhundert dadurch bewiesen, daß der durch das napoleonische Continentalsystem erzeugte Mangel an diesen Produkten die Deutschen

---

① von der späteren Geschichte ist, eine Abstraktion von dem aktiven Einfluß：梁版、利版判读为 von der späteren Geschichte, eine Abstraktion…… von dem aktiven Einfluß；MEGA2-1/5 和 online 版判读为 von der späteren Geschichte ist, eine Abstraktion von dem eben aktiven Einfluß。梁版、阿版、利版遗失了 ist。MEGA2-1/5 和 online 版增添的 eben 在手稿中应属已被删除文字。

[21]zum Aufstande gegen Napoleon brachte & so die reale Basis der glorreichen Befreiungskriege von 1813 wurde. Hieraus folgt, daß diese Umwandlung der Geschichte in Weltgeschichte nicht etwa eine bloße abstrakte That des „Selbstbewußtseins" X oder sonst eines meta-physischen Gespenstes ist, sondern eine ganz materielle, empirisch nachweisbare That, eine That, zu der jedes Individuum wie es geht & steht, ißt, trinkt & sich kleidet den Beweis liefert.- In der bisherigen Geschichte ist es allerdings ebensosehr eine empirische Thatsache, daß die einzelnen Individuen mit der Ausdeh nung der Thätigkeit zur Weltgeschichtlichen immer mehr unter einer[①] ihnen fremden Macht geknechtet worden sind (welchen Druck sie sich denn auch als Chicane des sogenann ten Weltgeistes & vorstellten) einer Macht die immer massenhafter geworden ist & sich in letzter Instanz als Weltmarkt ausweist. Aber eben so empirisch begründet ist es, daß durch den Umsturz des bestehenden gesellschaftlichen Zustandes durch die kommunistische Revolutıon (wovon weiter unten) & die damit identische Aufhebung des Privateigenthums diese den deutschen Theoretikern so mysteriöse Macht aufgelöst wird & alsdann die Befreiung jedes einzelnen Individuums in demselben Maße durchgesetzt wird, in dem die Geschichte sich vollständig in Weltgeschichte verwandelt. F Die einzelnen Individuen werden erst hierdurch von den verschiedenen nationalen & lokalen Schranken befreit, mit der Produktion F der ganzen Welt in praktische Beziehung gesetzt & in den Stand gesetzt sich die Genußfähigkeit für diese allseitige Produktion der ganzen Erde X zu erwerben. Die allseitige Abhängigkeit, diese erste naturwüchsige Form des weltgeschichtlichen Zusammenwirkens der Individuen wird durch

X Weltgeistes

Ueber die Production des Bewußtseins.

F Daß der wirkliche geistige Reichthum des Individuums ganz von dem Reichthum seiner wirklichen Beziehungen abhängt, ist nach dem obigen klar.
F (auch mit der geistigen)

X (Schöpfungen der Menschen)

---

① unter einer：手稿应判读为 unter einer。梁版判读为 unter eine；阿版、利版、MEGA2-1/5 和 online 版判读为 unter einer。

[22] diese kommunistische Revolution verwandelt in die Contrôle & bewußte Beherrschung dieser Mächte, die, aus dem Aufeinander-Wirken der Menschen erzeugt, ihnen bisher als durchaus fremde Mächte imponirt & sie beherrscht haben. Diese Anschauung kann nun wieder spekulativ-idealistisch d. h. phantastisch als „Selbsterzeugung der Gattung" (die „Gesellschaft als[①] Subjekt") gefaßt & dadurch die aufeinanderfolgende Reihe von im Zusammenhange stehenden Individuen als ein einziges Individuum vorgestellt werden, das das Mysterium vollzieht sich selbst zu erzeugen. Es zeigt sich hier, daß die Individuen allerdings *einander* machen, physisch & geistig, aber nicht sich machen, weder im Unsinn des heiligen Bruno[②].

Schließlich erhalten wir noch folgende Resultate aus der entwickelten Geschichtsauffassung: 1) In der Entwicklung der Produktivkräfte tritt eine Stufe ein, auf welcher Produktionskräfte[③] & Verkehrsmittel hervorgerufen werden, welche unter den bestehenden Verhältnissen nur Unheil anrichten, welche keine Produktionskräfte mehr sind, sondern Deis struktionskräfte (Maschinerie & Geld) - & was damit zusammenhängt daß eine Klasse hervorgerufen wird, welche alle Lasten der Gesellschaft zu tragen hat ohne ihre Vortheile zu genießen, welche aus der Gesellschaft heraus

---

① als：手稿应判读为 als。梁版判读为 und；阿版、利版、MEGA2-1/5 和 online 版判读为 als。

② 在此之后有 "wonach" 一词，但应属被马克思删除的文字。

③ Produktionskräfte：手稿应判读为 Produktionskräfte。梁版判读为 Produktivkräfte；利版、MEGA2-1/5 和 online 版判读为 Produktionskräfte。

[23]gedrängt, in den entschiedensten Gegensatz zu allen andern Klassen forcirt wird; eine Klasse die die Majorität aller Ge sellschaftsmitglieder bildet & von der das Bewußtsein über die Notwendigkeit einer gründlichen Revolution, das kommunistische Bewußtsein aus geht, das sich natürlich auch unter den andern Klassen vermöge der Anschauung[①] der Stellung dieser Klasse bilden kann; 2) daß die Bedingungen innerhalb deren bestimmte Produktionskräfte angewandt werden können, die Bedingungen der Herrschaft einer bestimmten Klasse der Gesellschaft sind, deren soziale, aus ihrem Besitz hervorgehende Macht in der jedesmaligen Staatsform ihren *praktisch*-idealistischm Ausdruck hat, & deßhalb jeder revolutionäre Kampf gegen eine Klasse, die bisher geherrscht hat, sich richtet; 3) daß in allen bisherigen Revolutionen die Art der Thätigkeit stets unangetastet blieb & es sich nur um eine andre Distribution dieser Thätigkeit, um eine neue Vertheilung der Arbeit an andre Personen handelte, während die kommunistische Revolution sich gegen die bisherige *Art* der Thätigkeit richtet, die *Arbeit* beseitigt, & die Herrschaft aller Klassen mit den Klassen selbst aufhebt, weil sie durch die Klasse bewirkt wird, die in der Gesellschaft für keine Klasse mehr gilt, nicht als Klasse anerkannt wird, schon der Ausdruck der Auflösung aller Klassen, Nationalitäten &c innerhalb der jetzigen Gesellschaft ist & 4) daß sowohl zur massenhaften Erzeugung dieses kommunistischen Bewußtseins, wie zur Durchsetzung der Sache selbst eine massenhafte Veränderung der Menschen nöthig ist, die nur in einer praktischen Bewegung, in einer *Revolution* vor sich gehen kann; daß also die Revolution nicht nur nöthig ist, weil die *herrschende* Klasse auf keine andre Weise gestürzt werden kann, sondern auch, weil die *stürzende* Klasse nur in einer Revolution dahin kommen kann, sich den ganzen alten Dreck vom Halse zu schaffen & zu einer neuen Begründung der Gesellschaft befähigt zu werden.

Daß d. Leute interessirt sind, d. jetzigen Productionszustand zu erhalten.

---

① Anschauung: 手稿应判读为 Anschauung。梁版、兰版判读为 Auffassung；利版、MEGA2-1/5 和 online 版判读为 Anschauung。

[24]Diese Geschichtsauffassung beruht also darauf, den wirklichenProduktionsprozeß, & zwar von der materiellen Produktion des unmittelbaren Lebens ausgehend, zu entwickeln & die mit dieser Produktionsweise zusammenhängende & von ihr erzeugte Verkehrsform, also die bürgerliche Gesellschaft in ihren verschiedenen Stufen als Grundlage der ganzen Geschichte aufzufassen & sie sowohl in ihrer Aktion als Staat darzustellen, wie die sämmtlichen verschiedenen theoretischen Erzeugnisse & Formen des Bewußtseins, Religion, Philosophie, Moral &c See aus ihr zu erklären X Sie hat in jeder Periode nicht, wie die idealistische Geschichtsanschauung, nach einer Kategorie zu suchen, sondern bleibt fortwährend auf dem wirklichen Geschichts*boden* stehen, erklärt nicht die Praxis aus der Idee, erklärt die Ideenformationen aus der materiellen Praxis, & kommt demgemäß auch[①] zu dem Resultat, daß alle Formen & Produkte des Bewußtseins nicht durch geistige Kritik, durch Auflösung ins „Selbstbewußtsein" oder Verwandlung in „Spuk", „Gespenster", „Sparren" &c sondern nur durch den praktischen Umsturz der realen gesell schaftlichen Verhältnisse aus denen diese idealistischen Flausen hervorgegangen sind, aufgelöst werden können - daß nicht die Kritik, sondern die Revolution die treibende Kraft der Geschichte auch der Religion, Philosophie & sonstigen Theorie ist. Sie zeigt, daß die Geschichte nicht damit endigt, sich ins „Selbstbewußtsein" als „Geist vom Geist" aufzulösen, sondern daß in ihr auf jeder Stufe ein materielles Resultat, eine Summe von Produktionskräften, X sich vorfindet, die jeder Generation von ihrer Vorgängerin überliefert wird, eine Masse von Produktivkräften, Kapitalien & Umständen, die zwar einerseits von der neuen Generation modifizirt wird, ihr aber auch andrerseits ihre eignen Lebensbedingungen vorschreibt & ihr eine bestimmte Entwicklung, einen specialen Charakter gibt - daß also die Umstände ebensosehr

Feuerbach

u. ihren Entstehungsprozeß aus ihnen zu verfolgen, wo dann natürlich auch die Sache in ihrer Totalität (u. darum auch die Wechselwirkung dieser verschiednen Seiten auf einander) dargestellt werden kann.

X ein historisch geschaffnes Verhältniß zur Natur u. der Individuen zu einander

---

① auch：手稿存有该词。阿版遗漏；利版、广版、MEGA2-1/5 和 online 版均录入。

[25]die Menschen, wie die Menschen die Umstände machen. Diese Summe von Produktionskräften, Kapitalien & sozialen Verkehrsformen, die jedes Individuum & jede Generation als etwas Gegebenes vorfindet, ist der reale Grund dessen, was sich die Philosophen als „Substanz" & „Wesen des Menschen" vorgestellt, was sie apotheosirt & bekämpft haben, ein realer Grund der dadurch nicht im Mindesten in seinen Wirkungen & Einflüssen auf die Entwicklung der Menschen gestört wird, daß diese Philosophen als „Selbstbewußtsein" & „Einzige" dagegen rebelliren. Diese vorgefundenen Lebensbedingungen der verschiedenen Generationen entscheiden auch, ob die periodisch in der Geschichte wiederkehrende revolutionäre Erschütterung stark genug sein wird oder nicht, die Basis alles Bestehenden umzuwerfen, & wenn diese materiellen Elemente einer totalen Umwälzung X - nicht vorhanden sind, so ist es ganz gleichgültig für die praktische Entwicklung, ob die *Idee* dieser Umwälzung schon hundertmal ausgesprochen ist - wie die Geschichte des Kommunismus dies beweist.

Die ganze bisherige Geschichtsauffassung hat diese wirkliche Basis der Geschichte entweder ganz & gar unberücksichtigt gelassen, oder sie nur als eine Nebensache betrachtet, die mit dem geschichtlichen Verlauf außer allem Zusammenhang steht. Die Geschichte muß daher immer nach einem außer ihr liegenden Maßstab geschrieben werden; die wirkliche Lebensproduktion erscheint als Ungeschichtlich[1], während das Geschichtliche als das vom gemeinen Leben getrennte, extra-überweltliche erscheint. Das Verhältniß der Menschen zur Natur ist hiermit von der Geschichte ausgeschlossen wodurch der Gegensatz von Natur & Geschichte erzeugt wird. Sie hat daher in der Geschichte nur politische Haupt & Staatsaktionen & religiöse & überhaupt theoretische Kämpfe sehen können, & speciell bei jeder geschichtlichen Epoche *die Illusion dieser Epoche theilen* müssen. **Z. B. bildet sich eine Epoche ein, durch rein „politische" od. „religiöse" Motive bestimmt zu werden,** F **so acceptirt ihr Geschichtschreiber diese Meinung. Die „Einbildung", die „Vorstellung" dieser bestimmten Menschen über ihre wirkliche Praxis wird in die einzig bestimmende u. aktive Macht verwandelt,**welche die Praxis dieser Menschen beherrscht & bestimmt. Wenn die rohe Form, in der die Theilung der Arbeit bei den Indern & Aegyptern vorkommt, das Kastenwesen bei diesen Völkern in ihrem Staat & ihrer Religion hervorruft, so glaubt der Historiker, das Kastenwesen

X nämlich einerseits d. vorhandnen Productivkräfte[1]**, andrerseits die Bildung einer revolutionären Masse, die nicht nur gegen einzelne Bedingungen der bisherigen Gesellschaft, sondern gegen die bisherige „Lebensproduktion" selbst, - die „gesammte Thätigkeit"** [2]**worauf sie basirte, revolutionirt**

F obgleich „Religion" u. „Politik" nur Formen ihrer wirklichen Motive sind,

---

① Ungeschichtlich: 手稿应判读为 Ungeschichtlich。梁版、利版判读为 ungeschichtlich; 阿版判读为 Urgeschichtlich; MEGA2-1/5 和 online 版判读为 Ungeschichtlich。

① vorhandnen Productivkräfte: 手稿应判读为 vorhandnen Productivkräfte。梁版判读为 verschiedenen Produktionskräfte; 阿版、利版、MEGA2-1/5 和 online 版判读为 vorhandnen Productivkräfte。

② die „gesammte Thätigkeit": 手稿应判读为 die „gesammte Thätigkeit"。梁版判读为 die „gesammte Thätigkeit"; 阿版、利版、MEGA2-1/5 和 online 版判读为 die „Gesammtthätigkeit"。

[26] sei die Macht, welche diese rohe gesellschaftliche Form erzeugt habe. Während die Franzosen & Engländer wenigstens an der politischen Illusion, die der Wirklichkeit noch am nächsten steht, halten, bewegen sich die Deutschen im Gebiete des „reinen Geistes" & machen die religiöse Illusion zur treibenden Kraft der Geschichte. Die Hegelsche Geschichtsphilosophie ist die letzte, auf ihren „reinsten Ausdruck" gebrachte Konsequenz dieser gesammten Deutschen Geschichtschreibung, in der es sich nicht um Deutschen Geschichtschreibung, in der es sich nicht um wirkliche, nicht einmal um politische Interessen, sondern um reine Gedanken handelt, da[①] dann auch X konsequenter dem heiligen Max Stirner, der von der ganzen wirklichen Geschichte nichts weiß, dieser historische Verlauf als eine bloße „Ritter-, Räuber & Gespenstergeschichte" erscheinen mußte, vor deren Visionen er sich natürlich nur durch die „Heillosigkeit" zu retten weiß. Diese Auffassung istio wirklich religiös, sie unterstellt den religiösen Menschen als den Urmenschen, von dem alle Geschichte ausgeht, & setzt in ihrer Einbildung die religiöse Phantasieen-Produktion an die Stelle der wirklichen Produktion der Lebensmittel & des Lebens selbst. Diese ganze Geschichtsauffassung sammt ihrer Auflösung & den daraus entstehenden Scrupeln & Bedenken ist eine bloß nationale Angelegenheit der Deutschen & hat nur lokales Interesse für Deutschland, wie zum Exempel die wichtige, neuerdings mehrfach behandelte Frage: wie man denn eigentlich „aus dem Gottesreich in das Menschenreich komme", als ob dieses „Gottesreich" je anderswo existirt habe als in der Einbildung & die gelahrten[②] Herren nicht fortwährend, ohne es zu wissen, in dem „Menschenreich" lebten, zu welchem sie jetzt den Weg suchen- & als ob das wissenschaftliche Amüsement, denn mehr als das ist es nicht, das Curiosum dieser theoretischen Wolkenbildung

d. heiligen Bruno als eine Reihe von „Gedanken" erscheinen muß[①], von denen einer den andern auffrißt u. in dem „Selbstbewußtsein" schließlich un tergeht u. noch

Die sogenannte *objektive* Geschichtschreibung bestand eben darin, die geschichtlichen Verhältnisse getrennt von der Thätigkeit aufzufassen.
Reactionairer Charakter.

zu erklären, nicht gerade umgekehrt darin läge, daß man ihre Entstehung aus den wirklichen irdischen Verhältnissen nachweist. Überhaupt handelt es sich bei diesen Deutschen stets darum, den vorgefundenen Unsinn in

---

① da：手稿应判读为 da。阿版、利版判读为 die；MEGA2-1/5 和 online 版判读为 da。
② gelahrten：手稿应判读为 gelahrten。梁版判读为 gelehrten；阿版、利版、MEGA2-1/5 和 online 版判读为 gelahrten。但 gelahrt 是 gelehrt 的旧的写法。

---

① muß：手稿应判读为 muß。梁版判读为 ist；阿版、利版、MEGA2-1/5 和 online 版判读为 muß。

[27] Das rein Nationale dieser Fragen & Lösungen zeigt sich auch noch darin, daß diese Theoretiker alles Ernstes glauben, Hirngespinnste, wie „der Gottmensch", „der Mensch" &c hätten den einzelnen Epochen der Geschichte präsidirt - der heilige Bruno geht sogar soweit zu behaupten nur „die Kritik & die Kritiker hätten die Geschichte gemacht" - &, wenn sie sich selbst an geschichtliche Konstruktionen geben, über alles Frühere in der größten Eile hinwegzuspringen① & vom "Mongolenthum" sogleich auf die eigentlich „inhaltsvolle" Geschichte, nämlich die Geschichte der halli sehen & deutschen Jahrbücher & der Auflösung der Hegeischen Schule in eine allgemeine Zänkerei übergeht②. Alle andern Nationen, alle wirkli chen Ereignisse werden vergessen, das Theatrum mundi beschränkt sich auf die Leipziger Büchermesse, & die gegenseitigen Streitigkeiten der „Kritik", des „Menschen" & des „Einzigen". Wenn sich die Theorie vielleicht einmal daran gibt, wirklich historische Themata zu behandeln, wie z. B. das achtzehnte Jahrhundert, so geben sie nur die Geschichte der Vorstellungen losgerissen von den Thatsachen & praktischen Entwicklungen die ihnen zum Grunde liegen, & auch diese nur in der Absicht, um diese Zeit als eine unvollkommene Vorstufe, als den noch bornirten Vorläufer der wahren geschichtlichen Zeit, d. h. der Zeit des deutschen Philosophenkampfes von 1840/44 darzustellen. Diesem Zwecke, eine frühere Geschichte zu schreiben um den Ruhm einer ungeschichtlichen Person & ihrer Phantasieen desto heller leuchten zu lassen, entspricht es denn, daß man alle wirklich historischen Ereignisse, selbst die wirklich historischen Eingriffe der Politik in die③ Geschichte, nicht erwähnt & dafür eine nicht auf Studien, sondern Konstruktionen & literarischen Klatschgeschichten beruhende Erzählung gibt - wie dies vom heiligen Bruno in seiner nun vergessenen Geschichte des 18 t e n Jahrhunderts geschehen ist. Diese hochtrabenden & hochfahrenden Gedankenkrämer, die unendlich weit über alle nationalen Vorurtheile erhaben zu sein glauben, sind also in der Praxis noch viel nationaler als die Bierphilister die von Deutschlands Einheit träumen. Sie erkennen die Thaten andrer Völker gar nicht für historisch an, sie leben in Deutschland zu Deutschland

irgend eine andre Marotte aufzulösen, d. h. vorauszusetzen, daß dieser ganze Unsinn überhaupt einen aparten *Sinn* habe, der herauszufinden sei, während es sich nur darum handelt diese theoretischen Phrasen aus den bestehenden wirklichen Verhältnissen zu erklären. Die wirkliche, praktische Auflösung dieser Phrasen, die Beseitigung dieser Vorstellungen aus dem Bewußtsein der Menschen wird wie schon gesagt durch veränderte Umstände, nicht durch theoretische Deduktionen bewerkstelligt. Für die Masse der Menschen, d. h. das Proletariat, existiren diese theoretischen Vorstellungen nicht, brauchen also für sie auch nicht *aufgelöst zu werden*, & wenn diese Masse je einige theoretische Vorstellungen, z. B. Religion hatte, so sind diese jetzt schon längst durch die Umstände aufgelöst.

---

① hinwegzuspringen：手稿应判读为 hinwegzuspringen。阿版、利版将其修正为 hinwegspringen；广版推测为 hinwegspringen；梁版、MEGA2-1/5 和 online 版判读为 hinwegzuspringen。

② übergeht：手稿应判读为 übergeht。阿版、利版将其修正为 übergehen；MEGA2-1/5 和 online 版判读为 übergeht。

③ Eingriffe der Politik in die：手稿应判读为 Eingriffe der Politik in die。兰版判读为 Ereignisse der Politik in der；阿版、利版、MEGA2-1/5 和 online 版判读为 Eingriffe der Politik in die。

[28]& für Deutschland, sie verwandeln das Rheinlied in ein geistliches Lied & erobern Elsaß & Lothringen, indem sie statt des französischen Staats, die französische Philosophie bestehlen, statt französischer Provinzen, französische Gedanken germanisiren. Herr Venedey ist ein Kosmopolit gegen die Heiligen Bruno & Max, die in der Weltherrschaft der Theorie die Weltherrschaft Deutschlands proklamiren.

XX in ein Prädicat „*des*" Menschen[①] verwandelt,

Feuerbach.

Es zeigt sich aus diesen Auseinandersetzungen auch, wie sehr Feuerbach sich täuscht, wenn er (Wigands Vierteljahrsschrift 1845 Bd. 2) sich vermöge der Qualifikation „Gemeinmensch" für einen Kommunisten erklärt, XX also das Wort Kommunist, das in der bestehenden Welt den Anhänger einer bestimmten revolutionären Partei bezeichnet, wieder in eine bloße Kategorie verwandeln zu können glaubt. Feuerbachs ganze Deduktion in Beziehung auf das Verhältniß der Menschen zu einander geht nur dahin, zu beweisen, daß die Menschen einander nöthig haben & *immer gehabt haben.* Er will das Bewußtsein über diese Thatsache etabliren, er will also, wie die übrigen Theoretiker nur ein richtiges Be wußtsein über ein *bestehendes* Faktum hervorbringen, während es dem wirklichen Kommunisten darauf ankommt, dies Bestehende umzustürzen. Wir erkennen es übrigens vollständig an, daß Feuerbach, indem er das Bewußtsein gerade *dieser* Thatsache zu erzeugen strebt, so weit geht, wie ein Theoretiker überhaupt gehen kann, ohne aufzuhören, Theoretiker & Philosoph zu sein. Charakteristisch ist es aber, daß die Heiligen Bruno & Max die Vorstellung Feuerbachs vom Kommunisten sogleich an die Stelle des wirklichen Kommunisten setzen, was theilweise schon deswegen geschieht, damit sie auch den Kommmunismus als „Geist vom Geist", als philosophische Kategorie, als ebenbürtigen Gegner bekämpfen können & von Seiten des heiligen Bruno auch noch aus pragmatischen Interessen. Als Beispiel von der Anerkennung & zugleich Verkennung des Bestehenden, die Feuerbach noch immer mit unsern Gegnern theilt, erinnern wir an die Stelle der Philosophie der Zukft, wo er entwickelt, daß das Sein eines Dinges oder Menschen zugleich sein Wesen sei, daß die bestimmten Existenzverhältnisse Lebensweise & Thätigkeit eines thierischen oder menschlichen Individuums dasjenige sei, worin sein „Wesen" sich befriedigt fühle. Hier wird ausdrücklich jede Ausnahme als ein unglücklicher Zufall, als eine Abnormität die nicht zu ändern ist, aufgefaßt. Wenn also Millionen von Proletariern sich in ihren Lebensverhältnissen keineswegs befriedigt fühlen, wenn ihr „Sein" ihrem

---

① „des" Menschen：手稿应判读为 „des" Menschen。梁版、兰版判读为 „das" Mensch；阿版、利版、MEGA2-1/5 和 online 版判读为 „des" Menschen。

[29] „Wesen" nicht im Entferntesten entspricht, so wäre dies n[ach] der erwähnten Stelle ein unvermeidliches Unglück, das man ruhig ertragen müsse. Diese Millionen Proletarier oder Kommunisten denken indeß ganz anders, & werden dies ihrer Zeit beweisen, wenn sie ihr „Sein" mit ihrem „Wesen" praktisch, durch eine Revolution, in Einklang bringen werden. Bei solchen Fällen spricht Feuerbach daher nie von der Menschenwelt, sondern er flüchtet sich jedesmal in die äußere Natur, & zwar in die Natur, die noch nicht unter die Herrschaft der Menschen gebracht ist. Mit jeder neuen Erfindung aber, mit jedem Fortschritt der Industrie wird von diesem Terrain ein neues Stück abgerissen, & der Boden, auf dem die Beispiele für ähnliche Feuerbachsche Sätze wachsen, wird so immer kleiner. Das „Wesen" des Fisches ist sein „Sein", das Wasser, um bei dem einen Satze stehenzu bleiben. Das „Wesen" des Flußfisches ist das Wasser eines Flusses. Aber dies hört auf, sein „Wesen" zu sein, es wird ein für ihn nicht mehr passendes Existenzmedium, sobald dieser Fluß der Industrie unterthan gemacht, sobald er durch Farbstoffe & sonstige Abfälle verunreinigt, durch Dampfschiffe befahren, sobald sein Wasser in Gräben geleitet wirdin denen man dem Fisch sein Existenzmedium durch einfaches Ablassen entziehen kann. Diese Erklärung aller derartigen Widersprüche zu einer unvermeidlichen Abnormität ist im Grunde von dem Trost nicht verschieden, den der heilige Max Stirner den Unzufriedenen gibt, daß nämlich dieser Widerspruch ihr eigner Widerspruch, diese schlechte Lage ihre eigne schlechte Lage sei, wobei sie sich entweder beruhigen könnten, oder ihren eignen Widerwillen für sich behalten, oder sich auf phantastische Weise dagegen empören dürften - & ebenso wenig verschieden von dem Vorwurfe des heiligen Bruno, daß diese unglückseligen Umstände daher kämen, daß die Betreffenden im Dreck der „Substanz" stecken geblieben, nicht zum „absoluten Selbstbewußtsein" fortgeschritten seien & diese schlechten Verhältnisse nicht als Geist von ihrem Geist erkannt hätten.

[30]Die Gedanken der herrschenden Klasse sind in jeder Epoche die herr schenden Gedanken, d. h. die Klasse, welche die herrschende F Macht der Gesellschaft ist, ist zugleich ihre herrschende geistige Macht. Die Klasse, die die Mittel zur materiellen Produktion zu ihrer Verfügung hat, disponirt damit zugleich über die Mittel zur geistigen Produktion, sodaß ihr damit zugleich F die Gedanken derer, denen die Mittel zur geistigen Produktion abgehen, unterworfen sind. Die herrschenden Gedanken sind weiter Nichts als der ideelle Ausdruck der herrschenden materiellen Verhältnisse, die als Gedanken gefaßten, herrschenden materiellen Verhältnisse; also der[①] Verhältnisse die eben die eine Klasse zur herrschenden machen, also die Gedanken ihrer Herrschaft. Die Individuen welche die herrschende Klasse ausmachen, haben unter Anderm auch Bewußtsein u. denken daher; insofern sie also als Klasse herrschen & den ganzen Umfang einer Geschichtsepoche bestimmen, versteht es sich von selbst, daß sie dies in ihrer ganzen Ausdehnung thun, also unter Andern[②] auch als Denkende, als Produzenten von Gedanken herrschen, die Produktion & Distribution der Gedanken ihrer Zeit regeln; daß also ihre Gedanken die herrschenden Gedanken der Epoche sind. Zu einer Zeit z. B. u. in einem Lande, wo königliche Macht, Aristokratie & Bourgeoisie sich um die Herrschaft streiten, wo also die Herrschaft getheilt ist, zeigt sich als herrschender Gedanke die Doktrin von der Theilung der Gewalten, die nun als ein „ewiges Gesetz" ausgesprochen wird. - Die Theilung der Arbeit, die wir schon oben (p) als eine der Hauptmächte der bisherigen Geschichte vorfanden, äußert sich nun auch in der herrschenden Klasse als Theilung der geistigen & ma-

F *materielle*

F im Durchschnitt

---

① der：手稿应判读为 der。梁版判读为 die；阿版、利版、MEGA2-1/5 和 online 版判读为 der。

② Andern：手稿应判读为 Andern。梁版判读为 anderem；阿版、利版、MEGA2-1/5 和 online 版判读为 Andern。

[31]teriellen Arbeit, sodaß innerhalb dieser Klasse der eine Theil als die Denker dieser Klasse auftritt, die aktiven conceptiven Ideologen derselben, welche die F der Illusion dieser Klasse über sich selbst zu ihrem Hauptnahrungszweige machen, während die Andern sich zu diesen Gedanken & Illusionen mehr passiv & rezeptiv verhalten, weil sie in der Wirklichkeit die aktiven Mitglieder dieser Klasse sind & weniger Zeit dazu haben, sich Illusionen F über sich selbst zu machen. Innerhalb

> F Ausbildung

> F & Gedanken

dieser Klasse kann diese Spaltung derselben sich sogar zu einer gewissen Entgegensetzung & Feindschaft beider Theile entwickeln, die aber bei jeder praktischen Kollision, wo die Klasse selbst gefährdet ist, von selbst wegfällt, wo denn auch der Schein verschwindet, als wenn die herrschenden Gedanken nicht die Gedanken der herrschenden Klasse wären & eine von der Macht dieser Klasse unterschiedene Macht hätten. Die Existenz revolutionärer Gedanken in einer bestimmten Epoche setzt bereits die Existenz einer revolutionären Klasse voraus, über deren Voraussetzungen bereits oben (p) das Nöthige gesagt ist.

Löst man nun bei der Auffassung des geschichtlichen Verlaufs F der herrschenden Klasse los, F bleibt dabei stehen, daß in einer Epoche diese & jene Gedanken geherrscht haben, ohne sich um die F der Produktion u. um die Produzenten dieser Gedanken zu bekümmern, F so

> F die Gedanken der herrschenden Klasse von
> F verselbstständigt man sie,

> F Bedingungen
> F läßt man also die den Gedanken zu Grunde liegenden Individuen & Weltzustände weg,

kann man z. B. sagen, daß während der Zeit, in der die Aristokratie herrschte, die Begriffe Ehre, Treue & c, während der Herrschaft der Bourgeoisie die Begriffe Freiheit, Gleichheit &c herrschten. Die herrschende Klasse selbst bildet sich dies im Durchschnitt ein. Diese Geschichtsauffassung, die allen Geschichtschreibern vorzugsweise seit dem achtzehnten Jahrhundert gemeinsam ist, wird nothwendig auf

[32]das Phänomen stoßen, daß immer abstraktere Gedanken herrschen, d. h. Gedanken, die immer mehr die Form der Allgemeinheit annehmen. Jede neue Klasse nämlich, die sich an die Stelle einer vor ihr herrschenden setzt, ist genöthigt, schon um ihren Zweck durchzuführen, ihr Interesse als das F aller Mitglieder der Gesellschaft darzustellen, d. h. ideell ausgedrückt: ihren Gedanken die Form der Allgemeinheit zu geben, sie als die einzig vernünftigen, allgemein gültigen darzustellen. Die revolutionirende Klasse tritt von vorn herein, schon weil sie einer *Klasse* gegenübersteht, nicht als Klasse, sondern als Vertreterin der ganzen Gesellschaft auf, sie erscheint als die ganze Masse der Gesellschaft gegenüber der einzigen, herrschenden Klasse. Sie kann dies, weil im Anfange ihr Interesse wirklich noch mehr mit dem gemeinschaftlichen Interesse aller übrigen nichtherrschenden Klassen zusammenhängt, sich unter dem Druck der bisherigen Verhältnisse noch nicht als besonderes Interesse einer besondern Klasse entwickeln konnte. Ihr Sieg nutzt daher auch vielen Individuen der übrigen, nicht zur Herrschaft kommenden Klassen, aber nur in so fern, als er diese Individuen jetzt in den Stand setzt, sich in die herrschende Klasse zu erheben. Als die französische Bourgeoisie die Herrschaft der Aristokratie stürzte, machte sie es dadurch vielen Proletariern möglich, sich über das Proletariat zu erheben, aber nur, insofern sie Bourgeois wurden. Jede neue Klasse bringt daher nur auf einer breiteren Basis, als die der bisher herrschenden, ihre Herrschaft zu Stande, wogegen sich dann später auch der Gegensatz der nichtherrsehenden gegen die nun herrschende Klasse um so schärfer & tiefer entwickelt. Durch Beides ist bedingt, daß der gegen diese neue herrschende Klasse zu führende Kampf wiederum auf eine entschiednere, radikalere Negation der bisherigen Gesellschaftszustände hinarbeitet, als alle

F gemeinschaftliche Interesse

(Die Allgemeinheit entspricht 1) Der Klasse contra Stand, 2) Der Concurrenz, Weltverkehr, etc 3) D. grossen Zahlreichheit d. herrschenden Klasse: 4) D. Illusion d. *gemeinschaflichen* Interesse[①]. Im Anfang diese Illusion wahr. 5) D. Täuschung der Ideologen u. d. Theilung der Arbeit.)

---

① Interesse：手稿应判读为 Interesse。阿版、利版判读为 Interessen；广版推测为 Interesse；MEGA2-1/5 和 online 版判读为 Interesse。

[33] bisherigen, die Herrschaft anstrebenden Klassen dies thun konnten.

Dieser ganze Schein, als ob die Herrschaft einer bestimmten Klasse nur die Herrschaft gewisser Gedanken sei, hört natürlich von selbst auf, sobald die Herrschaft von Klassen überhaupt aufhört, die Form der gesellschaftlichen Ordnung zu sein, so F bald es also nicht mehr nöthig ist, ein besonderes Interesse als allgemeines oder „das Allgemeine" als herrschend darzustellen.

Nachdem einmal die herrschenden Gedanken von den herrschenden Individuen getrennt sind & dadurch das Resultat zu Stande gekommen ist, daß in der Geschichte stets Gedanken herrschen, ist es sehr leicht aus diesen verschiedenen Gedanken sich „*den* Gedanken" F als das in der Geschichte Herrschende zu abstrahiren & damit alle diese einzelnen Gedanken & Begriffe als „Selbstbestimmungen" des sich in der Geschichte entwickelnden Begriffs zu fassen. Dies hat die spekulative Philosophie gethan. Hegel gesteht selbst am Ende der Geschichts philosophie daß er „den Fortgang *des Begriffs* allein betrachtet" & in der Geschichte „die wahrhafte *Theodicee*" dargestellt habe, (p 446.) Man kann nun wieder auf die Produzenten „des Begriffs" zurückgehen, auf die Theoretiker, Ideologen & Philosophen, & kommt dann zu dem Resultate daß die Philosophen, F von jeher in der Geschichte geherrscht haben - ein Resultat was, wie wir sahen, auch schon von Hegel ausgesprochen wurde. **Das ganze Kunststück also in der Geschichte die Oberherrlichkeit des Geistes (Hierarchie bei Stirner) nach zuweisen, beschränkt sich auf folgende 3 Efforts.**

F des Geistes (Hierarchie bei Stirner) nach zuweisen, beschränkt sich auf folgende 3 Efforts.

u. vor allem, von den Verhältnissen, die aus einer gegebnen Stufe der Productionsweise hervor des Geistes (Hierarchie bei Stirner) nach zuweisen, beschränkt sich auf folgende 3 Efforts. gehn,

F die Idee etc
Es ist dann auch natürlich, daß alle Verhältnisse d. Menschen aus dem Begriff des Menschen, dem vorgestellten Menschen, dem Wesen des Menschen, *dem* Menschen abgeleitet werden können.

F die Denkenden als solche

[34] N-1. Man muß die Gedanken der aus empiri- schen Gründen, unter empirischen Bedingungen & als materielle Individuen Herrschenden von diesen Herrschenden trennen & somit die Herrschaft von Gedanken oder Illusionen in der Geschichte anerkennen.

N-2 Man muß in diese Gedan kenherrschaft eine Ordnung bringen, einen mystischen Zusa- mmenhang unter den aufeinanderfolgenden herr- schenden Gedanken nachweisen, was dadurch zu Stande gebracht wird, daß man sie als „Selbstbe- stimmungen des Begriffs" faßt.

(Dies ist deßhalb möglich weil diese Gedanken vermittelst ihrer empirischen Grundläge wirklich mit einander zusammenhängen **u. weil sie als** *blose* **Gedanken gefaßt zu Selbstunterscheidungen, v. Denken**[①] **gemachten Unterschieden werden.**)

N- 3 Um das mystische Aussehen dieses „sich-selbst bestimmenden Begriffs" zu beseitigen, verwandelt man ihn in eine Person- „das Selbstbe- wußtsein" - oder F in eine Reihe von Personen, die „den Begriff in der Geschichte repräsentiren, in „die Denkenden", die „Philosophen", F die man nun wieder[①] als die Fabrikanten der Geschichte, als „der Rath der Wächter", F gefaßt werden. Hiermit hat man sämmtliche materialistischen Elemente aus der Geschichte beseitigt & kann nun seinem spekulativen Roß ruhig die Zügel schießen lassen.

F um recht materialistisch zu erscheinen,

F die Ideologen
Der **Mensch: d. „denkenden Menschengeist".**
F als die Herrschenden

X Es muß diese Geschichtsmethode, die in Deutschland u. warum vorzüglich herrschte, entwickelt werden aus dem Zusammenhang mit der Illusion der Ideologen überhaupt, z. B. den Illusionen der Juristen, Politiker (auch der praktischen Staatsmänner darunter,) aus den dogmatischen Träumereien u. Verdrehungen dieser Kerls, die sich ganz einfach erklärt aus ihrer praktischen Lebensstellung, ihrem Geschäft u. der Theilung der Arbeit.

---

① die man nun wieder：手稿应判读为 die man nun wieder。阿版、利版判读为 die man nun wieder，但将其修正为 die nun wieder；MEGA2-1/5 和 online 版判读和写为 die man nun wieder。

① Denken：手稿该词被墨水晕染，难辨。梁版判读 为 Denker，但同时提出：也许应判读为 Denken；阿版、利版、MEGA2-1/5 和 online 版判读为 Denken。

[35]Während im gewöhnlichen Leben jeder Shopkeeper sehr wohl zwischen Dem zu unterscheiden weiß, was Jemand zu sein vorgibt, & dem, was er wirklich ist, so ist unsre Geschichtschreibung noch nicht zu dieser trivialen Erkenntniß gekommen. Sie glaubt jeder Epoche aufs Wort was sie von sich selbst sagt & sich einbildet.[⋯]

[40] [...]funden wird. Aus dem ersteren ergibt sich die Voraussetzung einer ausgebildeten Theilung der Arbeit & eines ausgedehnten Handels, aus dem zweiten die Lokalität. Beidem ersten müssen die Individuen zusammengebracht sein, bei dem zweiten finden sie sich neben dem gegebnen Produktionsinstrument selbst als Produktionsinstrumente vor. Hier tritt also der Unterschied zwischen den naturwüchsigen & den durch die Civilisation geschaffenen Produktionsinstrumenten hervor. Der *Acker* (das Wasser etc) kann als naturwüchsiges Produktionsinstrument betrachtet werden. Im ersten Fall, beim naturwüchsigen Produktionsin strument, werden die Individuen unter die Natur subsumirt, im zweiten Falle unter ein Produkt der Arbeit. Im ersten Falle erscheint daher auch das Eigenthum (Grundeigenthum) als unmittelbare, naturwüchsige Herrschaft, im zweiten als Herrschaft der Arbeit, speziell der akkumulirten Arbeit, des Kapitals. Der erste Fall setzt voraus, daß die Individuen durch irgend ein Band, sei es Familie, Stamm, der Boden selbst pp zusammen gehören, der zweite Fall, daß sie unabhängig von einander sind & nur durch den Austausch zusammen gehalten werden. Im ersten Fall ist der Austausch hauptsächlich ein Austausch zwischen den Menschen & der Natur, ein Austausch, in dem die Arbeit der Einen gegen die Produkte der Andern eingetauscht werden[①]; im zweiten Falle ist er vorherrschend Austausch der Menschen unter sich. Im ersten Falle reicht der durchschnittliche Menschenverstand hin, körperliche & geistige Thätigkeit sind noch gar nicht getrennt; im zweiten Falle muß bereits die Theilung zwischen geistiger & körperlicher Arbeit praktisch vollzogen sein. Im ersten Falle kann die Herrschaft des Eigenthümers über die Nichteigenthümer auf persönlichen Verhältnissen, auf einer Art von Gemeinwesen beruhen, im zweiten Falle muß sie in einem Dritten, dem Geld, eine dingliche Gestalt angenommen haben. Im ersten Falle existirt die kleine Industrie, aber subsumirt unter die Benutzung des naturwüchsigen Produktionsinstruments, & daher ohne Vertheilung der Arbeit an verschiedne Individuen; im zweiten Falle besteht die Industrie nur in & durch die Theilung der Arbeit.

---

① werden：手稿应判读为 werden。阿版将其修正为 wird；利版写为 wird；广版认为可能是 wird 之笔误。MEGA2-1/5 和 online 版判读和写为 werden。

[41]Wir gingen bisher von den Produktionsinstrumenten aus & schon hier zeigte sich die Nothwendigkeit des Privateigenthums für gewisse industrielle Stufen. In der Industrie extractive fällt das Privateigenthum mit der Arbeit noch ganz zusammen; in der kleinen Industrie & aller bisherigen Agrikultur ist das Eigenthum nothwendige Konsequenz der vorhandenen Produktionsinstrumente; in der großen Industrie ist der Widerspruch zwischen dem Produktionsinstrument & Privateigenthum erst ihr Produkt, zu dessen Erzeugung sie bereits sehr entwickelt sein muß. Mit ihr ist also auch die Aufhebung des Privateigenthums erst möglich. ——

Die größte Theilung der materiellen & geistigen Arbeit ist die Trennung von Stadt & Land. Der Ge-gensatz zwischen Stadt & Land fängt an mit dem Übergange aus der Barbarei in die Civilisation, aus dem Stammwesen in den Staat, F & zieht sich durch die

F aus der Lokalität in die Nation,

ganze Geschichte der Civilisation bis auf den heutigen Tag (die Anticornlaw-League) hindurch.– Mit der Stadt ist zugleich die Notwendigkeit der Administration, der Polizei, der Steuern usw, kurz der des Gemeindewesens & damit der Politik überhaupt gegeben. Hier zeigte[①] sich zuerst die Theilung der Bevölkerung in zwei große Klassen, die direkt auf der Theilung der Arbeit & den Produktionsinstrumenten beruht. Die Stadt ist bereits die Thatsache der 5 Konzentration der Bevölkerung, der Produktionsinstrumente, des Kapitals, der Genüsse, der Bedürfnisse, während das Land gerade die entgegengesetzte Thatsache, die Isolirung & Vereinzelung, zur Anschauung bringt. Der Gegensatz zwischen Stadt & Land kann nur innerhalb des Privateigenthums existiren. Er ist der krasseste Ausdruck der Subsumtion des Individuums unter die Theilung der Arbeit, unter eine bestimmte, ihm aufgezwungene Thätigkeit, eine Subsumtion die den Einen zum bornirten Stadtthier, den Andern zum bornirten Landthier macht & den Gegensatz der Interessen Beider täglichneu erzeugt. Die Arbeit ist hier wieder die Hauptsache, die Macht über den Individuen, & solange diese existirt, solange muß das Privateigenthum existiren. Die Aufhebung des Gegensatzes von Stadt & Land ist eine der ersten Be-

---

① zeigte：手稿应判读为 zeigte。阿版、利版判读为 zeigte；MEGA2-1/5 和 online 版判读为 zeigt。

[42]dingungen der Gemeinschaft, eine Bedingung, die wieder von einer Masse materieller Voraussetzungen abhängt & die der bloße Wille nicht erfüllen kann, wie Jeder auf den ersten Blick sieht (Diese Bedingungen müssen noch entwickelt werden). Die Trennung von Stadt & Land kann auch gefaßt① werden als die Trennung von Kapital & Grundeigenthum, als der Anfang einer vom Grundeigenthum unabhängigen Existenz & Entwicklung des Kapitals, eines Eigenthums das bloß in der Arbeit & im Austausch seine Basis hat.

In den Städten, welche im Mittel alter nicht aus der früheren Geschichte fertig überliefert waren, sondern sich neu aus den freigewordnen Leibeignen bildeten, war die besondre Arbeit eines Jeden sein einziges Eigenthum außer dem kleinen fast nur im nöthigsten Handwerkszeug bestehenden Kapital das er mitbrachte. Die Konkurrenz der fortwährend in die Stadt kommenden entlaufenen Leibeigenen, der fortwährende Krieg des Landes gegen die Städte & damit die Notwendigkeit einer organisirten städtischen Kriegsmacht, das Band des gemeinsamen Eigenthums an einer bestimmten Arbeit, F und die feudale Organisation des ganzen Landes waren die Ursachen der Vereinigung der Arbeiter eines jeden Handwerks in Zünften. Wir haben hier auf die vielfachen Modifikationen des Zunftwesens, die durch spätere historische Entwicklungen hereinkamen②, nicht weiter einzugehen. Die Flucht der Leibeignen in die Städte fand während des ganzen Mittelalters ununterbrochen statt. Diese Leibeignen, auf dem Lande von ihren Herren verfolgt, kamen einzeln in die Städte, wo sie eine organisirte Gemeinde vorfanden gegen die sie machtlos waren & worin sie sich der Stellung unterwerfen mußten, die ihnen das Bedürfniß nach ihrer Arbeit & das Interesse ihrer organisirten städtischen Konkurrenten anwies. Diese einzeln herein kommenden Arbeiter konnten es nie zu einer Macht bringen, da wenn ihre Arbeit eine Zunftmäßige war die erlernt werden mußte, die Zunftmeister sie sich unterwarfen & nach ihrem Interesse organisirten, oder, wenn ihre Arbeit nicht erlernt werden mußte, daher keine zunftmäßige, sondern Taglöhnerarbeit war, nie zu einer Organisation kamen, sondern unorganisirter Pöbel blieben. Die Nothwendigkeit der Taglöhnerarbeit in den Städten schuf den Pöbel. - Diese Städte waren wahre „Vereine" hervorgerufen durch das unmittelbare

F die Nothwendigkeit gemeinsamer Gebäude zum Verkauf ihrer Waaren zu einer Zeit, wo d. Handwerker zugl. commerçants① & die damit gegebene Ausschließung Unberufener von diesen Gebäuden, der Gegensatz der Interessen der einzelnen Handwerke unter sich, die Nothwendigkeit eines Schutzes der mit Mühe erlernten Arbeit gegen②

---

① auch gefaßt：手稿应判读为 auch gefaßt。梁版判读为 aufgefaßt；阿版、利版、MEGA2-1/5 和 online 版判读为 auch gefaßt。

② hereinkamen：手稿应判读为 hereinkamen。梁版、阿版和利版判读为 hereinkommen；MEGA2-1/5 和 online 版判读为 hereinkamen。

---

① wo d. Handwerker zugl. Commerçants：手稿应判读为 wo d. Handwerker zugl. Commerçants。梁版判读为 wo der Handwerker zugl. commerçant；阿版、利版、MEGA2-1/5 和 online 版判读为 wo die Handwerker zugl. commerçants。

② gegen：手稿此处有此词，疑为 gegen。阿版、利版、MEGA2-1/5 未载。

[43] Bedürfniß, die Sorge um den Schutz des Eigenthums, & um die Produktionsmittel & Vertheidigungsmittel der einzelnen Mitglieder zu multipliziren. Der Pöbel dieser Städte war dadurch, daß er aus einander fremden, vereinzelt hereingekommenen Individuen bestand, die einer organisirten, kriegsmäßig gerüsteten, sie eifersüchtig überwachenden Macht unorganisirtgegenüberstanden,aller Macht beraubt. Die Gesellen & Lehrlinge waren in jedem Handwerk so organisirt, wie es dem Interesse der Meister am besten entsprach; das patriarchalische Verhältniß, in dem sie zu ihren Meistern[①] standen, gab diesen eine doppelte Macht, einerseits in ihrem direkten Einfluß auf das ganze Leben der Gesellen & dann weil es für die Gesellen, die bei demselben Meister arbeiteten, ein wirkliches Band war, das sie gegenüber den Gesellen der übrigen Meister zusammenhielt & sie von diesen trennte; & endlich waren die Gesellen schon durch das Interesse das sie hatten, selbst Meister zu werden, an die bestehende Ordnung geknüpft. Während daher der Pöbel es wenigstens zu Erneuten gegen die ganze städtische Ordnung brachte, die indeß bei seiner Machtlosigkeit ohne alle Wirkung blieben, kamen die Gesellen nur zu kleinen Widersetzlichkeiten innerhalb einzelner Zünfte, wie sie zur Existenz des Zunftwesens selbst gehören. Die großen Aufstände des Mittelalters gingen alle vom Lande aus, blieben aber ebenfalls wegen der Zersplitterung & der daraus folgenden Roheit der Bauern total erfolglos.

Das Kapital in diesen Städten war ein naturwüchsiges Kapital, das in der Wohnung, den Handwerkszeugen F bestand, & sich wegen des unentwickelten Verkehrs & der mangelnden Cirkulation als unrealisirbar vom Vater auf den Sohn forterben mußte. Dies Kapital war nicht, wie das moderne, ein in Geld abzuschätzendes, bei dem es gleichgültig ist, ob es in dieser oder jener Sache steckt, sondern ein unmittelbar mit der bestimmten Arbeit des Besitzers zusammenhängendes, von ihr gar nicht zu trennendes & in sofern ständisches Kapital.—

Die Theilung der Arbeit war [au]ch[②]in den Städten zwischen den ein-

F & der naturwüchsigen, erblichen Kundschaft

---

① zu ihren Meistern：手稿应判读为 zu ihren Meistern。梁版判读为 zu ihrem Meister；阿版、利版、MEGA2-1/5 和 online 版判读为 zu ihren Meistern。

② [au]ch：手稿此处有损。广版推测为 [au]ch；MEGA2-1/5 和 online 版未载。

[44]zelnen Zünften noch sehr wenig[①] & in den Zünften selbst zwischen den einzelnen Arbeitern gar nicht durchgeführt. Jeder Arbeiter mußte in einem ganzen Kreise von Arbeiten bewandert sein, mußte Alles machen können, was mit seinen Werkzeugen zu machen war; der beschränkte Verkehr & die geringe Verbindung der einzelnen Städte F unter sich ließen keine weitere Theilung der Arbeit aufkommen & daher mußte Jeder, der Meister werden wollte, seines ganzen Handwerks mächtig sein. Daher findet sich bei den mittelalterlichen Handwerkern noch ein Interesse an ihrer speciellen Arbeit & an der Geschicklichkeit darin, das sich bis zu einem gewissen bornirten Kunstsinn steigern konnte. Daher ging aber auch jeder mittelalterliche Handwerker ganz in seiner Arbeit auf, hatte ein gemüthliches Knechtschaftsverhältniß zu ihr & war viel mehr als der moderne Arbeiter, dem seine Arbeit gleichgültig ist, unter sie subsumirt.

F der Mangel an Bevölkerung & die Beschränktheit der Bedürfnisse

Die nächste Ausdehnung der Theilung der Arbeit war die Trennung von Produktion & Verkehr, die Bildung einer besondern Klasse von Kaufleuten, eine Trennung, die in den historisch überlieferten Städten F mit überkommen war & in den neugebildeten sehr bald eintrat. Hiermit war die Möglichkeit einer über den nächsten Umkreis hinausgehenden Handelsverbindung gegeben, eine Möglichkeit, deren Ausführung von den bestehenden Kommunikationsmitteln, dem durch die politischen Verhältnisse bedingten Stande der öffentlichen Sicherheit auf dem Lande (im ganzen Mittelalter zogen bekanntlich die Kaufleute in bewaffneten Karawanen herum) & von den durch die jedesmalige Kulturstufe bedingten roheren oder entwickelteren Bedürfnissen des dem Verkehr zugänglichen Gebietes abhing. - Mit dem in einer besonderen Klasse konstituirten Verkehr, mit der Ausdehnung des Handels durch die Kaufleute über die nächste Umgebung der Stadt hinaus, tritt sogleich eine Wechselwirkung zwischen der Produktion & dem Verkehr ein. Die Städte treten *mit einander* in Verbindung, es werden neue Werkzeuge aus einer Stadt in die andre gebracht, & die Theilung zwischen Produktion & Verkehr ruft bald eine neue Theilung der Produktion zwischen

F (u. A. mit den Juden)

---

① noch sehr wenig: 手稿此处有损。阿版、利版判读为 noch [ganz naturwüchsig]; MEGA2-1/5 和 online 版判读为 noch sehr wenig。

[45] den einzelnen Städten hervor, deren Jede bald einen vorherrschenden Industriezweig exploitirt. Die anfängliche Beschränkung auf die Lokalität fängt allmählig an^① aufgelöst zu werden. ——

Es hängt lediglich von der Aus dehnung des Verkehrs ab, ob die in einer Lokalität gewonnenen Produktivkräfte,namentlich Erfindungen, für die spätere Entwicklung verloren gehen oder nicht. Solange noch keinüber die unmittelbare Nachbarschaft hinausgehender Verkehr existirt, muß jede Erfindung in jeder Lokalität besonders gemacht werden, & bloße Zufälle, wie Irruptionen barbarischer Völker, selbst gewöhnliche Kriege, reichen hin, ein Land mit entwickelten Produktivkräften & Bedürfnissen dahin zu bringen daß es wieder von vorne anfangen muß. Inder anfänglichen Geschichte mußte jede Erfindung täglich neu, & in jeder Lokalität unabhängig gemacht werden. Wie wenig ausgebildete Produktivkräfte selbst bei einem verhältnißmäßig sehr ausgedehnten Handel vor dem gänzlichen Untergange sicher sind, beweisen die Phönizier F, deren Erfindungen zum größten Theil durch die Verdrängung dieser Nation aus dem Handel, die Eroberung Alexanders & den daraus folgenden Verfall auf lange Zeit verloren gingen. F Erst wenn der Verkehr zum Weltverkehr geworden ist, die große Industrie zur Basis hat & alle Nationen in den Konkurrenzkampf hereingezogen sind, ist die Dauer der gewonnenen Produktivkräfte gesichert.

Die Theilung der Arbeit zwischen den verschiedenen Städten hatte zur nächsten Folge das Entstehen der Manufakturen, der dem Zunftwesen entwachsenen Produktionszweige. Das erste Aufblühen der Manufakturen - in Italien u. später in Flandern - hatte den Verkehr mit auswärtigen Nationen zu seiner historischen Voraussetzung. In andern Ländern - England & Frankreich z. B. - beschränkten die Manufakturen sich Anfangs auf den inländischen Markt. Die Manufakturen haben außer den angegebenen Voraussetzungen noch eine schon fortgeschrittene Konzentration der Bevölkerung - namentlich auf dem Lande - und des Kapitals, das sich theils in den Zünften trotz der Zunftgesetze, theils bei den Kaufleuten in einzelnen Händen zu sammeln anfing, zur Voraussetzung.

F und d. Glasmalerei im Mittelalter^①

F Ebenso im Mittelalter - die Glasmalerei zB.

---

① fängt allmählig an：手稿应判读为 fängt allmählig an。阿版、利版判读和修正为 fängt an allmählig；MEGA2-1/5 和 online 版判读为 fängt allmählig an。

① und d. Glasmalerei im Mittelalter：此句为马克思所补充，写入右栏，并作了插入正文的标记符号"F"。MEGA2 试行版、先行版和 MEGA2-1/5 将此句视为应予删除文字，故未能将此句插入文中。其中 im，梁版判读为 des；阿版和利版判读为 im。应为 im。

[46] Diejenige Arbeit, die von vornherein eine Maschine, wenn auch noch in der rohsten Gestalt, voraussetzte, zeigte sich sehr bald als die entwicklungsfähigste. Die Weberei, bisher auf dem Lande von den Bauern nebenbei betrieben, um sich ihre nöthige Kleidung zu verschaffen, war die erste Arbeit, welche durch die Ausdehnung des Verkehrs einen Anstoß & eine weitere Ausbildung erhielt. Die Weberei war die erste & blieb die hauptsächlichste Manufaktur. Die mit der steigenden Bevölkerung steigende Nachfrage nach Kleidungs Stoffen, die beginnende Akkumulation & Mobilisation des naturwüchsigen Kapitals durch die beschleunigte Cirkulation, das hier durch hervorgerufene & durch die allmählige Ausdehnung des Verkehrs überhaupt begünstigte Luxusbedürfniß gaben der Weberei quantitativ & qualitativ einen Anstoß, der sie aus der bisherigen Produktionsform herausriß. Neben den zum Selbstgebrauch webenden Bauern, die fortbestehen blieben & noch fortbestehen, kam eine neue Klasse von Webern in den Städten auf, deren Gewebe für den ganzen heimischen Markt & meist auch für auswärtige Märkte bestimmt waren. - Die Weberei, eine in den meisten Fällen wenig Geschicklichkeit erfordernde & bald in unendlich viele Zweige zerfallende Arbeit, widerstrebte ihrer ganzen Beschaffenheit nach den Fesseln der Zunft. Die Weberei wurde daher auch meist in Dörfern & Marktflecken ohne zünftige Organisation betrieben, die allmählig zu Städten, & zwar bald zu den blühendsten Städten jedes Landes wurden. - Mit der zunftfreien Manufaktur veränderten sich sogleich auch die Eigenthumsverhältnisse. Der erste Fortschritt über das naturwüchsigständische Kapital hinaus war durch das Aufkommen der Kaufleute gegeben, deren Kapital von vornher ein mobil, Kapital im modernen Sinne war, soweit davon unter den damaligen Verhältnissen die Rede sein kann. Der zweite Fortschritt kam mit der Manufaktur, die wieder eine Masse des naturwüchsigen Kapitals mobilisirte & überhaupt die Masse des mobilen Kapitals gegenüber der des naturwüchsigen vermehrte. - Die Manufaktur wurde zugleich eine Zuflucht der Bauern gegen die sie ausschließenden oder schlecht bezahlen den Zünfte, wie früher die Zunftstädte den Bauern als Zuflucht

[47] gegen die Grundbesitzer gedient[①] hatten.

　　Mit dem Anfange der Manufakturen gleichzeitig war eine Periode des Vagabundenthums, veranlaßt durch das Aufhören der feudalen Gefolgschaften, die Entlassung der zusammengelaufenen Armeen, die den Königen gegen die Vasallen gedient hatten, F Schon hieraus geht hervor, wie dies Vagabundenthum genau mit der Auflösung der Feudalität zusammenhängt. Schon im dreizehnten Jahrhundert kommen einzelne Epochen dieser Art vor, allgemein & dauernd tritt dies Vagabundenthum erst mit dem Ende des 15 u. Anfang des 16 Jahrhdts hervor. Diese Vagabunden, die so zahlreich waren daß u. A. Heinrich VIII von England ihrer 72,000 hängen ließ, wurden nur mit den größten Schwierigkeiten & durch die äußerste Noth, & erst nach langem Widerstreben dahin gebracht, daß sie arbeiteten. Das rasche Aufblühen der Manufakturen namentlich in England, absorbirte sie allmählig. —

F durch verbesserten Ackerbau & Verwandlung von großen Streifen Ackerlandes in Viehweiden.

　　Mit der Manufaktur war zugleich ein verändertes Verhältniß des Arbeiters zum Arbeitgeber gegeben. In den Zünften existirte das patriarchalische Verhältniß zwischen Gesellen & Meister fort; in der Manufaktur trat an seine Stelle das Geldverhältniß zwischen Arbeiter & Kapitalist; ein Verhältniß, das auf dem Lande & in kleinen Städten patriarchalisch tingirt blieb, in den größeren, eigentlichen Manufakturstädten jedoch schon früh fast alle patriarchalische Färbung verlor.

Mit der Manufaktur traten die verschiedenen Nationen in ein Konkurrenzverhältniß, in den Handelskampf, der in Kriegen, Schutzzöllen & Prohibitionen durchgekämpft wurde, während früher die Nationen soweit sie in Verbindung waren, einen harmlosen Austausch mit einander vorführt[①] hatten. Der Handel hat von nun an politische Bedeutung.

　　Die Manufaktur F erhielt einen enormen Aufschwung durch die Ausdehnung des Verkehrs, welche mit der Entdeckung Amerikas & des Seeweges nach Ostindien eintrat. Die neuen von dort importirten Produkte, namentlich die Massen von Gold & Silber die in Cirkulation kamen, die Stellung der Klassen gegen einander total veränderten & dem feudalen Grundeigenthum u. den Arbeitern einen harten Stoß gaben, die Abenteurerzüge, Kolonisation, & vor Allem die jetzt möglich gewordene & täglich sich mehr & mehr herstellende Ausdehnung der Märkte zum Weltmarkt, riefen eine neue Phase der geschieht-

F& überhaupt die Bewegung der Produktion

---

① gegen die Grundbesitzer gedient: 手稿应判读为 gegen die Grundbesitzer gedient。阿版判读为 gegen [den sie bedrückenden Landadel gedient]；利版、MEGA2-1/5 和 online 版判读为 gegen die Grundbesitzer gedient。

---

① vorführt: 手稿应判读为 vorführt。梁版、阿版、MEGA2-1/5 和 online 版判读为 verführt，其中梁版和阿版将其视为 vollführt 的笔误；利版将其修正为 vollführt。

[48]lichen Entwicklung hervor, auf welche im Allgemeinen hier nicht weiter einzugehen ist. Durch die Kolonisation der neu entdeckten Länder erhielt der Handelskampf der Nationen gegen einander neue Nahrung & demgemäß größere Ausdehnung & Erbitterung.

Die Ausdehnung des Handels & der Manufaktur beschleunigten[①] die Akkumulation des mobilen Kapitals, während in den Zünften die keinen Stimulus[②] zur erweiterten Produktion erfuhren, das naturwüchsige Kapital stabil blieb oder gar abnahm. Handel& Manufactur schufen die große Bourgeoisie, in den Zünften konzentrirte sich die Kleinbürgerschaft, die nun nicht mehr wie früher, in den Städten herrschte, sondern der Herrschaft der großen Kaufleute & Manufacturiers sich beugen mußte. Daher der Verfall der Zünfte, sobald sie mit der Manufactur in Berührung kam.[③]

Das Verhältniß der Nationen untereinander in ihrem Verkehr nahm während der Epoche von der wir gesprochen haben, zwei verschiedene Gestalten an. Im Anfange bedingte die geringe cirkulirende Quantität des Goldes & Silbers das Verbot der Ausfuhr dieser Metalle; & die durch die Nothwendigkeit der Beschäftigung für die wachsende städtische Bevölkerung nöthig gewordene meist vom Auslande importirte Industrie konnte der Privilegien nicht entbehren, die natürlich nicht nur gegen inländische, sondern hauptsächlich gegen auswärtige Konkurrenz gegeben werden konnten. Das lokale Zunftprivilegium wurde in diesen ursprünglichen Prohibitionen auf die ganze Nation erweitert. F - Die Erscheinung des amerikanischen Goldes & Silbers auf den europäischen Märkten, die allmählige Entwicklung der Industrie, der rasche Aufschwung des Handels & das hierdurch hervorgerufene Aufblühen der nichtzünftigen Bourgeoisie & des Geldes gab diesen Maßregeln eine andre Bedeutung. Der Staat, der des Geldes täglich weniger entbehren konnte, behielt nun das Verbot der Gold & Silberausfuhr aus fiskalischen Rücksichten bei; die Bourgeois für die diese neu auf den Markt geschleuderten Geldmassen der Hauptgegenstand des Accaparements war, waren damit vollständig zufrieden; die bisherigen Privilegien wurden eine Einkommenquelle für die Regierung & für Geld verkauft; in der Zollgesetzgebung kamen die Ausfuhrzölle auf, die der Industrie nur ein Hinderniß[④] in den Weg

Kleinbürger
Mittelstand
Grosse Bourgeoisie.

F Die Zölleentstanden aus den Abgaben die die Feudalherren den ihr Gebiet durch ziehenden Kaufleuten als Abkauf der Plünderung auflegten, Abgaben die später von den Städten ebenfalls auferlegt wurden & die beim Aufkommen der modernen Staaten das zunächstliegende Mittel für den Fiskus waren, um Geld zu bekommen.

---

① beschleunigten：手稿应判读为 beschleunigten。梁版判读为单数形式 beschleunigte；其他诸版均判读为复数 beschleunigten。

② die keinen Stimulus：手稿应判读为 die keinen Stimulus。新德版判读为 die kleinen Stimulus；阿版、利版、MEGA2-1/5 和 online 版判读为 die keinen Stimulus。

③ kam：手稿应判读为 kam，应为其复数形式 kamen 的笔误。阿版、利版将其修正为 kam〈en〉；新德版判读为 kamen；MEGA2-1/5 和 online 版判读为 kam。

④ ein Hinderniß：手稿应判读为 ein Hinderniß。梁版判读为 Hindernisse；阿版、利版、广版判读为 ein Hindernis；MEGA2-1/5 和 online 版判读为 ein Hinderniß。

[49]legend, einen rein fiskalischen Zweck hatten. —

Die zweite Periode trat mit der Mitte des siebzehnten Jahrhunderts ein, & dauerte fast bis zum Ende des achtzehnten. Der Handel & die Schiffahrt hatten sich rascher ausgedehnt als die Manufaktur, die eine sekundäre Rolle spielte; F die einzelnen Nationen theilten sich durch lange Kämpfe in den sich öffnenden Weltmarkt. Diese Periode beginnt mit den Navigationsgesetzen & Kolonialmonopolen. Die Konkurrenz der Nationen unter einander wurde durch Tarife, Prohibitionen, Traktate möglichst ausgeschlossen; & in letzter Instanz wurde der Konkurrenzkampf durch Kriege (besonders Seekriege) geführt & entschieden. Die zur See mächtigste Nation, die Engländer behielten das Übergewicht im Handel & der Manufaktur. Schon hier die Konzentration auf Ein Land. - Die Manufaktur war fortwährend durch Schutzzölle im heimischen Markte, im Kolonialmarkte durch Monopole & im auswärtigen möglichst viel durch Differentialzölle geschützt. Die Bearbeitung des im Lande selbst erzeugten Materials wurde begünstigt (Wolle & Leinen in Engl. Seide in Frankreich) F & die des importirten vernachlässigt oder unterdrückt (Baumwolle in Die im Seehandel & der England).Die im Seehandel & der Kolonialmacht vorherrschende Nation sicherte sich natürlich auch die größte quantitative & qualitative Ausdehnung der Manufaktur. Die Manufaktur konnte überhaupt des Schutzes nicht entbehren, da sie durch die geringste Veränderung die in andern Ländern vorgeht, ihren Markt verlieren & ruinirt werden kann; sie ist leicht in einem Lande unter einigermaßen günstigen Bedingungen eingeführt & ebendeßhalb leicht zerstört. Sie ist zugleich durch die Art, wie sie namentlich im 18 Jahrhundert auf dem Lande, betrie ben wurde, mit den Lebensverhältnissen einer großen Masse von Individuen so verwachsen, daß kein Land wagen darf ihre Existenz durch Zulassung der freien Konkurrenz aufs Spiel zu setzen. Sie hängt daher, insofern sie es bis zum Export bringt, ganz von der Ausdehnung oder Beschränkung des Handels ab & übt eine verhältnißm[äßig] sehr geringe Rückwirkung [auf ihn] aus. Daher ihre sekundäre [Rolle] & daher der Einfluß [der Ka]ufleute im achtzehnten Jahrhundert.

F die Kolonieen fingen an, starke Konsumenten zu werden,

F die Ausfuhr des im Inlande erzeugten Rohmaterials verboten (Wolle in England)

[50] Die Kaufleute & besonders die Rheder waren es, die vor allen Andern auf Staatsschutz & Monopolien drangen; die Manufakturiers verlangten & erhielten zwar auch Schutz, standen aber fort während hinter den Kaufleuten an politischer Bedeutung zurück. Die Handelsstädte, speziell die Seestädte, wurden einigermaßen civilisirt & großbürgerlich, während in den Fabrikstädten die größte Kleinbürgerei bestehen blieb. Vgl. Aikin pp Das achtzehnte Jahrhundert war das des Handels. Pinto sagt dies ausdrücklich: Le commerce fait la marotte du siècle; u.: depuis quelque temps il n'est plus question que de commerce, de navigation & de marine.——

Die Bewegung des Kapitals, obwohl bedeutend beschleunigt, blieb doch noch stets verhältnißmäßig langsam. Die Zersplitterung des Weltmarktes in einzelne Theile, deren Jeder von einer besondern Nation ausgebeutet wurde, die Ausschließung der Konkurrenz der Nationen unter sich, die Unbehülflichkeit der Produktion selbst & das aus den ersten Stufen sich erst entwickelnde Geldwesen hielten die Cirkulation sehr auf. Die Folge davon war ein krämerhafter, schmutzig-kleinlicher Geist, der allen Kaufleuten & der ganzen Weise des Handelsbetriebs noch anhaftete. Im Vergleich mit den Manufakturiers & vollends den Handwerkern waren sie allerdings Großbürger, Bourgeois, im Vergleich zu den Kaufleuten & Industriellen der nächsten Periode bleiben sie Kleinbürger. Vgl. A. Smith ——

Diese Periode ist auch bezeichnet durch das Aufhören der Gold & Silberausfuhrverbote, das Entstehen des Geldhandels, der Banken, der Staatsschulden, des Papiergeldes, der Actien u. Fondsspekulation[①], & der Agiotage in allen Artikeln, & der Ausbildung des Geldwesens überhaupt. Das Kapital verlor wieder einen großen Theil der ihm noch anklebenden Naturwüchsigkeit.

Die im siebzehnten Jahrhundert unaufhaltsam sich entwickelnde Konzentration des Handels & der Manufaktur auf ein Land, England, schuf für dieses Land allmählig einen relativen Weltmarkt & damit eine Nachfrage für die Manufakturprodukte dieses Landes, die durch die bisherigen industriellen Produktivkräfte nicht mehr befriedigt werden konnte. Diese den Produktionskräften über den Kopf wachsende Nachfrage war die treibende Kraft, welche die dritte

---

① Fondsspekulation：手稿应判读为 Fondsspekulation。阿版将该词判读为其复数形式 Fondsspekulationen；利版等其他诸版判读为单数形式 Fondsspekulation。

[51]Periode des Privateigenthums seit dem Mittelalter hervorrief, indem sie die große Industrie - die Anwendung von Elementarkräften zu industriellen Zwecken, die Maschinerie & die ausgedehnteste Theilung der Arbeiter zeugte. Die übrigen Bedingungen dieser neuen Phase - die Freiheit der Konkurrenz innerhalb der Nation, die Ausbildung der theoretischen Mechanik F pp existirten in England bereits. (Die freie Konkurrenz in der Nation selbst mußte überall durch eine Revolution erobert werden - 1640 & 1688 in England, 1789 in Frankreich). Die Konkurrenz zwang bald jedes Land F seine Manufakturen durch erneuerte Zollmaßregeln zu schützen (die alten Zölle halfen gegen die große Industrie nicht mehr) & bald darauf die große Industrie unter Schutzöllen einzuführen. Die große Industrie universalisirte trotz dieser Schutzmittel die Konkurrenz F, stellte die Kommunikationsmittel u. den modernen Weltmarkt her, unterwarf sich den Handel, verwandelte alles Kapital in industrielles Kapital & erzeugte damit die rasche Cirkulation (die Ausbildung des Geldwesens) & Centralisation der Kapitalien. Sie erzeugte in soweit erst die Weltgeschichte als sie jede civilisirte Nation & jedes Individuum darin in der Befriedigung seiner Bedürfnisse von der ganzen Welt abhängig machte, & die bisherige naturwüchsige Ausschließlichkeit einzelner Nationen vernichtete. Sie subsumirte die Naturwissenschaft unter das Kapital & nahm der Theilung der Arbeit den letzten Schein der Naturwüchsigkeit. Sie vernichtete überhaupt die Naturwüchsigkeit, soweit dies innerhalb der Arbeit möglich ist F Sie schuf an der Stelle der naturwüchsigen Städte die modernen, großen Industriestädte, die über Nacht entstanden sind. Sie zerstörte, wo sie durchdrang, das Handwerk & überhaupt *alle* friheren Stufen der Industrie. Sie vollendete den Sieg [der] Handelsstadt[①] über das Land. Ihre [...] ist das automatische System. [Sie er]zeugte[②] eine Masse von Pro[duktivk]räften, für die das Privat[eigen]thum eben sosehr eine Fessel

F(die durch Newton vollendete Mechanik war überhaupt im 18 Jahrhdt in Frankreich & England die populärste Wissenschaft)

F das seine historische Rolle behalten wollte,

F(sie ist die praktische Handelsfreiheit, der Schutzzoll ist in ihr nur ein Palliativ, eine Gegenwehr *in* der Handelsfreiheit)

Sie zwang durch die universelle Konkurrenz alle Individuen zur äußersten Anspannung ihrer Energie. Sie vernichtete möglichst die Ideologie, Religion, Moral & c, & wo sie dies nicht konnte, machte sie sie zur handgreiflichen Lüge.

F& löste alle naturwüchsigen Verhältnisse in Geldverhältnisse auf.

---

①　Handelsstadt：手稿此处缺损，应判读为 Handelsstadt。阿版判读为 Handelsstadt；其他诸版判读为 Stadt。

②　[Sie er]zeugte：手稿此处缺损。梁版、利版、MEGA2-1/5 和 online 版推测为 [Sie er]zeugte；阿版推测为 [Ihre Entwicklung er]zeugte。现依据梁版、利版、MEGA2-1/5 和 online 版。

[52]wurde, wie die Zunft für die Manufaktur & der kleine, ländliche Betrieb für das sich ausbildende Handwerk. F Sie erzeugte im Allgemeinen überall dieselben Verhältnisse zwischen den Klassen der Gesellschaft, & vernichtete dadurch die Besonderheit der einzelnen Nationalitäten. Und endlich, während die Bourgeoisie jeder Nation noch aparte nationale Interessen behält, schuf die große Industrie eine Klasse, die bei allen Nationen dasselbe Interesse hat, & bei der die Nationalität schon vernichtet ist, eine Klasse die wirklieh die ganze alte Welt los ist & zugleich ihr gegenüber steht. Sie macht dem Arbeiter nicht bloß das Verhältniß zum Kapitalisten, sondern die Arbeit selbst unerträglich.

Es versteht sich daß die große Industrie nicht in jeder Lokalität eines Landes zu derselben Höhe der Ausbildung kommt. Dies hält indeß die Klassenbewegung des Proletariats nicht auf, da die durch die große Industrie erzeugten Proletarier an die Spitze dieser Bewegung treten & die ganze Masse mit sich fortreißen, & da die von der großen Industrie ausgeschlossenen Arbeiter durch diese große Industrie in eine noch schlech tere Lebenslage versetzt werden als die Arbeiter der großen Industrie selbst. Ebenso wirken die Länder, in denen eine große Industrie entwikkelt ist, auf die plus ou moins nicht industriellen Länder, sofern diese durch den Weltverkehr in den universellen Konkurrenzkampf hereingerissen sind.

Diese verschiedenen Formen sind ebensoviel Formen der Organisation der Arbeit & damit des Eigenthums. In jeder Periode fand eine Vereinigung der existirenden Produktivkräfte statt, soweit sie durch die Bedürfnisse nothwendig geworden war. ——

Dieser Widerspruch zwischen den Produktivkräften & der Verkehrsform, der wie wir sahen schon mehrere Mal in der bisherigen Geschichte vorkam ohne jedoch die Grundlage derselben zu gefährden mußte jedesmal in einer Revolution eklatiren, wobei er zugleich verschiedene Nebengestalten annahm, als Totalität von Kollisionen, als Kollisionen[①] verschiedener Klassen, als Widerspruch des Bewußtseins, Gedankenkampf, politischer Kampf &. Von einem bornirten Gesichtspunkte aus kann man nun eine dieser Nebengestalten herausnehmen & sie als die Basis dieser Revolutionen betrachten, was um so leichter ist, als die Individuen, von denen die Revolutionen ausgingen, sich je nach ihrem Bildungsgrad & der Stufe der historischen Entwicklung über ihre eigne Thätigkeit selbst Illusionen machten.

Alle Kollisionen der Geschichte haben also nach unsrer Auffassung ihren Ursprung in dem Widerspruch zwischen den Produktivkräften & der Verkehrs

F Diese Produktivkräfte erhalten unter dem Privateigenthum eine nur einseitige Entwicklung, werden für die Mehrzahl zu Destruktivkräften & eine Menge solcher Kräfte können im Privateigenthum gar nicht zur Anwendung kommen.

---

① als Kollisionen：手稿应判读为 als Kollisionen。新德版、利版判读为 als Kollisionen；MEGA2-1/5 判读为 Kollisionen。

[53]form. Es ist übrigens nicht nöthig daß dieser Widerspruch, um zu Kollisionen in einem Lande zu führen, in diesem Lande selbst auf die Spitze getrieben ist. Die durch einen erweiterten internationalen Verkehr hervorgerufene Konkurrenz mit industriell entwickelteren Ländern ist hinreichend um auch in den Ländern mit weniger entwickelter Industrie einen ähnlichen Widerspruch zu erzeugen (z. B. das latente Proletariat in Deutschland durch die Konkurrenz der englischen Industrie zur Erscheinung gebracht).

———

Die Konkurrenz isolirt die Individuen nicht nur die Bourgeois, sondern noch mehr die Proletarier gegen einander trotzdem daß sie sie zusam menbringt. Daher dauert es eine lange Zeit bis diese Individuen sich vereinigen können F & daher ist jede organisirte Macht gegenüber diesen isolirten & in Verhältnissen, die die Isolirung täglich reproduziren, lebenden Individuen erst nach langen Kämpfen zu besiegen. Das Gegentheil verlangen, hieße ebensoviel wie zu verlangen, daß die Konkurrenz in dieser bestimmten Geschichtsepoche nicht existiren soll oder daß die Individuen Verhältnisse, über die sie als Isolirte keine Kontrole haben, sich aus dem Kopf schlagen sollen.

F abgesehen davon daß zu dieser Vereinigung wenn sie nicht bloß lokal sein soll die nöthigen Mittel, die großen Industriestädte & die wohlfeilen & schnellen Kommunikationen durch die große Industrie erst hergestellt sein müssen,

———

Häuserbau. Bei den Wilden versteht es sich von selbst daß jede Familie ihre eigne Höhle oder Hütte hat, wie bei den Nomaden das separate Zelt jeder Familie. Diese getrennte Hauswirthschaft wird durch die weitere Entwicklung des Privateigenthums nur noch nöthiger gemacht. Bei den Agrikulturvölkern ist die gemeinsame Hauswirthschaft ebenso unmöglich wie die gemeinsame Bodenkultur. Ein großer Fortschritt war die Erbauung von Städten. In allen bis herigen Perioden war indeß die Aufhebung der getrennten Wirthschaft, die von der Aufhebung des Privateigenthums nicht zu trennen ist, schon deswegen unmöglich, weil die materiellen Bedingungen dazu nicht vorhanden waren. Die Einrichtung einer gemeinsamen Hauswirthschaft setzt die Entwicklung der Maschinerie, der Benutzung der Naturkräfte, & vieler andern Produktivkräfte voraus, z. B. der Wasserleitungen, der

[54] Gasbeleuchtung, der Dampfheizung &c F Ohne diese Bedingungen würde die gemeinsame Wirthschaft nicht selbst wieder eine neue Produktionskraft sein, aller materiellen Basis entbehren, auf einer bloß theoretischen Grundlage beruhen, dh eine bloße Marotte sein & es nur zur Klosterwirthschaft bringen. - Was möglich war, zeigt sich in der Zusammenrükkung zu Städten& in der Erbauung gemeinsamer Häuser zu einzelnen bestimmten Zwecken (Gefängnisse, Kasernen pp) Daß die [Der bei Sankt Sancho häufig vorkommende Satz daß Jeder alles was er ist durch den Staat ist, ist im Grunde derselbe wie der, daß der Bourgeois nur ein Exemplar der Bourgeoisgattung sei; ein Satz der voraussetzt, daß die Klasse der Bourgeois schon vor den sie konstituirenden Individuen existirt habe.] Die Bürger in jeder Stadt waren im Mittelalter gezwungen sich gegen den bestimmten Zwecken (Gefängnisse, Kasernen pp) Daß die Aufhebung der getrennten Wirthschaft von der Aufhebung der Familie nicht zu trennen ist, versteht sich von selbst.

[Der bei Sankt Sancho häufig vorkommende Satz daß Jeder alles was er ist durch den Staat ist,ist im Grund derselbe wie der, daß der Bourgeois nur ein Exemplar der Bourgeois-gattung sei;ein Satz der voraussetzt, daß die Klasse der Bourgeois schon vor den sie konstituirenden Individuen existirt habe.]Die Bürger in jeder Stadt waren im Mittelalter gezwungen sich gegen den Landadel zu vereinigen um sich ihrer Haut zu wehren; die Ausdehnung des Handels, die Herstellung der Kommunikationen führte die einzelnen Städte dazu andere Städte kennen zu lernen die dieselben Interessen im Kampfe mit demselben Gegensatz durchgesetzt hatten. Aus den vielen lokalen Bürgerschaften der einzelnen Städte entstand erst sehr allmählig die Bürgerklasse. Die Lebensbedingungen der einzelnen Bürger wurden durch den Gegensatz gegen die bestehenden Verhältnisse & durch die davon bedingte Art der Arbeit zugleich zu Bedingungen, welche ihnen allen gemeinsam & von jedem Einzelnen unabhängig waren. F Mit dem Eintreten der Verbindung zwischen den einzelnen Städten entwickelten sich diese gemeinsamen Bedingungen zu Klassenbedingungen. Dieselben Bedingungen, derselbe Gegensatz, dieselben Interessen mußten im Ganzen & Großen auch überall gleiche Sitten hervorrufen. Die Bourgeoisie selbst entwickelt sich erst mit ihren Bedingungen allmählig, spaltet sich nach der Theilung der Arbeit wieder in verschiedene Fraktionen & absorbirt endlich alle vorgefundenen besitzenden Klassen in sich, F in dem Maße, als alles vorgefundene Eigenthum in industrielles oder kommerzielles Kapital umgewandelt wird. Die einzelnen Individuen bilden nur insofern eine Klasse, als

F Aufhebung von Stadt u. Land.

Präexistenz d. Klasse bei den Philosophen

F Die Bürger hatten diese Bedingungen geschaffen, insofern sie sich von dem feudalen Verbände losgerissen hatten, & waren von ihnen geschaffen, insofern sie durch ihren Gegensatz gegen die Feudalität, die sie vorfanden, bedingt waren.

Sie absorbirt zunächst die dem Staat direkt angehörigen Arbeitszweige, dann alle ± ideologischen Stände.

F(während sie die Majorität der vorgefundenen besitzlosen & einen Theil der bisher besitzenden Klassen zu einer neuen Klasse, dem Proletariat entwickelt)

[55] sie einen gemeinsamen Kampf gegen eine andre Klasse zu führenhaben; im Übrigen stehen sie einander selbst in der Konkurrenz wieder feindlich gegenüber. Auf der andern Seite verselbstständigt sich die Klasse wieder gegen die Individuen, sodaß diese ihre Lebensbedingungen prädestinirt vorfinden, & von der Klasse ihre Lebensstellung F angewiesen bekommen, unter sie subsumirt werden. Dies ist dieselbe Erscheinung wie die Subsumtion der einzelnen Individuen unter die Theilung der Arbeit, & kann nur durch die Aufhebung des Privateigenthums & der Arbeit selbst beseitigt werden. Wiediese Subsumtion der Individuen unter die Klasse sich zugleich zu einer Subsumtion unter allerlei Vorstellungen pp entwickelt, haben wir bereitsmehrere Male angedeutet.——

  Wenn man diese Entwicklung der Individuen in den gemeinsamen Existenzbedingungen der geschichtlich aufeinander folgenden Stände &Klassen & den ihnen damit aufgedrängten allgemeinen Vorstellungen *philosophisch* betrachtet, so kann man sich allerdings leicht einbilden, in diesen Individuen habe sich die Gattung oder der Mensch, oder sie haben den Menschen entwickelt; eine Einbildung, womit der Geschichte einige starke Ohrfeigen gegeben werden. Man kann dann diese verschiednen Stände & Klassen als Specifikationen[①] des allgemeinen Ausdrucks, als Unterarten der Gattung, als Entwicklungsphasen des Menschen fassen.

  Diese Subsumtion der Individuen io unter bestimmte Klassen kann nicht eher aufgehoben werden, als bis sich eine Klasse gebildet hat, die gegen die herrschende Klasse kein besonderes Klasseninteresse mehr durch zusetzen hat.

——

  Die Verwandlung der persönlichen Mächte (Verhältnisse) in sachliche durch die Theilung der Arbeit kann nicht dadurch wieder aufgehoben werden, daß man sich die allgemeine Vorstellung davon aus dem Kopfe schlägt, sondern nur dadurch daß die Individuen diese sachlichen Mächte wieder unter sich subsumiren, & die Theilung der Arbeit aufheben. Dies ist ohne die Gemeinschaft nicht möglich. Erst in der Gemeinschaft existiren für jedes[②] Individuum

F damit ihre Persönliche Entwicklung

(Feuerbach Sein & Wesen)

---

① Specifikationen：手稿应判读为 Specifikationen。新德版判读为 Specifikation；阿版、利版、广版、MEGA2-1/5 和 online 版判读为 Specifikationen。

② existiren für jedes：手稿应判读为 existiren für jedes。梁版、兰版判读为 erhält das；阿版判读为 mit Andern hat jedes；利版、MEGA2-1/5 和 online 版判读为 existiren für jedes。

[56] die Mittel, seine Anlagen nach allen Seiten hin auszubilden, erst in der Gemeinschaft wird also die persönliche Freiheit möglich. In den bisherigen Surrogaten der Gemeinschaft, im Staat &sw. existirte die persönliche Freiheit nur für die in den Verhältnissen der herrschenden Klasse entwickelten Individuen & nur insofern sie Individuen dieser Klasse waren. Die scheinbare Gemeinschaft, zu der sich bisher die Individuen verei rügten, verselbstständigte sich stets ihnen gegenüber & war zugleich, da sie eine Vereinigung einer Klasse, gegenüber einer andern war, für die beherrschte Klasse nicht nur eine ganz illusorische Gemeinschaft, sondern auch eine neue Fessel. In der wirklichen Gemeinschaft erlangen die Individuen in & durch ihre Association zugleich ihre Freiheit. - Die Individuen gingen immer von sich aus, natürlich aber von sich innerhalb ihrer gegebenen historischen Bedingungen & Verhältnisse, nicht vom „reinen" Individuum im Sinne der Ideologen. Aber im Lauf der historischen Entwicklung & gerade durch die innerhalb der Theilung der Arbeit unvermeidlichen① Verselbstständigung der gesellschaftlichen Verhältnisse tritt ein Unterschied heraus zwischen dem Leben jedes Individuums, soweit es persönlich ist & insofern es unter irgend einen Zweig der Arbeit & die dazu gehörigen Bedingungen subsumirt ist. Dies ist nicht so zu verstehen, als ob z. B. der Rentier, der Kapitalist pp aufhörten, Personen zu sein; sondern ihre Persönlichkeit ist durch ganz bestimmte Klassenverhältnisse bedingt & bestimmt, & der Unterschied tritt erst im Gegensatz zu einer andern Klasse & für sie selbst erst dann hervor wenn sie Bankerott machen. Im Stand, (mehr noch im Stamm) ist dies noch verdeckt, z. B. ein Adliger bleibt stets Adliger, ein Roturier stets Roturier, abgesehen von seinen sonstigen Verhältnissen, eine von seiner Individualität unzertrennliche Qualität. Der Unterschied des persönlichen Individuums gegen das Klassenindividuum, die Zufälligkeit der Lebensbedingung② für das Individuum tritt erst mit dem Auftreten der Klasse, die selbst ein Produkt der Bourgeoisie ist. Die Konkurrenz & der Kampf der Individuen unter einander erzeugt & entwickelt erst

---

① unvermeidlichen: 手稿应判读为 unvermeidlichen。阿版、利版修正为 unvermeidliche；广版推测该词应读为 unvermeidliche。MEGA2-1/5 和 online 版判读和写为 unvermeidlichen。

② Lebensbedingung: 手稿应判读为 Lebensbedingung。梁版、阿版和利版判读为 Lebensbedingungen；广版推测、MEGA2-1/5 和 online 版判读为 Lebensbedingung。

[57]　diese Zufälligkeit als solche. In der Vorstellung sind daher die Individuen unter der Bourgeoisieherrschaft freier als früher, weil ihnen ihre Lebensbedingungen zufällig sind; in der Wirklichkeit sind sie natürlich unfreier, weil mehr unter sachliche Gewalt subsumirt. Der Unterschied vom Stand tritt namentlich heraus im Gegensatz der Bourgeoisie gegen das Proletariat. Als der Stand der städtischen Bürger, die Corporationen pp gegenüber dem Landadel aufkamen, erschien ihre Existenzbedingung, das Mobileigenthum & die Handwerks arbeit die schon vor ihrer Trennung vom Feudalverbande latent existirt hatten, als etwas Positives, das gegen das feudale Grundeigenthum geltend gemacht wurde & nahm daher auch zunächst wieder die feudale Form in ihrer Weise an. Allerdings behandelten die entlaufenden Leibeignen ihre bisherige Leibeigenschaft als etwas ihrer Persönlichkeit Zufälliges. Hier in aber thaten sie nur dasselbe was jede sich von einer Fessel befreiende Klasse thut, & dann befreiten sie sich nicht als Klasse, sondern vereinzelt. Sie traten ferner nicht aus dem Bereich des Ständewesens heraus, sondern bildeten nur einen neuen Stand, & behielten ihre bisherige Arbeitsweise auch in der neuen Stellung bei & bildeten sie weiter aus, indem sie sie von ihren bisherigen, ihrer schon erreichten Entwicklung nicht mehr[1] entsprechenden Fesseln befreiten. - Bei den Proletariern dagegen ist ihre eigne Lebensbedingung, die Arbeit, & damit sämmtliche Existenzbedingungen der heutigen Gesellschaft für sie zu etwas Zufälligem geworden, worüber die einzelnen Proletarier keine Kontrole haben, **u. worüber ihnen keine *gesellschaftliche* Organisation keine**[2] **Controlle geben kann** & der Widerspruch zwischen [ ][3] der Persönlichkeit des einzelnen Proletariers & seiner ihm aufgedrängten Lebensbedingung[4], der Arbeit, tritt für ihn selbst hervor, namentlich da er schon von Jugend auf geopfert wird, & da ihm die Chance fehlt, innerhalb seiner Klasse zu den Bedingungen zu kommen die[ihn] in die andre stellen.

――――

---

①　mehr：梁版中遗漏了该词。

②　keine：手稿应判读为 keine，应为 eine 的笔误。阿版、利版修正为 eine；广版推测为 keine ，但认为是 eine 的笔误；MEGA2-1/5 和 online 版判读和写为 eine。

③　此处手稿缺损。

④　Lebensbedingung：手稿应判读为 Lebensbedingung。梁版判读为 Lebensbedingungen；阿版、利版、MEGA2-1/5 和 online 版判读为 Lebensbedingung。

[58] NB. nicht zu vergessen daß schon die Nothwendigkeit der Leibeignen, zu existiren, & die
Unmöglichkeit der großen Wirthschaft, die die
Vertheilung von allotments an die Leibeignen
mit sich führte, sehr bald die Verpflichtungen
der Leibeignen gegen den Feudalherrn auf
einen Durchschnitt von Naturallieferungen &
Frohnleistungen reduzirte, der dem Leibeignen
die Akkumulation von Mobilareigenthum
möglich machte & damit sein Entfliehen von
dem Besitzthum seines Herrn er leichterte & ihm
Aussicht auf sein Fortkommen als Stadtbürger
gab, auch Abstufungen unter den Leibeignen
erzeugte. Sodaß die weglaufenden Leibeignen
schon halbe Bürger sind. Wobei es ebenfalls
einleuchtet daß die eines Handwerks kundigen
leibeignen Bauern am meisten Chance hatten
sich Mobilareigenthum zu erwerben.

——

Während also die entlaufenden Leibeignen nur
ihre bereits vorhandenen Existenzbedingungen
frei entwickeln & zur Geltung bringen wollten, &
daher in letzter Instanz nur bis zur freien Arbeit
kamen, müssen die Proletarier um persönlich
zur Geltung zu kommen, ihre eigne bisherige
Existenzbedingung F die Arbeit, aufheben. Sie   F die zugleich die der ganzen bisherigen Gesellschaft ist,
befinden sich daher auch im direkten Gegensatz zu
der Form, in der die Individuen der Gesellschaft
sich bisher einen Gesammtausdruck gaben,
zum Staat, & müssen den Staat stürzen, um ihre
Persönlichkeit durchzusetzen.

——

Es geht aus der ganzen bisherigen Entwicklung
hervor, daß das gemeinschaftliche Verhältniß,
in das die Individuen einer Klasse traten, &
das durch ihre gemeinschaftlichen Interessen
gegenüber einem Dritten bedingt war, stets eine
Gemeinschaft war, der diese Individuen nur
als Durchschnittsindividuen angehörten, nur
soweit sie in den Existenzbedingungen ihrer
Klasse lebten, ein Verhältniß, an dem sie nicht
als Indivi duen, sondern als Klassenmitglieder
Theil hatten. Bei der Gemeinschaft der
revolutionären Proletarier dagegen, die ihre [&]
aller Gesellschaftsmitglieder Existenz

[59] [be]dingungen unter ihre Kontrole nehmen, ist es gerade umgekehrt; an ihr nehmen die Individuen als Individuen Antheil. Es ist eben die Vereinigung der Individuen (innerhalb der Voraussetzung der jetzt entwickelten Produktivkräfte natürlich), die die Bedingungen der freien Entwicklung & Bewegung der Individuen unter ihre Contrôle gibt, Bedingungen, die bisher dem Zufall überlassen waren & sich gegen die einzelnen Individuen eben durch ihre Trennung als Individuen, F verselbstständigt hatten. Die bisherige Vereinigung war nur eine keineswegs willkührliche F sondern nothwendige Vereinigung F über diese Bedingungen, innerhalb deren dann die Individuen den Genuß der Zufälligkeit hatten. Dieses Recht, innerhalb gewisser Bedingungen ungestört der Zufälligkeit sich erfreuen zu dürfen, nannte man bisher persönliche Freiheit. - Diese Existenzbedingungen sind natürlich nur die jedesmaligen Produktionskräfte & Verkehrsformen. -

———

Der Kommunismus unterscheidet sich von allen bisherigen Bewegungen dadurch daß er die Grundlage aller bisherigen Produktions- & Verkehrsverhältnisse umwälzt, & alle naturwüchsigen Voraussetzungen zum ersten Mal mit Bewußtsein als Geschöpfe der bisherigen Menschen behandelt, ihrer Naturwüchsigkeit entkleidet & der Macht der vereinigten Individuen unterwirft. Seine Einrichtung ist daher wesentlich ökonomisch, die materielle Herstellung der Bedingungen dieser Vereinigung; sie macht die vorhandenen Bedingungen zu Bedingungen der Vereinigung. Das Bestehende was der Kommunismus schafft ist eben die wirkliche Basis zur Unmöglichmachung alles von den Individuen unabhängig bestehenden sofern dies Bestehende dennoch nichts als ein Produkt des bisherigen Verkehrs der Individuen selbst ist. Die Kommunisten behan dein also praktisch die durch die bisherige Produktion & Verkehr erzeugten Bedingungen als unorganische, ohne indeß sich einzubilden, es sei der Plan oder die Bestimmung der bisherigen Generationen gewesen, ihnen Material zu liefern, & ohne zu glauben, [daß]① diese Bedingungen für die sie schaffenden Individuen unorganisch waren.

F durch ihre nothwendige Vereinigung, die mit der Theilung der Arbeit gegeben & durch ihre Trennung zu einem ihnen fremden Bande geworden war,
F wie sie z. B. im Contrat social dargestellt wird
Fvergleiche z. B. die Bildung des nordamerikanischen Staats & die südamerikanischen Republiken

———

① [daß]：手稿此处破损，该词系阿版、利版、MEGA2-1/5 和 online 版补入。

[60] Der Unterschied zwischen persönlichem Individuum & zufälligem Individuum ist keine Begriffsunterscheidung sondern ein historisches Faktum. Diese Unterscheidung hat zu verschiedenen Zeiten einen verschiedenen Sinn, zB. Der Stand als etwas dem Individuum zufälliges im 18 Jahrhundert, plus ou moins auch die Familie. Es ist eine Unterscheidung die nicht wir für jede Zeit zu machen haben, sondern die jede Zeit unter den verschiedenen Elementen, die sie vorfindet, selbst macht, & zwar nicht nach dem Begriff, sondern durch materielle Lebenskollisionen gezwungen. Was als zufällig der späteren Zeit im Gegensatz zur früheren erscheint, also auch unter den ihr von der früheren überkommenen Elementen, ist eine Verkehrsform, die einer bestimmten Entwicklung der Produktivkräfte entsprach. Das Verhältniß der Produktionskräfte zur Verkehrsform ist das Verhältniß der Verkehrsform zur F der Individuen.

F Thätigkeit od. Bethätigung

(Die Grundform dieser Bethätigung ist natürlich die materielle, von der alle andre geistige, politische, religiöse &c abhängt. Die verschiedene Gestaltung des materiellen Lebens ist natürlich jedesmal abhängig von den schon entwickelten Bedürfnissen, & sowohl die Erzeugung wie die Befriedigung dieser Bedürfnisse ist selbst ein historischer Prozeß der sich bei keinem Schafe oder Hunde findet, F obwohl Schafe & Hunde in ihrer jetzigen Gestalt allerdings, aber malgré eux, Produkte eines historischen Prozesses sind.) Die Bedingungen,

F (widerhaariges Hauptargument Stirners adversus hominem)

unter denen die Individuen, solange der Widerspruch noch nicht eingetreten ist, mit einander verkehren, sind zu ihrer Individualität gehörige Bedingungen, nichts äußerliches für sie, Bedingungen unter denen diese bestimmten, unter bestimmten Verhältnissen existirenden Individuen allein ihr materielles Leben & was damit zusammenhängt, produziren können, sind also die Bedingungen ihrer Selbstbethätigung & werden von dieser Selbstbethätigung produzirt. Die bestimmte Bedingung, unter der sie produziren, entspricht also, solange

Production d. Verkehrsform selbst.[①]

---

① Production d. Verkehrsform selbst.：手稿应判读为 Production d. Verkehrsform selbst.。梁版判读为 Production d 〈es〉 Verkehrs selbst.；阿版、利版、新德版、MEGA2-1/5 和 online 版判读为 Production d 〈er〉 Verkehrsform selbst.。

[61] der Widerspruch noch nicht eingetreten ist, ihrer wirklichen Bedingtheit, ihrem einseitigen Dasein, dessen Einseitigkeit sich erst durch den Eintritt des Widerspruchs zeigt & also nur für die Späteren existirt. Dann erscheint diese Bedingung als eine zufällige Fessel, & dann wird das Bewußtsein, daß sie eine Fessel sei, auch der früheren Zeit untergeschoben.

— Diese verschiedenen Bedingungen, die zuerst als Bedingungen der Selbstbethätigung, später als Fesseln derselben erschienen[①], bilden in der ganzen geschichtlichen Entwicklung eine zusammenhängende Reihe von Verkehrsformen, deren Zusammenhang darin besteht, daß an die Stelle der früheren, zur Fessel gewordenen Verkehrsform, eine neue, den entwickelteren Produktivkräften & damit der fortgeschrittenen Art der Selbstbethätigung der Individuen entsprechende gesetzt wird, die à son tour wieder zur Fessel & dann durch eine andre ersetzt wird. Da diese Bedingungen auf jeder Stufe der gleichzeitigen Entwicklung der Produktivkräfte entsprechen, so ist ihre Geschichte zugleich die Geschichte der sich entwickelnden & von jeder neuen Generation übernommenen Produktivkräfte & damit die Geschichte der Entwicklung der Kräfte der Individuen selbst.

Da diese Entwicklung naturwüchsig vor sich geht, d. h. nicht einem Gesammtplan frei vereinigter Individuen subordinirt ist, so geht sie von verschiedenen Lokalitäten, Stämmen, Nationen, Arbeitszweigen etc. aus, deren Jede Anfangs sich unabhängig von den andern entwickelt & erst nach & nach mit den andern in Verbindung tritt. Sie geht ferner nur sehr langsam vor sich; die verschiedenen Stufen &[②] Interessen werden nie vollständig überwunden, sondern nur dem siegenden Interesse untergeordnet & schleppen sich noch Jahrhunderte lang neben diesem[③] fort. F Hieraus erklärt sich auch, warum in Beziehung auf einzelne Punkte,

F Hieraus folgt, daß selbst innerhalb einer Nation die Individuen auch abgesehen von ihren Vermögensverhältnissen ganz verschiedene Entwicklungen haben, & daß ein früheres Interesse, dessen eigenthümliche Verkehrsform schon durch die einem späteren angehörige verdrängt ist, noch lange im Besitz einer traditionellen Macht in der, den Individuen gegenüber verselbstständigten scheinbaren Gemeinschaft (Staat, Recht) bleibt, einer Macht, die in letzter Instanz nur durch eine Revolution zu brechen ist.

---

① erschienen：手稿应判读为 erschienen。梁版判读为 erscheinen；阿版等其他诸版判读为 erschienen。

② &：手稿应判读为 &。梁版将此符号判读为 der。

③ diesem：手稿应判读为 diesem。疑先写为 diesen，后改为 diesem。梁版判读为 diesen；阿版等其他诸版判读为 diesem。

[62]die eine allgemeine Zusammenfassung erlauben, das Bewußtsein zuweilen weiter vorgerückt scheinen kann, als die gleichzeitigen empirischen Verhältnisse, sodaß man in den Kämpfen einer späteren Epoche sich auf frühere Theoretiker als auf Autoritäten stützen kann. - Dagegen geht die Entwicklung in Ländern, die wie Nordamerika, in einer schon entwickelten Geschichtsepoche von vorn anfangen sehr rasch vor sich. Solche Länder haben keine andern naturwüchsigen Voraussetzungen außer den Individuen die sich dort ansiedeln, & die hierzu durch die ihren Bedürfnissen nicht entsprechenden Verkehrsformen der alten Länder veranlaßt wurden. Sie fangen also mit den fortgeschrittensten Individuen der alten Länder & daher mit der diesen Individuen entsprechenden entwickeltsten Verkehrsform an, noch ehe diese Verkehrsform in den alten Ländern sich durchsetzen kann. Dies ist der Fall mit allen Kolonieen, sofern sie nicht bloße Militär- oder Handelsstationen sind. Karthago Die griechischen Kolonieen & Island im 11 & 12 Jahrhundert liefern Beispiele dazu. Ein ähnliches Verhältniß findet Statt bei der Eroberung, wenn dem eroberten Lande die auf einem andern Boden entwickelte Verkehrsform fertig herübergebracht wird; während sie in ihrer Heimath noch mit Interessen & Verhältnissen aus früheren Epochen behaftet war, kann & muß sie hier vollständig & ohne Hinderniß durchgesetzt werden, schon um den Eroberern dauernde Macht zu sichern. (England & Neapel nach der normannischen Eroberung, wo sie die vollendetste Form der feudalen Organisation erhielten). ——

Dieser ganzen Geschichtsauffassung scheint das Faktum der Eroberung zu widersprechen. Man hat bisher die Gewalt, F zur treibenden Kraft der Geschichte gemacht. Wir können uns hier nur auf die Hauptpunkte beschränken & nehmen daher nur das frappanteste[①] Beispiel, die Zerstörung einer alten Civilisation durch ein barbarisches Volk, & die sich daran anknüpfende von vorn anfangende Bildung einer neuen Gliederung der Gesellschaft. (Rom & Barbaren, Feudalität & Gallien, ost röm. Reich & Türken)

F den Krieg, Plünderung, Raubmord pp

---

① frappanteste：手稿应判读为 frappanteste。梁版和阿版判读为 frappante；利版、MEGA2-1/5 和 online 版判读为 frappanteste。

[63]Bei dem erobernden Barbarenvolke ist der Krieg selbst noch, wie schon oben angedeutet, eine regelmäßige Verkehrsform, die um so eifriger exploitirt wird, je mehr der Zuwachs der Bevölkerung bei der hergebrachten & für sie einzig möglichen rohen Produktionsweise das Bedürfniß neuer Produktionsmittel schafft. In Italien dagegen war durch die Konzentration des Grundeigenthums die freie Bevölkerung fast verschwunden, die Sklaven selbst starben immer wieder aus & mußten stets durch neue ersetzt werden. Die Sklaverei blieb die Basis der gesammten Produktion. Die Plebejer, zwischen Freien & Sklaven stehend, brachten es nie über ein Lumpenproletariat hinaus. Überhaupt kam Rom nie über die Stadt hinaus & stand mit den Provinzen in einem fast nur politischen Zusammenhange, der natürlich auch wieder durch politische Ereignisse unterbrochen werden konnte.

———

Es ist nichts gewöhnlicher als die Vorstellung, in der Geschichte sei es bisher nur auf das *Nehmen* angekommen. Die Barbaren *nahmen*[①] das römische Reich, u. mit der Thatsache dieses Nehmens erklärt man den Übergang aus der alten Welt in die Feudalität. Bei dem Nehmen durch Barbaren kommt es aber darauf an, ob die Nation, die eingenommen wird, industrielle Produktivkräfte entwickelt hat, wie dies bei den modernen Völkern der Fall ist, oder ob ihre Produktivkräfte hauptsächlich bloß auf ihrer Vereinigung & dem Gemeinwesen beruht[②]. Das Nehmen ist ferner bedingt durch den Gegenstand der genommen wird. Das in Papier bestehende Vermögen eines Bankiers[③] kann gar nicht genommen werden ohne daß der Nehmende sich den Produktions- & Verkehrsbedingungen des genommenen Landes unterwirft. Ebenso das gesammte in dustrielle Kapital eines modernen In-dustrielandes. Und endlich hat das Nehmen überall sehr bald ein Ende, & wenn nichts mehr zu nehmen ist, muß man anfangen zu produziren. Aus dieser sehr bald eintretenden Nothwendigkeit des Produzirens folgt,

(verursacht außer durch Aufkauf & Verschuldung auch noch durch Erbschaft, indem bei der großen Liederlichkeit & den seltnen Heirathen die alten Geschlechter allmählig ausstarben & ihr Besitz Wenigen zufiel & Verwandlung desselben in Viehweiden die außer durch die gewöhnlichen noch heute gültigen ökonomischen Ursachen, durch die Einfuhr geraubten & Tributgetreides & den hieraus folgenden Mangel an Konsumenten für italisches Korn verursacht wurde)

———

① nahmen：梁版、阿版、利版等判读为 nehmen，MEGA2-1/5 和 online 版判读为 nahmen。现依据 MEGA2-1/5 和 online 版。

② beruht：手稿应判读为 beruht。阿版、利版修正为 beruhen；广版推测为 beruhen；梁版、MEGA2-1/5 和 online 版判读和写为 beruht。

③ Bankiers：手稿应判读为 Bankiers。梁版判读为 Rentiers；阿版、利版、MEGA2-1/5 和 online 版判读为 Bankiers。

[64]daß die von den sich niederlassenden Eroberern angenommene Form des Gemeinwesens der Entwicklungsstufe der vorgefundnen Produktivkräfte entsprechen, oder wenn dies nicht von vorn herein der Fall ist, sich nach den Produktivkräften ändern muß. Hieraus erklärt sich auch das Faktum das man in der Zeit nach der Völkerwanderung überall bemerkt haben will, daß nämlich der Knecht der Herr war, & die Eroberer von den Eroberten Sprache, Bildung & Sitten sehr bald annahmen. - Die Feudalität wurde keineswegs aus Deutschland fertig mitgebracht, sondern sie hatte ihren Ursprung von Seiten der Eroberer in die kriegerische Organisation[①] des Heerwesens während der Eroberung selbst & diese entwickelte sich nach derselben durch die Einwirkung der in den eroberten Ländern vorgefundnen Produktivkräfte erst zur eigentlichen Feudalität. Wie sehr diese Form durch die Produktivkräfte bedingt war, zeigen die gescheiterten Versuche, andre aus altrömischen Reminiscenzen entspringende Formen durchzusetzen (Karl d. Große pp)

fortzufahren ——

In der großen Industrie & Konkurrenz sind die sämmtlichen Existenz bedingungen der Individuen zusammengeschmolzen in die beiden einfachsten Formen: Privateigenthum & Arbeit. Mit dem Gelde ist jede Verkehrsform & der Verkehr selbst für die Individuen als zufällig gesetzt. F Andererseits sind die Individuen selbst vollständig unter die Theilung der Arbeit subsumirt & dadurch in die vollständigste Abhängigkeit von einander gebracht. Das Privateigen thum, soweit es, innerhalb der Arbeit, der Arbeit gegenübertritt, entwickelt sich aus der Nothwendigkeit der Akkumulation, & hat im Anfange immer noch mehr die Form des Gemeinwesens, nähert sich aber in der weiteren Entwicklung immer mehr der modernen Form des Privateigenthums. Durch die Theilung der Arbeit ist schon von vorn herein die Theilung auch der Arbeits*bedingungen* Werkzeuge & Materialien gegeben & damit die Zersplitterung des akkumulirten Kapitals an verschiedne Eigenthümer, & damit die Zersplitterung zwischen Kapital & Arbeit, & die verschiedenen Formen des Eigen thums selbst. Jemehr sich die Theilung der Arbeit aus

Bedingtheiten, Einseitigkeiten

F Also liegt schon im Gelde, daß aller bisherige Verkehr nur Verkehr der Individuen unter bestimmten Bedingungen, nicht der Individuen als Individuen war. Diese Bedingungen sind auf zwei - akkumulirte Arbeit oder Privateigenthum, oder wirkliche Arbeit - reduzirt. Hören[①] diese oder eine von ihnen auf, so stockt der Verkehr. Die modernen Oekonomen selbst, zB. Sismondi, Cherbuliez etc. stellen die association des individus der association des capitaux entgegen.

---

① der Eroberer in die kriegerische Organisation：手稿应判读为 der Eroberer in die kriegerische Organisation。阿版、利版、MEGA2-1/5 和 online 版修正为 der Eroberer in der kriegerischen Organisation。

---

① Hören：手稿应判读为 Hören。疑先写为 Hört，后改为 Hören。阿版、利版判读为 Hört；MEGA2-1/5 和 online 版判读为 Hören。

[65]bildet & jemehr die Akkumulation wächst, desto schärfer bildet sich auch diese Zersplitterung aus. Die Arbeit selbst kann nur bestehen unter der Voraussetzung dieser Zersplitterung.

———

(Persönliche Energie der Individuen einzelner Nationen - Deutsche & Amerikaner - Energie schon durch Racenkreuzung - daher die Deutschen cretinmäßig - in Frankreich, Engl. &c fremde Völker auf ejnenschon entwickelten, in Amerika auf einen ganz neuen Boden verpflanzt, in Deutschl, die naturwüchsige Bevölkerung ruhig sitzen geblieben.)

———

Es zeigen sich hier also[①] zwei Fakta. Erstens erscheinen die Produktivkräfte als ganz unabhängig & losgerissen von den Individuen, als eine eigne Welt neben den Individuen, was darin seinen Grund hat, daß die Individuen, deren Kräfte sie sind, zersplittert & im Gegensatz gegen einander existiren, während diese Kräfte andererseits nur im Verkehr & Zusammenhang dieser Individuen wirkliche Kräfte sind. Also auf der einen Seite eine Totalität von Produktivkräften, die gleichsam eine sachliche Gestalt angenommen haben & für die Individuen selbst nicht mehr die Kräfte der Individuen, sondern des Privateigenthums, & daher der Individuen nur insofern sie Privateigenthümer sind. In keiner früheren Periode hatten die Produktivkräfte diese gleichgültige Gestalt für den Verkehr der Individuen *als* Individuen angenommen, weil ihr Verkehr selbst noch ein bornirter war. Auf der andern Seite steht diesen Produktivkräften die Majorität der Individuen gegenüber, von denen diese Kräfte losgerissen sind & die daher alles wirklichen Lebensinhalts beraubt, abstrakte Individuen geworden sind, die aber dadurch erst in den Stand gesetzt werden, *als Individuen* mit einander in Verbindung zu treten. Der einzige Zusammenhang, in dem sie noch mit den Produktivkräften & mit ihrer eignen Existenz stehen, die Arbeit, hat bei ihnen allen Schein der Selbstbethätigung verloren & erhält ihr

Sismondi

———

① hier also：梁版的语序为 also hier。应为 hier also。

[66]Leben nur, indem sie es verkümmert. Während in den früheren Perioden Selbstbethätigung & Erzeugung des materiellen Lebens dadurch getrennt waren, daß sie an verschiedene Personen fielen & die Erzeugung des materiellen Lebens wegen der Bornirtheit der Individuen selbst noch als eine untergeordnete Art der Selbstbethätigung galt, fallen sie jetzt so aus einander, daß überhaupt das materielle Leben als Zweck, die Erzeugung dieses materiellen Lebens, die Arbeit, F als Mittel erscheint.

F (welche die jetzt einzig mögliche aber wie wir sahen, negative Form der Selbstbethätigung ist)

Es ist also jetzt soweit gekommen, daß die Individuen sich die vorhandene Totalität von Produktivkräften aneignen müssen, nicht nur um zu ihrer Selbstbethätigung zu kommen, sondern schon überhaupt, um ihre Existenz sicher zu stellen. Diese Aneignung ist zuerst bedingt durch den anzueignenden Gegenstand - die zu einer Totalität entwickelten & nur innerhalb eines universellen Verkehrs existirenden Produktivkräfte. Diese Aneignung muß also schon von dieser Seite her einen den Produktivkräften & dem Verkehr entsprechenden universellen Charakter haben. Die Aneignung dieser Kräfte ist selbst weiter nichts als die Entwicklung der den materiellen Produktionsinstrumenten entsprechenden individuellen Fähigkeiten. Die Aneignung einer Totalität von Produktionsinstrumenten ist schon deßhalb die Entwicklung einer Totalität von Fähigkeiten in den Individuen selbst. Diese Aneignung ist ferner bedingt durch die aneignenden Individuen. Nur die von aller Selbstbethätigung vollständig ausgeschlossenen Proletarier der Gegenwart sind im Stande, ihre vollständige, nicht mehr bornirte Selbstbethätigung, die in der Aneignung einer Totalität von Produktivkräften & der damit gesetzten Entwicklung einer Totalität von Fähigkeiten besteht, durchzusetzen. Alle früheren revolutionären Aneignungen waren bornirt, Individuen, deren Selbstbethätigung durch ein beschränktes Produktionsinstrument & einen beschränkten Verkehr bornirt war, eigneten sich dies beschränkte Produktions-

[67] instrument an, & brachten es daher nur zu einer neuen Beschränktheit. Ihr Produktionsinstrument wurde ihr Eigenthum, aber sie selbst blieben unter die[①] Theilung der Arbeit & unter ihr eignes Produktionsinstrument subsumirt. Bei allen bisherigen Aneignungen blieben[②] eine Masse von Individuen unter ein einziges Produktionsinstrument subsumirt; bei der Aneignung der Proletarier müssen eine Masse von Produktionsinstrumenten unter jedes Individuum F subsumirt werden. Der moderne universelle Verkehr kann nicht[③] anders unter die Individuen subsumirt werden, als dadurch daß er unter Alle subsumirt wird. - Die Aneignung ist ferner bedingt durch die Art & Weise wie sie vollzogen werden muß. Sie kann nur vollzogen werden durch eine Vereinigung, die durch den Charakter des Proletariats selbst wieder nur eine universelle sein kann, & durch eine Revolution, in der einerseits die Macht der bisherigen Produktions & Verkehrsweise & gesellschaftlichen Gliederung gestürzt wird & andererseits der universeile Charakter & die zur Durchführung der Aneignung nöthige Energie des Proletariats sich entwikkelt, ferner das Proletariat alles abstreift was ihm noch aus seiner bisherigen Gesellschaftsstellung geblieben ist.

F& das Eigenthum unter Alle

Erst auf dieser Stufe fällt die Selbstbethätigung mit dem materiellen Leben zusammen, was der Entwicklung der Individuen zu totalen Individuen & der Abstreifung aller Naturwüchsigkeit entspricht; & dann entspricht sich die Verwandlung der Arbeit in Selbstbethätigung & die Verwandlung des bisherigen bedingten Verkehrs in den Verkehr der In dividuen als solcher. Mit der Aneignung der totalen Produktivkräfte durch die vereinigten Individuen hört das Privateigenthum auf. Während in der bisherigen Geschichte immer eine besondere Bedingung als zufällig erschien, ist jetzt die Absonderung der Individuen selbst, der besondre Privaterwerb eines Jeden selbst zufällig geworden.

Die Individuen, die nicht mehr

---

① die；手稿应判读为 die。梁版判读为 der；阿版等其他诸版判读为 die。

② blieben：手稿应判读为 blieben。疑先写为 blieb，后又增添 en。阿版、利版、MEGA2-1/5 和 online 版判读为 blieb；MEGA2 试行版判读为 blieben。

③ nicht：阿版、广版在该词前面插有 gar 一词，但事实上此词已被删除。

[68] unter die Theilung der Arbeit subsumirt werden, haben die Philosophen sich als Ideal unter dem Namen: „der Mensch" vorgestellt, & den ganzen, von uns entwickelten Prozeß als den Entwicklungsprozeß „des Menschen" gefaßt, sodaß den bisherigen Individuen auf jeder geschichtlichen Stufe „der Mensch" untergeschoben & als die treibende Kraft der Geschichte dargestellt wurde. Der ganze Prozeß wurde so als Selbstentfremdungsprozeß „des Menschen" gefaßt & dies kommt wesentlich daher, daß das Durchschnittsindividuum der späteren Stufe immer der früheren & das spätere Bewußtsein den früheren Individuen untergeschoben[①]. Durch diese Umkehrung, die von vorn herein von den wirklichen Bedingungen abstrahirt, war es möglich die ganze Geschichte in einen Entwicklungsprozeß des Bewußtseins zu verwandeln.——

    Die bürgerliche Gesellschaft umfaßt den gesammten materiellen Verkehr der Individuen innerhalb einer bestimmten Entwicklungsstufe der Produktivkräfte. Sie umfaßt das gesammte kommerzielle & industrielle Leben einer Stufe & geht in so fern über den Staat & die Nation hinaus, obwohl sie andrerseits wieder nach Außen hin als Nationalität sich geltend machen, nach Innen als Staat sich gliedern muß. Das Wort bürgerliche Gesellschaft kam auf im achtzehnten Jahrhundert als die Eigenthumsverhältnisse bereits aus dem antiken & mittelalterlichen Gemeinwesen sich herausgearbeitet hatten. Die bürgerliche Gesellschaft als solche entwickelt sich erst mit der Bourgeoisie; die unmittelbar aus der Produktion & dem Verkehr sich entwickelnde gesellschaftliche Organisation, die zu allen Zeiten die Basis des Staats & der sonstigen idealistisehen Superstruktur bildet, ist indeß fortwährend mit demselben Namen bezeichnet worden. —

    Verhältniß von Staat & Recht zum Eigenthum. - Die erste Form des Eigenthums ist sowohl in der antiken Welt wie im Mittelalter das Stammeigenthum, bedingt bei den Römern hauptsächlich durch den Krieg, bei den

Selbstentfremdung

---

① untergeschoben：手稿应判读为 untergeschoben。新德版判读和修正为 unterschoben [wurde]；阿版、MEGA2-1/5 和 online 版判读为 untergeschoben；利版判读和修正为 untergeschoben [wurde]。

[69] Germanen durch die Viehzucht. F Bei den aus dem Mittelalter hervorgehenden Völkern entwickelt sich das Stammeigenthum durch verschiedene Stufen - feudales Grundeigenthum, korporatives Mobilareigenthum, Manufakturkapital - bis zum modernen, durch die große Industrie & universelle Konkurrenz bedingten Kapital, dem reinen Privateigenthum, das allen Schein des Gemeinwesens abgestreift & alle Einwirkung des Staats auf die Entwicklung des Eigenthums ausgeschlossen hat. Diesem modernen Privateigenthum entspricht der moderne Staat, der durch die Steuern allmählig von den Privateigenthümern an sich gekauft, durch das Staatsschul denwesen ihnen vollständig verfallen & dessen Existenz in dem Steigen & Fallen der Staatspapiere auf der Börse gänzlich von dem kommerziellen Kredit abhängig geworden ist, den ihm die Privateigenthümer, die Bourgeois geben. Die Bourgeoisie ist schon, weil sie eine *Klasse*, nicht[①] mehr ein *Stand* ist, dazu gezwungen, sich national, nicht mehr lokal zu organisiren, & ihrem Durchschnittsinteresse eine allgemeine Form zu geben. Durch die Emancipation des Privateigenthums vom Gemeinwesen ist der Staat zu einer besonderen Existenz neben & außer der bürgerlichen Gesellschaft geworden; er ist aber weiter Nichts, als die Form der Organisation welche sich die Bourgeois sowohl nach außen als nach innen hin, zur gegenseitigen Garantie ihres Eigenthums & ihrer Interessen nothwendig geben. Die Selbststän digkeit des Staats kommt heutzutage nur noch in solchen Ländern vor, wo die Stände sich nicht vollständig zu Klassen entwickelt haben, wo die in den fortgeschrittneren Ländern beseitigten Stände noch eine Rolle spielen & ein Gemisch existirt, in denen daher kein Theil der Bevölkerung es zur Herrschaft über die übrigen bringen kann. Dies ist namentlich in Deutschland der Fall. Das vollendetste Beispiel des modernen Staats ist Norda-

F Bei den antiken Völkern erscheint, weil in einer Stadt mehrere Stämme zusammenwohnen, das Stammeigenthum als Staatseigenthum, & das Recht des Einzelnen daran als bloße Possessio, die sich indeß, wie das Stammeigenthum überhaupt, nur auf das Grundeigenthum beschränkt. Das eigentliche Privateigenthum fängt bei den Alten wie bei den modernen Völkern, mit dem Mobilareigenthum an. (Sklaverei[①] & Gemeinwesen) (dominium ex jure Quiritum)

---

① nicht：在梁版中该词前面有 und 一词，有误。该处有一字母疑为 "w"，但已被删除。

① Sklaverei：手稿应判读为 Sklaverei。梁版判读为 Sklaven；阿版、利版、MEGA2-1/5 和 online 版判读为 Sklaverei。

[70]merika. Die neueren französischen, englischen & amerikanischen Schriftsteller sprechen sich Alle dahin aus, daß der Staat nur um des Privateigenthums willen existire, sodaß dies auch in das gewöhnliche[①] Bewußtsein übergegangen ist.

Da der Staat die Form ist, in welcher die Individuen einer herrschenden Klasse ihre gemeinsamen Interessen geltend machen F so folgt daß alle gemeinsamen Institutionen durch den Staat vermittelt werden, eine politische Form erhalten. Daher die Illusion, als ob das Gesetz auf dem Willen & zwar auf dem von seiner realen Basis losgerissenen dem freien Willen beruhe. Ebenso wird das Recht dann wieder auf das Gesetz reduziert.

F& die ganze bürgerliche Gesellschaft einer Epoche sich zusammenfaßt,

Das Privatrecht entwickelt sich zu gleicher Zeit mit dem Privateigenthum aus der Auflösung des natur wüchsigen Gemeinwesens. Bei den Römern blieb die Entwicklung des Privateigenthums & Privatrechts ohne weitere industrielle & kommerzielle Folgen, weil ihre ganze Produktionsweise dieselbe blieb. Bei den modernen Völkern, wo das feudale Gemeinwesen durch die Industrie & den Handel aufgelöst wurde, begann mit dem Entstehen des Privateigenthums & Privatrechts eine neue Phase, die einer weiteren Entwicklung fähig war. Gleich die erste Stadt, die im Mittelalter einen ausgedehnten Seehandel führte, Amalfi, bildete auch das Seerecht aus. Sobald, zuerst in Italien & später in anderen Ländern, die Industrie & der Handel das Privateigenthum weiter entwickelten, wurde gleich das ausgebildete römische Privatrecht wieder aufgenommen & zur Autorität erhoben. Als später die Bourgeoisie soviel Macht erlangt hatte, daß die Fürsten sich ihrer Interessen annahmen um vermittelst der Bourgeoisie den Feudaladel zu stürzen, begann in allen Ländern, in Frankreich im 16 Jahrhdt - die eigentliche Entwicklung des Rechts, die in allen

(Wucher!)

---

① gewöhnliche：手稿应判读为 gewöhnliche。梁版、兰版判读为 persönliche；阿版、利版、MEGA2-1/5 和 online 版判读为 gewöhnliche。

[71] Ländern, ausgenommen England, auf der Basis des römischen Codex vor sich ging. Auch in England mußten römische Rechtsgrundsätze zur weiteren Ausbildung des Privatrechts (besonders beim Mobilareigenthum) hereingenommen werden. - (Nicht zu vergessen daß das Recht ebensowenig eine eigne Geschichte hat wie die Religion.)

Im Privatrecht werden die bestehenden Eigenthumsverhältnisse als Resultate des allgemeinen Willens ausgesprochen. Das jus utendi et abutendi selbst spricht einerseits die Thatsache aus, daß das Privateigenthum vom Gemeinwesen durchausuna-bhängig geworden ist, & andererseits die Illusion, als ob das Privateigenthum selbst auf dem bloßen Privatwillen F beruhe. In der Praxis hat das abuti sehr bestimmte ökonomische Gränzen für den Privateigenthümer, wenn er nicht sein Eigenthum & damit sein jus abutendi, in andre Hände Übergehn sehen will, da überhaupt die Sache, bloß in Beziehung auf seinen Willen betrachtet, gar keine Sache ist, sondern erst im Verkehr, & unabhängig vom Recht zu einer Sache zu wirklichem Eigenthum wird, (ein *Verhältniß*, was die Philosophen eine Idee nennen). Diese juristische Illusion, die das Recht auf den bloßen Willen reduzirt, führt in der weiteren Entwicklung der Eigenthumsverhältnisse nothwendig dahin, daß Jemand einen juristischen Titel auf eine Sache haben kann ohne die Sache wirklich zu haben. Wird z. B. durch die Konkurrenz die Rente eines Grundstücks beseitigt, so hat der Eigenthümer desselben zwar seinen juristischen Titel daran, sammt dem jus utendi et abutendi. Aber er kann nichts damit anfangen, er besitzt nichts als Grundeigenthümer, falls er nicht sonst noch Kapital genug besitzt, um seinen Boden zu bebauen. Aus derselben Illusion der Juristen erklärt es sich, daß es für sie & für jeden Codex überhaupt zufällig ist, daß Individuen in Verhältnisse unter einander treten, F & daß ihm diese Verhältnisse für solche gelten, die man nach Belieben eingehen oder nicht eingehen

F der willkührlichen Disposition über die Sache

Verhältniß für die Philosophen = Idee.
Sie kennen blos das Verhältniß *„des* **Menschen" zu sich selbst u. darum werden alle wirklichen Verhältnisse ihnen zu Ideen.**

D. Willen über d. Wille wirkliche etc.[①]

F z. B. Verträge,

---

① D. Willen über d. Wille wirkliche etc.: 手稿应判读为 D. Willen über d. Wille wirkliche etc.。梁版判读和补充为 Der Willen als Wille wirkliche etc.；阿版和新德版判读和补充为 D〈ie〉Willen über d〈ie〉Wille wirkliche etc.；MEGA2 试行版判读和补充为 den Willen aber der Wille wirkliche etc.；MEGA2-1/5 和 online 版判读为 D. Willen aber d. Wille wirkliche etc.。

[72] [kann], & deren Inhalt ganz auf der individuellen [Wil]lkühr der Contrahenten [ber]uht. - So oft sich durch die Entwick[lung] der Industrie & des Handels neue [Ve]rkehrsformen gebildet haben, [z]. B. Assekuranz & Compagnieen, war das Recht jedesmal genöthigt, sie unter die Eigenthumserwerbsarten aufzunehmen.

Einfluß der Theilung der Arbeit auf d. Wissenschaften[①].

Was bei d. Staat, Recht, Moral etc *die Repression.*

Im Gesetz müssen die Bourgeois sich einen allgemeinen Ausdruck geben müssen [②]**, eben weil sie als Klasse herrschen.**

Naturwissenschaft u. Geschichte.

Es giebt keine Geschichte der Politik, des Rechts, der Wissenschaft etc. der Kunst, der Religion etc.

———

Warum die Ideologen alles auf den Kopf stellen.

Religiösen, Juristen, Politiker,

Juristen, Politiker (Staatsleute überhaupt) Moralisten, Religiöse.

Für diese ideologische Unterabtheilung in einer Klasse, 1) *Verselbstständigung des Geschäfts durch die Theilung der Arbeit;* **jeder hält sein Handwerk für das Wahre. Ueber den Zusammenhang, worin ihr Handwerk mit der Wirklichkeit steht, machen sie sich um so nothwendiger Illusionen, da dieß schon durch die Natur des Handwerks selbst bedingt wird. Die Verhältnisse werden in der Jurisprudenz, Politik etc. - im Bewußtsein zu Begriffen; da sie nicht über diese Verhältnisse hinaus sind, sind auch die Begriffe derselben in ihrem Kopf fixe Begriffe, der Richter z. B. wendet den Code an, ihm gilt daher die Gesetzgebung für d. wahre aktiven Treiber. Respect vor ihrer Waare, da ihr Geschäft es mit Allgemeinem zu thun hat.**

Idee des Rechts. Idee des Staats. Im *gewöhnlichen* **Bewußtsein ist die Sache auf den Kopf gestellt.**

———

Religion ist von vornherein d. *Bewußtsein d. Transcendenz,* **hervorgeht aus d.** *wirklichen* **Mächten**[③]. **Dies populär.**

———

Tradition, f. Recht, Religion etc.

Dem „Gemeinwesen", wie es im antiken Staat, dem Feudalwesen, der absoluten Monarchie erscheint, diesem Band entspricht namentlich d. religiösen Vorstellungen.

———

① Wissenschaften：手稿应判读为 Wissenschaften。利版判读为 Wissenschaft；梁版、MEGA2-1/5 和 online 版判读为 Wissenschaften；

② geben müssen：手稿应判读为 geben müssen。müssen 应为笔误，应予删除。梁版判读为 zugeben wissen；利版、MEGA2-1/5 和 online 版判读为 geben müssen。

③ aus d. wirklichen Mächten：手稿应判读为 aus d. wirklichen Mächten。梁版判读和补充为 aus dem wirklichen Wissen；阿版、利版和新德版判读和补充为 aus dem wirklichen Müssen；MEGA2-1/5 和 online 版判读为 aus den wirklichen Mächten。

[73]Die Individuen sind immer von sich ausgegangen, gehn immer von sich aus. Ihre Verhältnisse sind Verhältnisse ihres wirklichen
Lebensprozesses. Woher kömmt es, daß ihre
Verhältnisse sich gegen sie verselbstständigen?
daß die Mächte ihres eignen Lebens mächtig[①]
gegen sie werden?
Mit einem Wort: *Die Theilung d. Arbeit,*
inwiefern[②] von d. jedesmal entwickelten Productivkraft abhängt.
Grundeigenthum. Gemeindeeigenthum, feudales,
modernes.
Ständisches Eigenthum. Manufactureigenthum.
industrielles Kapital.

I
Feuerbach

Gegensatz v. materialistischer & idealistischer
Anschauung[①]

---

① mächtig：手稿应判读为 mächtig。利版、MEGA2 先
　　行版、MEGA2-1/5 和 online 版等判读为 übermächtig。
② Inwiefern：手稿应判读为 inwiefern。梁版推测为
　　inwiefern；利版判读为 deren Stufe；MEGA2-1/5
　　和 online 版判读为 deren Stufen。

---

① 传统看法认为此三行铅笔字边注为恩格斯所写，
　　但是其字迹与恩格斯字迹有异，或应为伯恩斯坦
　　所写。

重建文本译注

《德意志意识形态》第一卷

第一章　费尔巴哈

序　言

　　人们迄今总是认错^①自己本身，即关于他们是什么或应该是什么。他们按照自己关于上帝、关于合格的人等的想象来建立自己的诸关系。他们头脑中的怪物支配着他们，而他们这些创造者就屈从于自己的创造物。我们要把他们从幻想、观念、教条和虚构的本质等这些使他们窒息的桎梏中解放出来。我们要反抗这种思想的统治。一个人说，只要我们教会他们如何用符合人的本质的思想来代替这些幻想，另一个人说，只要我们教会他们如何批判地对待这些幻想，第三个人说，只要我们教会他们如何从头脑中抛弃这些幻想，这样，既存的现实就会瓦解。

　　这些天真、幼稚的空想构成了新近青年黑格尔派哲学的核心。该哲学在德国不仅被公众惊恐和敬畏的接受，而且也被**哲学英雄们**自己带着对颠覆世界的危险性以及犯罪般肆无忌惮的严肃意识予以公布。本出版物第一卷的目的在于揭露这些自称为狼而且也被看作狼的绵羊，指出他们如何以哲学的形式咩咩地重复德国市民的想象，而这些哲学宣讲家的大言不惭不过反映了现实德国状况的贫乏。本出版物第一卷的目的还在于使这种反抗现实幻影的、迎合喜欢幻想和昏沉欲睡的德国民众^②的胃口的哲学斗争出丑，使其失去信誉。

　　有一位真诚的男子汉某一天忽然想到，人们之所以溺死，是因为沉溺于**重力**的思想。如果他们借助于把这种想象宣布为迷信和宗教的想象进而从头脑中抛掉这种想象，那么他们就会避免任何溺死的危险。他终生都在同这种重力的幻想作斗争，每种统计学都为他提供了新的和大量的有关这种幻想的有害后果的证明。这位真诚的男子汉就是德国新近革命哲学家们的原型。

---

① 认错（sich ……falsche Vorstellungen ……gemacht）：sich falsche Vorstellungen machen 为固定词组，认错、看错之意（见卫德明 [Hellmut Welhelm] 主编《德华大辞典》，璧恒图书公司1945年版，第1152页）。郭沫若版译为"造成着种种错误的观念"；克士版译为"造成错误的概念"；《马克思恩格斯全集》（以下简称《全集》）（1960）版、单行本（1988）和《马克思恩格斯文集》（以下简称《文集》）（2009）版译为"造出……种种虚假观念"。

② 民众（Volk）：郭沫若版、克士版和《文集》（2009）版译为"民众"；《全集》（1960）版和单行本（1988）译为"人民"；广松涉版译为"国民"。

德意志意识形态①

第一卷　第一章　费尔巴哈

{1}-1

（恩格斯纸张编码 1；伯恩斯坦编页 1—2；IISG 档案编页 A11，1—2）

{1} 正如德国的观念论者们②所宣称的，德国近几年经历了一次空前的变革。始于施特劳斯的黑格尔体系的解体过程产生了牵涉所有"往昔势力"的世界性效应。在这种普遍的纷乱中，一些强势的王国建立了，尔后又随即陨落。瞬间群雄崛起，尔后又随即被更勇猛更强悍的敌手掷回黑暗之中。这是一次革命，与它相比法国革命不过是儿戏。这是一场世界性战争，在它面前亚历山大继承者们之间的纷争显得偏狭渺小。原则相继改弦更张，思想勇士彼此前赴后继，其匆促急迫，前所未闻。在 1842—1845 年这三年间，在德国所进行的清洗超过了以往三个世纪。

这一切据说都是在纯思想领域中发生的。

然而，这涉及一个令人瞩目的事件，即绝对精神的解体过程。当生命的最后火花熄灭后，这个残渣的不同组成部分就分解了，它们进行新的组合，并且构成新的实体③。那些迄今一直以榨取绝对精神为生的哲学经营者们，现在都扑向了这些新的组合物。每个人都卖力地推销他所得到的

---

① "意识形态"（Ideologie）：应译"观念体系"。日本学者森户辰男和栉田民藏译为"观念形态"（《我等》杂志，1926）；郭沫若版封面标题和扉页主标题、《全集》（1960）版、《马克思恩格斯选集》（以下简称《选集》）（1995）版和《文集》（2009）版译为"意识形态"；郭沫若版扉页副标题和克士版译为"观念体系"；孙善豪版译为"意识型态"。本译文除书名外均将此概念译为"观念体系"。

② 观念论者们（Ideologen）：郭沫若版译为"观念论者们"；克士版译为"观念学者们"；《全集》（1960）版和单行本（1988）译为"思想家们"；《选集》（1995）版译为"玄想家们"；《文集》（2009）版译为"意识形态家们"；孙善豪版译为"意识型态家们"。下同，不再一一注出。

③ 实体（Substanzen）：郭沫若版、克士版、《全集》（1960）版、单行本（1988）、《选集》（1995）版和《文集》（2009）版译为"物质"；孙善豪版译为"实体"。

那一份额。竞争在所难免。开始这种竞争
还相当公民式的、合乎规矩的进行。后来，
当德国市场转移而在世界市场竭尽全力也
找不到销路的时候，这种生意就按照传统
的德国方式即批量生产和伪冒生产、降低
质量、原料掺假、伪造商标、买空卖空、
空头支票以及信用制度匮乏诚信基础而堕
落了。竞争演变成残酷的争斗，而这种争
斗现在却被称颂和虚构为世界历史的变革
以及最重大的成果和成就的创造者。

为了正确地评价这种甚至在可敬的德
国市民心中唤起了舒适的民族感的哲学叫
卖，为了揭露 F 狭隘性和地域局限性，特　　　F 这整个青年黑格尔派运动的
别是为了揭露这些英雄们的真正功绩与关
于这些功绩的想象之间的令人啼笑皆非的
反差，有必要站在德国以外的立场来观察
一下这整场的喧嚣。

{1}-2 底稿页

（伯恩斯坦编页 41—44；IISG 档案编
页 A11，7—11）

I. 一般观念体系，尤其是德国哲学

A.

我们据以开始的前提，不是任意的，不是教条，而是一些人们只有在臆想中才能被无视的现实的前提。这就是现实的个体[①]，他们的活动以及他们的 F 生活条件，包括已有的和通过他们自己的活动生产出来的物质生活条件。因此，这些前提

F 物质

[①]　个体（Individuum，复数 Individuen）：该词源自希腊语 atomon，原意为不可分之物。在德文中作为哲学概念通常被用来指谓与"共同联合体"（Gemeinschaft）相对应的单个人。该词在汉译中往往被等同于 Person（个人）。Person 一词源自拉丁语 persona，在法学和伦理学意义上，该词是指能够拥有权利和义务的人以及作为具有自我意识的道德主体的人，亦即法人和人格人。鉴于 Individuum 与 Person 两词词义的差异，特别是针对黑格尔对两词的使用情况，马克思将 Individuum 与 Person 严格区分开来，并赋予 Individuum 以特殊含义。鉴此，在汉译中应将两者加以必要的区分，即宜将 Individuum 译为"个体"，而将 Person 译为"个人"。郭沫若版、克士版、《全集》（1960）版、单行本（1988）、《选集》（1995）版、《文集》（2009）版和孙善豪版均将 Individuum 译为"个人"。在本文中马克思和恩格斯频繁地使用了 Individuum 这一概念，故以下不再一一注出。

是可以通过纯粹经验的路径被察觉的。

全部人类历史的第一个前提无疑是有生命的人的个体的存在。因此，首先必须查明的事实就是这些个体的肉体组织以及由此而来的他们对其余自然界的既有关系。当然，我们在这里既不能深入研究人们自身的生理特性，也不能深入研究人们所处的诸种自然条件——地质的、山岳水文地理的和气候的以及其他的关系。所有历史记述必须从这些自然基础以及它们在历史进程中由于人们的活动而发生的变更出发。

人们可以通过意识、宗教或随便别的什么将人和动物区别开。一当人开始**生产**自己的生活资料——这一步为他们的肉体组织所决定，他们自身就开始把自己和动物区别开来。人们借助于生产他们的生活资料，他们也就间接地生产他们的物质生活本身。

人们生产他们的生活资料的方式，首先取决于 F 生活资料本身的特性。　　　　　　　　F 既有的以及再生产的这种生产方式不能单纯从个体的肉体存在的再生产这方面来考察，毋宁说它已经是一种特定的个体的活动方式，一种特定的生命的表现方式，一种特定的同一个体的**生活方式**。个体怎样表现他们的生命，他们就是怎样的。因此，他们是什么，恰好与他们的生产相一致，既与他们生产什么相一致，也与他们**怎样**生产相一致。因而，个体是什么，取决于他们的生产的物质条件。

这种生产首先是伴随**人口的增长**而出现的。它本身以彼此间的个体**交往**为前提。而这种交往形式又取决于生产。

{2}

（恩格斯纸张编码 2；伯恩斯坦编页
3—6；IISG 档案编页 A11，3—6）

A. 一般观念体系，特别是德意志
观念体系

F 批判，直至它最近所作的诸种尝试　　F 德国的
都没有脱离哲学的基地。这一批判虽然远
离对自己的一般哲学前提的研究，但是它
的全部问题都是在一个特定的哲学体系即
黑格尔体系的基地上产生的。不仅是它的
回答，而且连它提出的问题本身都含有神
秘主义。对黑格尔哲学的这种依赖性，是
在较近的批判家们之中甚至没有人尝试对
黑格尔体系进行一种全面批判的原因，F　　F 尽管
他们中的每个人都断言已经超越了黑格尔。
他们同黑格尔的论战以及彼此之间的论战，
均限于每个人都撷取黑格尔体系的一个方
面，不仅用来反对整个体系，而且也用来
反对他人所撷取的那些方面。起初人们还
是撷取纯粹的、未经伪造的黑格尔的范畴，
如"实体"和"自我意识"，但后来却通过
世俗化的名称如"类""唯一者""人"等
来亵渎这些范畴。
从施特劳斯到施蒂纳的全部哲学批判
都局限于对**宗教**想象的批判。

人们从现实的宗教和本真的神学出发，什么是宗教的意识，什么是宗教的想象，在持续的进程中被作出不同的规定。其进步在于，所谓占统治地位的形而上学的、政治的、法的、道德的和其他的想象，也被纳入宗教或神学的想象的领域。同样，政治的、法的、道德的意识，被解释为宗教或神学的意识，政治的、法的、道德的人，最终，"人"①，被解释为宗教的人。宗教的统治成为前提。每种统治关系逐渐地都被解释为宗教的关系，继而被转化为迷信，即对法的迷信，对国家的迷信，等等。人们处处仅以教义和对教义的信仰从事。世界被以越来越大的规模神化，直到最后可尊敬的圣麦克斯完全把它宣布为圣物从而一劳永逸地把它打发走。

老年黑格尔派认为，只要把一切归因于黑格尔的逻辑学范畴就能**理解**一切。青年黑格尔派则借助用宗教想象来代替一切或将一切都解释为神学想象来**批判**一切。青年黑格尔派完全认同老年黑格尔派的这一信念，即宗教、概念和普遍物统治着现存世界。只不过一派将这种统治视为篡权而进行抗争，另一派则将这种统治视为合法而加以颂扬。

---

① "最终，'人'……"（in letzter Instanz"den Menschen"）：郭沫若版译为"一句话总归的'人们'"；克士版译为"最后手段的'人'"；《全集》（1960）版译为"总而言之一般人"；单行本（1988）和《选集》（1995）版译为"总而言之，'一般人'"；《文集》（2009）版译为"总而言之，'人'"；孙善豪本译为"总而言之，'定冠词的（den）人'"。广松涉版译为"最终地说，人的东西"。

　　由于对青年黑格尔派来说，想象、思想、概念，总之被他们独立化的意识的产物，被视为人的真正的桎梏，就像老年黑格尔派把人类社会宣布为羁绊一样，因而不言而喻，青年黑格尔派只要同这种意识的幻想作斗争就可以了。由于按照青年黑格尔派的幻想，人们之间的关系，他们的一切所作所为，以及他们受到的束缚和限制，都是他们的意识的产物，因而青年黑格尔派合乎逻辑地向人们提出这样一种道德的要求，即用"人的""批判的"或"利己的"意识来替换他们现在的意识，并藉此消除他们受到的限制。这种改变意识的要求，其结果是，要求用另外一种方式来解释现存，也就是说，借助于一种另外的解释来承认现存。青年黑格尔派的观念论者们尽管说的是所谓"震撼世界"的词句，却是最大的保守派。如果他们断言，他们只是为反对"**词句**"而斗争，那么他们中的最年轻者已为他们的行动找到了合适的表达。他们只是忘记了，他们无非是用词句来反对词句本身。而且，如果他们只是同这个世界的词句作斗争，那么他们就绝不是同这个现实的现存世界作斗争。这种哲学批判能够达致的唯一成果，是对基督教作出一些——并且还是片面的——
宗教史的解释。他们的所有其他的论断，
都不过是进一步粉饰他们的要求，即借助
这样一些无意义的解释来提供具有世界历
史意义的发现。

　　这些哲学家们没有人想到去追问德国
哲学与德国现实之间的联系，以及他们的
批判与他们自身的物质环境之间的联系。

{3-4}

（恩格斯纸张编码 3—4；伯恩斯坦编
页 7—10，11—14；IISG 档案编页
A11，12—15，16—17）

{3} 不同民族之间的相互关系取决于
每个民族本身的生产力、分工和内部交往
有多发达。这一原理是被普遍承认的。然
而不仅一个民族对其他民族的关系，而且
这个民族本身的内在结构也取决于它的生
产以及它的内外交往的发展程度。一个民
族的生产力有多发达，最明显地表现在该
民族的分工的发展程度。每种新的生产力，
只要它不是迄今已知的生产力 F 的纯量的   F 例如，土地的开垦
扩张，都会导致一种新的分工的形成。

一个民族内部的分工首先引起工商业
劳动同农业劳动的分离，从而也引起**城市
和乡村**的分离以及二者利益的对立。分工
的进一步发展导致商业劳动同工业劳动的
分离。同时，通过这些不同行业内部的分
工，共同从事特定劳动的诸个体之间又形
成不同的分工。这些个别分工彼此间的地
位取决于农业劳动、工业劳动和商业劳动
的运作方式（父权制、奴隶制、等级、阶
级）。这诸种关系在比较发达的交往的条
件下

也会出现在不同民族的相互关系中。

分工的不同发展阶段就是同样多的不同的所有制形式。也就是说，分工的每一阶段也规定诸个体与劳动材料、劳动工具和劳动产品彼此之间的关系。

第一种所有制形式是部落所有制。它与生产的不发达阶段相适应。在此阶段上，民众靠狩猎、捕鱼、畜牧或者至多靠耕作为生。在后一种情况下，它是以大量未开垦的土地为前提的。分工在此阶段还很不发达，仅限于家庭中既有的自然形成的分工的进一步扩展。社会结构因而只限于家庭的扩大：父权制的部落首领，隶属于他们的部落成员，最后是奴隶。潜藏在家庭中的奴隶制是伴随人口和需求的增长以及不仅包括战争而且包括交换等外部交往的扩大而逐渐发展起来的。

第二种形式是古典公社所有制和国家所有制。这种所有制起源于较多的部落 F 联合为一个**城市**。其中，仍然保留着奴隶制。除公社所有制以外，动产以及尔后的不动产所有制也获得了发展，但它们是作为一种异常的、从属于公社所有制的形式获得发展的。公民只有

F 通过契约或征服

在共同联合体(Gemeinschaft)[①]中才能拥有支配其从事劳动的奴隶的权力，因而受公社所有制的束缚。因此，完全建立在这个基础上的社会结构，以及与此相应的民众权力，随着私有制尤其是不动产私有制的发展就逐渐衰落。分工已经比较发达。我们已经看到城市和乡村之间的对立，后来，则是代表城市利益的国家与代表乡村利益的国家的对立，以及在城市自身内部工业与海外贸易的对立。市民与奴隶之间的阶级关系已经完全形成。伴随私有制的发展，这里第一次出现了我们将在具有更大规模的现代私有制中重新发现的关系：一方面是私有财产的集中，这种集中在罗马很早就开始（其证明是李奇尼乌斯土地法）。市民战争以来，尤其是在皇帝的统治下，则更是进展迅速。与此相联的另一个方面是平民小农向无产阶级的转化，但是无产阶级由于处在有产者和奴隶之间的中间地位，并未能获得独立的发展。

这是积极公民的共同私有制，他们面对着奴隶被迫保持这种自然形成的联合方式。

第三种形式是封建的或等级的所有制。如果说古代起源于**城市** F，那么中世纪则起源于**农村**。稀少的、分散于广大幅员而征服者也未能使其大量增加的人口决定了这种发源地的变化。

F 和狭小的区域

---

① 共同联合体（Gemeinschaft）: Gemeinschaft 与 Gemeinwesen 两者均具有 "共同体" 的含义。既有诸汉译本均将这两个词译为 "共同体"。但两者的区别在于，Gemeinschaft 具有联合、联盟的蕴涵，在社会学和哲学中通常被用来指谓具有共同利益的个人在私法意义上的一种联合，故也被马克思和恩格斯用来指谓作为自由人联合体的共产主义。鉴此，本译文将其译为"共同联合体"而将 Gemeinwesen 译为"共同体"。以下不再一一注出。

因此，与希腊和罗马相反，封建制的发展是在宽广得多的、通过罗马征服以及始初就藉此相联的农业扩张所准备好的地带开始的。衰落的罗马帝国的最后几个世纪，蛮族对其征服本身极大地破坏了生产力；农业衰落，工业因缺乏销路衰退，商业停滞或被暴力地中断，农村和城市人口减少。这些既有的境况以及由此决定的征服组织方式在日耳曼统治法的影响下发展了封建制。这种所有制像部落所有制和公社所有制一样，也建立在一种共同体的基础之上，然而作为直接生产的阶级与这种共同体相对立的，已经不再是与古代共同体相对立的奴隶，而是农奴制的小农。同时，伴随封建制的完全形成，还增添了同城市的对立。土地占有的等级划分以及与此相联系的武装扈从制赋予了贵族支配农奴的权力。这种封建的等级划分同古代的公社所有制一样，是一种对抗被统治的生产阶级的一种联合，只是联合的形式以及对直接生产者的关系有所不同，因为存在着不同的生产条件。

在**城市**中，与这种封建的土地占有划分相适应的是同业公会所有制，即封建的手工业机构。在这里财产基本上源自

{4} 每个单个人的劳动。联合反抗结合起来
的强盗贵族的必要，在既是企业家同时又
是商人的时代对公共市场空间的需求，流
入繁华城市的逃亡农奴的加剧竞争，以及
整个农村的封建划分，产生了**行会**；单个
的手工业者逐渐积累起少量的资本，他们
的稳定的人口数量在人口增长的同时促生
了帮工和学徒关系。这种关系在城市中导
致了一种与在农村相类似的等级制的产生。

　　这样，封建时代的主要所有制就在于：
一方面是土地所有制及受其束缚的农奴劳
动，另一方面是拥有少量并支配帮工劳动
的资本的特有劳动。这两种所有制的划分
都是为狭隘的生产关系——小规模的粗陋
的土地耕作和手工业式的工业——所决定。
在封建制繁荣的时代分工很少发生。每一
个国家都存在着城市和乡村之间的对立，
等级划分固然很尖锐地彰显出来，但是除
了在农村有王公、贵族、僧侣和农民的划
分以及在城市有师傅、帮工、学徒以及后
来的平民日工的划分以外，并不存在重要
的分工。在农业中，分工因土地被划分成
小块耕作而遇到阻碍 F，在工业中，劳动
在单个的手工业内部根本就没有分工，而
在各手工业之间分工也很少。工业与商业
的分工在较老的城市中已经出现，而在较
新的城市中则是后来当这些城市间发生关
系时

F 与此同时农民自己的家庭手工业出现了。

才发展起来。

较大的一些乡村联合成为封建王国，这无论对于土地贵族抑或对于城市都是一种需要。因此，统治阶级的即贵族的组织到处都拥有居于最顶端的一位君主。

{5}

（恩格斯纸张编码 5；伯恩斯坦编页
45—48；IISG 档案编页 A11，18—21）

  {5} 因此，事实是：特定的个体以一
定的方式从事生产活动，结成一定的社会
的、政治的关系。经验的观察在任何个别
的情况下都 F 经验地揭示社会和政治的结　　　　F 必须
构同生产的关系，而没有任何神秘和思辨。
社会结构和国家总是产生于一定的个体的
生活过程；但是这种个体不是像他们自己
或别人想象的那种个体，而是像他们**现实
的**存在的那样，也就是说，他们是从事活
动的，进行物质生产的，因而是在一定的
物质的、不受他们任意支配的界限、前提
和条件下活动着的。

　　观念、想象和意识的生产首先是直接与人的物质活动、物质交往以及现实生活的语言交织在一起的。人的想象、思维和精神交往在这里还是人的物质行为的直接产物。这也适用于体现在一个民族的政治、法律、道德、宗教和形而上学等语言中的精神生产。人是自己的想象、观念等的生产者，但是现实的、从事活动的人又被他们的生产力以及与此相适应的、直到最发达形态的交往的一定发展所决定。意识只能是被意识到的存在而绝不可能是某种他物，而人们的存在就是他们的现实的生活过程。如果在整个观念体系中人及其他们的关系就像在摄相机中一样是倒立显现的，那么这种现象也完全是从他们的历史的生活过程中产生的，正像对象①在视网膜上的倒影是直接从他们的生理的生活过程中产生的一样。

---

① 对象（Gegenstaende）：郭沫若版和《全集》（1960）版译为"物象"；克士版译为"物事"；单行本（1988）、《选集》（1995）版和《文集》（2009）版译为"物体"；孙善豪版译为"对象"。

同德国哲学从天国降到尘世完全相反，在这里我们是从尘世升到天国。这意味着我们不是从人们所说的、所臆想的和所想象的东西出发，也不是从所说过的、所思考过的、所臆想过的和所想象过的人出发，以便由此去走近肉体的人。我们是从现实的、从事活动的人出发，而且也通过他们的现实生活过程来描述这一生活过程在观念形态上的反映和回响的发展。即便是人的头脑中的朦胧幻象也是他们的物质的、可以经验地查明的、与物质前提相联系的生活过程的必然升华物。因此，道德、宗教、形而上学和其他观念体系，F 便不再 | F 以及与它们相适应的意识形式保有独立性的假象。它们没有历史，没有发展，而从事发展自己的物质生产和物质交往的人们在改变他们的这种现实的同时也就改变他们的思维以及思维的产物。不是意识规定生活，而是生活规定意识。前一种观察方式是从意识出发，将意识作为有生命的个体；而后一种即符合现实生活的观察方式，则是从现实的有生命的个体本身出发，把意识仅仅看作**他们的**意识。

这种观察方式不是没有前提的。它从现实的前提出发，并且一刻也离不开这种现实的前提。它的前提是人，但不是任何处于某种虚幻的、封闭和固定不变状态的人，而是处于现实的、可以经验地观察其特定条件下发展过程的人。只要展现出这个活动的生活过程，历史就不再像在本身还是抽象的经验论者那里的那样，是一种僵死的事实的汇集，或像在唯心论者那里的那样，是臆想的主体的一种臆想的活动。

在思辨终止之处，在现实生活那里，正是描述人的实践活动和实践发展过程的真正的实证科学开始之处。意识的空话将被终止，现实的知识必定取代其位置。独立的哲学伴随对现实的描述失去了其存在手段。能够取代其位置的至多是从人类历史的观察中抽象出来的一般结果的概括，这些抽象本身如果同现实的历史相分离就绝对没有任何价值。它们只是有助于历史资料的整理，以及阐明其各单个层次的顺序。F 我们在这里仅举出几例针对观念体系所使用的这种抽象，并用历史的事例来加以阐明。

F 但是这些抽象绝不能像哲学那样能够据此提供适用于诸历史时代的药方和模式，相反，只是人们在观察和整理过去时代或当代的材料的时候，以及在现实的描述的时候，困难才开始出现。这些困难的排除取决于诸种前提，这些前提在这里根本无法给出，而只能从对每个时代诸个体的现实生活过程和活动的研究中产生。

[1-2，8-35，40-72]

（恩格斯纸张编页 6—11，20—21，
84—92；伯恩斯坦编页 49—64，69—
74，75—82，83—116；IISG 档案编
页 A11，21a—21b，22—45，46—
53，54—87）

[1] 我们自然不想为此费力地去提醒我们的聪明的哲学家们：如果他们把哲学、神学、实体和全部废物消解在"自我意识"中，如果他们从这些空话的统治下——而人从未受到这种空话的奴役——来解放"人"，那么"人"的"解放"并没有藉此前进一步；除非在现实的世界中和用现实的手段来实施解放，否则现实的解放就是不可能的。没有蒸汽机和珍妮走锭精纺机就不能扬弃① 奴隶制，没有改进的农业就不能扬弃农奴制，只要人们不能努力谋得具有完备的质和量的食物、饮料、住房和衣物，人们就根本不能将人解放出来。"解放"是一种历史的行动，而不是思想行动。它是由历史的诸关系即工业、商业、农业和交往的状况所导致的结果。

费尔巴哈

哲学和现实的解放。
人。唯一者。个体。

地理的、水文的等诸条件。
人的身体。需要与劳动

---

① 扬弃（aufheben）：单行本（1988）、《选集》（1995）版和《文集》（2009）版均译为"消灭"；孙善豪版译为"扬弃"；广松涉版译为"止扬"。以下有若干处，不再逐一注出。

[2] 其次，还要根据它们的不同发展阶段，清除实体、主体、自我意识和纯批判等一派胡言，正像清除宗教和神学的一派胡言一样。而且如果它们此后又有了足够的发展，那么就再次清除它们。当然，像在德国这样一个具有卑微的历史发展的国度，这些思想阐发，这些被神化的无作为的无耻行径，填补了历史发展的空缺，并且已经生根。它们必须被克服。但这是一场具有**本土**意义的斗争。

空话和现实的运动。

空话对于德国的意义。

语言是……语言

[8][……] 实际上，对于**实践的**唯物主义者即**共产主义者**来说，问题涉及的是：使现存世界革命化，实践地反对和改变既有的事物。如果在费尔巴哈那里偶尔发现类似的观点，那么它们也绝超不出个别的猜测，而且对他的一般的直观方式^①的影响甚小，以致它们与这里所说的不同，只能被看作具有发展能力的萌芽。费尔巴哈对感性世界的"理解"一方面局限于对感性世界的纯直观，另一方面局限于纯感觉，X 在第一种情况下，在对感性世界的**直观**中，他必然遇到同他的意识、他的感觉相矛盾的事物，这些事物破坏了他所设定的 F 人与自然的和谐。然后为了排除这些事物他不得不求助于一种二重化的直观，这种直观位于仅看到"明摆着的事物"^②的普通直观与看到事物的"真正的本质"的较高级的哲学直观之间。他未能看到，环绕他的感性世界绝不是向来就直接永恒存在的、始终同一的事物，而是 X 是整个系列世代的活动的结果，其中每一代人都要站在前代人的肩上，继续发展前代人的工业和前代人的交往，并且按照变化了的需要变更他们的社会秩序。甚至连最简单的"感性确定性"的对象，也只是由社会的发展、工业和商业的交往提供给他的。众所周知，樱桃树和几乎所有的果树一样只是在数世纪前才通过**贸易**被移植到我们的地区。因此，

X 用**这个"人"**来代替"现实的历史的人"。**这个"人"**实际上是"德国人"。

F 感性世界的所有部分的和谐，特别是注意。 费的错误不在于他将显而易见的事物即感性**表象**从属于通过精确地研究感性事实而确认的感性现实，而在于他如果不用"**眼睛**"，就是说，不透过哲学家的"**眼镜**"来观察，最终就对付不了感性。

X 工业和社会状况的产物，确切地说，在此意义上，它是历史的产物，

---

① 直观方式（Anschauungsweise）：郭沫若版译为"观照方法"；克士版译为"看法"；《全集》（1960）版译为"世界观"；单行本（1988）、《选集》（1995）版和《全集》（2009）版译为"观点"。

② "明摆着的事物"（auf platter Hand Liegende）：郭沫若版译为"显在眼前的"；克士版译为"分明明了的"；《全集》（1960）版、单行本（1988）、《选集》（1995）版和《全集》（2009）版译为"'眼前'的东西"；孙善豪版译为"唾手即得的东西"。

[9] 只是**由于**一定时代中的一定社会的活动才提供了费尔巴哈的"感性确定性"。此外，如果按照事物的现实存在和发生的样子来理解事物，像在下面所进一步清晰地说明的那样，那么任何深奥的哲学问题都完全可以被简单地归结为经验的事实。例如，关于人对自然的关系这一重要的问题，X 这是一个产生关于"实体"和"自我意识"等所有"高深莫测的创造物"的问题，就会自行消解于这样的见解中：在工业中一向存在着颇为著名的"人与自然的统一"，它在每一时代都随着工业或小或大的发展而不断改变，X 工业和商业，生活必需品的生产和交换，一方面决定分配和不同社会阶级的划分，同时其运作方式反过来又受到后者的制约。这样，费尔巴哈在例如曼彻斯特看到了工厂和机器，而一百年前在那里却只能看到脚踏纺车和织布机；或者，他在罗马的坎帕尼亚发现了牧场和沼泽，而那里在奥古斯都时代除了罗马有产者的葡萄园和别墅以外什么也找不到。费尔巴哈尤其谈到自然科学的直观，提及只有在物理学家和化学家的眼睛中才能被开启的秘密；但是如果没有工业和商业，哪里会有自然科学？甚至这个"纯粹的"自然科学也只是通过商业和工业、通过人的感性活动才不仅获得自己的目的而且也获得自己的手段的。F 费尔巴哈

费尔巴哈

X 或者如布鲁诺在第 110 页所说的"自然与历史的对立"，好像这是两个彼此被分开的事物，似乎在人面前不能始终有一种历史的自然和一种自然的历史，

X 就像人与自然的"斗争"，导致在相应基础上的他们的生产力的发展一样。

费尔巴哈

F 这种连续不断的感性的劳动和创造的活动，这种生产，正是像其现在存在着那样的整个感性世界的基础，如果它只中断一年，费尔巴哈就会看到，不仅在自然的世界中会发生巨大的变化，而且整个人类世界以及他的直观能力，甚至他的自身存在也就很快消失了。当然，在这种情况下，外部自然界的优先权仍然保持着，而所有这些当然也不

[10] 当然比"纯粹的"唯物主义者具有很大的优点，他看到不管怎样人是"感性的对象"。但是XX，因为他在这里仍停留在理论之中，而不是从既有的社会联系、从使人成为"这个人"的现存的生活条件来理解人，因此他从未触及现实存在的活动着的人，而是停留于人的抽象，并且仅仅限于在情感①的范围内承认"现实的、个体的、肉体的人"。也就是说，除了爱情和友谊以外，F 他不知道"人对人之间"的其他的"人的关系"。可见，他从来没有把感性世界理解为构成这一世界的个体的全部有生命的感性**活动**，因而当他比如看到一大群患淋巴结核的、积劳成疾的和患肺结核的穷人而不是健康的人的时候，他就不得不诉诸"更高级的直观"和观念的"类中的均等化"②。这样，正是在共产主义的唯物主义者看到改变既包括工业也包括社会结构的必要性和条件的地方，他却重新陷入了唯心主义。

就费尔巴哈是唯物主义者而言，历史在他那里并没有出现；就他把历史纳入视域而言，他并不是一个唯物主义者。在他那里，唯物主义与历史完全是彼此分离的，这从上面所述来看已经清楚了。

适用于原始的、通过自然发生而生产出来的人们；但是这种区别只有当人们把人看作不同于自然界时才有意义。此外，这种在人类历史之前就已存在的自然界，肯定不是费尔巴哈生活于其中的自然界，这是今天除去个别新生成的澳洲珊瑚岛以外在任何地方都不再存在因而对于费尔巴哈也不存在的自然界。

XX 从中可以看出，他只是把人理解为"感性的对象"而非"感性的活动"

F 确切地说是理想化的爱情和友谊，他没有批判当下的爱情关系

费尔巴哈

---

① 情感（Empfindung）：郭沫若版、克士版、《全集》（1960）版、单行本（1988）、《选集》（1995）版和《文集》（2009）版译为"感情"；孙善豪版译为"感觉"。

② "类中的均等化"（Ausgleichung in der Gattung）：郭沫若版译为"门类中之观念的平等化"；克士版译为"种族赔偿"；《全集》（1960）版、单行本（1988）、《选集》（1995）版和《文集》（2009）版译为"类的平等化"；孙善豪版译为"类中的拉平"。

[11] 我们必须藉此从没有任何前提的德国人着手，因此我们首先应该确认一切人类生存的第一个前提，也是一切历史的第一个前提，这个前提就是：人们为了能够"创造历史"，必须能够生存。但是为了生存首先就需要食物、饮水，住宅、衣物以及其他一些物品。因此，第一个历史行动就是生产满足这些需要的资料，即生产物质生活本身。确切地说，这是一种历史的行动，是一切历史的基本条件，是人们仅仅为了维持生命即便在今天也要像在几千年前一样每日每时来满足的条件。因此，所有历史观面临的第一件事情，就是注意这一基本事实的全部意义和全部范围，并给予应有的重视。众所周知，德国人从来没有这样做过，因此他们从未为历史提供世俗基础，从而也从未拥有过一位历史学家。法国人和英国人虽然对这一事实与所谓历史之间的关联理解得极为片面，特别是受到政治观念体系①的束缚，然而他们毕竟通过首次撰写市民社会史、商业史和工业史，为历史编纂学提供唯物主义基础作出了首次尝试。

第二个事实是，

历史

黑格尔

地质、水文等等的关系。人的肉体。需要。劳动。

即使像在圣布鲁诺那里感性被简化为一根"棍子"，简化为至微之物，感性也以生产这根棍子的活动为前提。

---

① 政治观念体系（politische Idologie）：郭沫若版译为"政治的观念体系"；克士版译为"政治观念体系"；《全集》（1960）版、单行本（1988）和《选集》（1995）版译为"政治思想"；《文集》（2009）版译为"政治意识形态"；孙善豪本译为"政治意识型态"。

[12] 已经被满足的需要本身，需要的活动以及已经获得的满足需要的工具又引起了新的需要，而这种新的需要的产生是第一个历史行动。由此即刻表明了德国人的伟大历史智慧究竟是怎样的一种智慧①，对他们而言，哪里缺少实证材料，以及哪里既没有神学的也没有政治的更没有文学的胡言被兜售，哪里就根本没有历史，而只能有"史前时期"；然而，却没有人向我们解释，人们如何从这一无意义的"前史"进入到真正的历史，尽管在另一方面，他们的历史思辨完全特殊地投身于这一"前史"，因为他们相信在这里安全，不会受到"粗糙的事实"的侵扰，同时还因为他们在这里能够完全放纵他们的思辨欲，制造和推翻成千的假说。

同时一开始就进入历史发展的第三种关系是：每日都在重新生产自己生命的人们开始生产另外一些人，即繁衍——男女之间的关系，双亲和子女之间的关系，也就是**家庭**。家庭起初是唯一的社会关系，后来当增长的需要产生了新的社会关系以及增长的人口数量产生了新的需要，这种唯一的社会关系就成为从属的社会关系（在德国除外），此后就必须根据存在的经验材料来处理和阐明家庭，而不是根据"家庭的概念"，像人们在德国所做的那样。生命的生产，无论是通过劳动生产自己的生命还是通过生育而生产他人的生命，立刻表现为双重的

---

① 由此即刻表明了德国人的伟大历史智慧究竟是怎样的一种智慧（wess Geistes Kind die grosse historische Weisheit der Deutschen ist）：wess Geistes Kind 是一个固定搭配词组，意为"究竟是怎样的一个人（或一回事）"。郭沫若版译为"在这儿立地可看破那德意志人之伟大的史学上的智慧之本来面目"；克士版译为"这里我们立刻看出德意志人的伟大历史智慧的精神祖先"；《全集》(1960) 版、单行本（1988）、《选集》(1995) 版和《文集》(2009) 版译为"从这里可以立即明白，德国人的伟大历史智慧是谁的精神产物"；孙善豪版译为"在这里可以立即看出，德国人的伟大历史智慧是谁的精神之子"。

此外，不应把社会活动的这三个方面理解为三个不同的阶段，而只应理解为三个方面，或者为了向德国人描述清楚，理解为三种要素。这三种要素从历史一开始即第一批人出现以来就同时存在，并且今天也还在历史中起着作用。

[13] 关系——一方面是自然的关系，另一方面是社会的关系。"社会的"含义在这里是指许多个体的共同活动，而不论在哪些条件下，用哪些方式以及为了哪些目的来理解它。由此可见，一定的生产方式或一定的工业阶段始终与一定的共同活动方式或一定的社会阶段相一致，Ｘ人们所达到的生产力的总量①决定社会的状况，因而必须始终把"人类的历史"同工业和交换的历史联系起来研究和处理。但是很明显，这样的历史在德国不可能被撰写，因为德国人对此不仅缺乏理解力和材料，而且还缺乏"感性确定性"。而在莱茵河彼岸人们不可能有从事这类事情的经验，因为在那里不再有历史。因此，这已经表明，人们彼此之间从一开始就是有物质联系的，这种联系决定于需要和生产方式，它像人类本身一样古老。这种联系不断采取新的形式，因而就呈现为"历史"，而不需要存在专门把人们束缚在一起的任何政治的或宗教的无稽之谈。现在，在我们已经考察了始源的、历史的关系的四种要素、四个方面以后，我们才发现，人还具有"意识"。但是这种意识并非一开始就是"纯"意识。"精神"从一开始

而这种共同的活动方式本身就是"生产力"。

人们之所以有历史，是因为他们必须**生产**他们的生命，而且首先以**特定的**方式；这是由他们的肉体组织所赋予的；正像他们的意识一样。

---

① 总量（Menge）：郭沫若版译为"分量"；克士版译为"多量"；《全集》（1960）版、单行本（1988）、《选集》（1995）版、《文集》（2009）版和孙善豪版均译为"总和"。

[14] 就遭遇到厄运，受到物质的"牵累"，物质在这里以震动的空气层、声音，简言之，以语言的形式出现。语言像意识一样古老。语言**是**一种实践的、既为他人存在也为自我本身才存在的现实的意识。像意识一样，语言产生于需要，产生于与其他人交往的亟需。因此，意识从一开始就已经是一种社会的产物，而且总的说，只要人们存在，它就仍是如此。当然，意识起初只是对 × 感性的环境的意识，以及对同其他诸个人 (Personen) 和事物的 ×× 联系的意识，这些人和事外在于意识到自身的生成的个体（Individuum)。同时，它也是对自然界的一种意识。自然界始初作为一种绝对异己的、全能的和不可捉摸的力量与人相对立，人则以纯粹动物的方式对待自然界，像牲畜一样敬畏自然界，因此这是一种对自然界的纯动物的意识（自然宗教）。另一方面，意识到同周围的个体建立联系的必要性，开始意识到人总是在社会中生活，这个开端就像这一阶段的社会生活本身一样，是动物性的。它是纯粹的畜群意识。这里，人与绵羊的区别仅在于，他的意识对于他而言代替了本能。或者说，他的本能是一种意识到了的本能。由于生产率的提高，需要的增加以及构成这两者基础的

凡是关系存在的地方，这种关系都是为我而存在的；动物不对任何东西发生"**关系**"，而且根本就没有。

对于动物而言它对他物的关系不是作为关系而存在的。

X **最近的**

XX 狭隘

XX 正是因为自然界几乎还没有被历史地改变

XX 人们在此可以立即看出，这种自然宗教或对自然界的特定关系是由社会形式决定的，反之亦然。这里与到处一样，自然界与人的同一性也表现在，人对自然界的狭隘关系决定人们彼此之间的狭隘关系，而他们彼此之间的狭隘关系又决定他们对自然界的狭隘关系。

[15] 人口的增多，这种绵羊意识或部落意识获得了进一步的发展和培育。据此，分工也发展起来。分工始初不外是性行为方面的分工，后来因为天赋（例如体力）、需要和偶然性等才自发或"天然地"形成了分工。分工只是从物质劳动与精神劳动相分离时起才成为真正的分工。从这一刻起意识才**能够**现实地想象它是与现存实践的意识不同的某种东西，无须想象某种现实的东西就能现实地想象某种东西。从这一刻起意识才能从世界中解放出来而转向构建"纯"理论、神学、哲学和道德。但是，如果这种理论、神学、哲学和道德与现存的关系发生了矛盾，那么，这只能是因为现存的社会关系与现存的生产力发生了矛盾。此外，在一定民族的诸种关系的范围内，这种矛盾也可能因为其他的原因而发生，即不是在这一民族的范围内，而是在这一民族的意识与其他民族的实践之间，也就是说，是一个民族的民族意识与普遍意识之间发生了矛盾（就像现在在德国）。因为这一矛盾似乎只表现在该民族意识的内部，因而对于该民族来说，斗争也就仅限于针对这一民族的

*同时出现的是观念论者、**教士**的最初形式*

宗教。具有观念体系本身的德国人。

[16] 污秽，因为这个民族就其自身而言和对于自身而言就是污秽。此外，至于意识独自做什么①，这完全是无所谓的。我们从这整个秽物中②只能得出一个结论，生产力、社会状况和意识这三种要素彼此之间能够而且必定发生矛盾，因为**分工**不仅为精神活动与物质活动、享受与劳动、生产与消费由不同的个体来承担提供了可能性，而且提供了现实性，而要使这三种要素不再发生矛盾成为可能，则只有再扬弃分工。此外，不言而喻，"幽灵""纽带""更高本质""概念""思虑"显然只是单个个体的一种唯心主义的、思辨的、精神的表述和想象，即关于非常经验性的束缚和限制的想象，而生活的生产方式以及与此相联系的交往形式就在这些束缚和限制内运行。

11，12，13，14，15，16，

　　分工内含所有这些矛盾，而且这些矛盾反转过来又以家庭中的自然分工和社会分裂为单个的、彼此对立的家庭为基础。伴随分工同时出现的还有**分配**，确切地说，是劳动及其产品无论在量还是在质上的**不平等**的分配；因而也产生了所有制，

---

① 意识独自做什么（was Bewußtsein alleene anfängt）：郭沫若版译为"意识要单独干出什么"；克士版译为"意识能独立有所作为"；《全集》（1960）版、单行本（1988）、《选集》（1995）版和《文集》（2009）版译为"意识本身究竟采取什么形式"；孙善豪版译为"意识自己究竟在搞什么"。

② 从这整个秽物中（aus diesem ganzen Dreck）：郭沫若版译为"从这全部垃圾中"；克士版译为"我们从一切这等垃圾中"；《全集》（1960）版、单行本（1988）、《选集》（1995）版和《文集》（2009）版译为"从这一大堆赘述中"；孙善豪版译为"从这整个垃圾堆中"。

[17] 它的萌芽和始初形式在家庭中已经出现，在那里妻子和孩子是丈夫的奴隶。诚然，这种还非常粗陋和潜在的家庭中的奴隶制是最初的所有制，但这种形式的所有制已经完全符合现代经济学家们所下的定义，按照该定义，所有制是对他人劳动力的支配。其次，随着分工的发展同时也产生了单个个体的利益或单个家庭的利益与互相交往的所有个体的共同利益之间的矛盾；确切地说，这种共同利益不是作为一种"普遍物"存在于某种纯粹想象之中，而是首先作为彼此分工的个体之间的相互依存关系存在于现实之中。最后，分工还给我们提供了这方面的第一个例证，即只要人们还处在自发地形成的社会中，从而只要存在着特殊利益与普遍利益的分裂，只要活动还不是出于自愿，而是自发分担的，那么，人本身的行动对人说来就成为一种异己的、与他对立的力量，这种力量压迫着人，而不是人驾驭着它。同样的，当劳动开始形成分工以后，每个人就有了自己特定的独有的活动范围，这个范围是强加于他的，他不能逾越这个范围：他是一个猎人、渔夫或牧人，X 只要他不想失去生活资料，就必须维持它。与此相反，在共产主义社会里，任何人都没有专有的活动范围，每个人都可以在任何机构中得到培训，社会调节着整个生产，因而使我有可能按照我自己的兴趣今天做这件事情，明天做那件事情，早晨打猎，下午捕鱼，傍晚从事畜牧，X 但并不因此就成为一个猎人、渔夫、牧人 X

另外，分工和私有制是同一的表述，一个是就活动而言，另一个是就活动的产品而言。

正是由于特殊利益和普遍利益之间的这种矛盾，普遍利益才采取了**国家**这样一种与个别利益和普遍利益相脱离的独立形态，同时作为一种虚幻的共同性，却始终是建立在每一个家庭或部落集团中既有的联系如血肉、语言、较大规模的分工以及其他利益的现实基础之上，尤其是像我们之后将要阐明的那样，是建立在由分工所决定的阶级的现实基础之上。这些阶级以每个如此这般的人群的形式分离开来，其中一个阶级统治着所有其他的阶级。从中可见，国家内部的一切斗争，民主政体、贵族政体和君主政体之间的斗争，以及争取选举权的斗争，等等，无非是一些虚幻的形式———一般而论，普遍物是共同物的虚幻形式，在这些形式下进行着各个不同阶级彼此之间的现实的斗争（德国的理论家们对此没有猜测到只言片语，尽管人们在《德法年鉴》和《神圣家族》中已经为他们提供了足够的提示）。此外，每一个力图取得统治的阶级，即便它的统治取决于扬弃整个旧的社会形式 X 就像在无产阶级那里的情况一样，那么也必须

X 或者是一个批判的批判家，

首先夺取政治的权力，以便把自己的利益描述为普遍物，而这是它在最初时刻不得不如此做的。X
X 和一般统治，
X 正因为诸个体所追求的**仅仅**是他们的特殊的、对他们说来是与他们的共同利益不一致的利益，所以他们认为这种共同利益是"异己的"，
X 晚饭后从事批判，
X 或批判家。

[18] 这种社会活动的自我固定化,我们自身的产物凝聚为一种超越我们的物的强制力——这种力量超出我们的控制,使我们的期望幻灭,以及使我们的计划落空——是迄今为止历史发展的主要因素之一。这种社会的力量,也就是说,通过以分工为条件的不同个体的共同活动所形成的多倍增长的生产力,因为这种共同活动本身不是自愿而是自然的,所以对于这些个体来说不是作为他们自己的联合的力量出现,而是作为一种异己的外在于他们的强制力出现。关于这种强制力他们不知其何来何往,因而他们不再能控制这种力量,相反,这种力量现在却经历着独特的、独立于人们的意志和过程并支配该意志和过程的一系列时期和发展阶段。x 否则,例如所有制究竟怎么能够具有某种历史和采取不同的形态呢?比方说,土地所有制能够根据不同的既有前提获得推进——在法国从土地小块经营发展到集中于少数人之手,在英国从集中于少数人之手发展到土地小块经营——这种情况今天是怎样现实地发生的呢?或者贸易——它无非是不同个体和不同国家的产品交换——怎么能够通过供求关系而统治全世界呢?像一位英国经济学家所说,这种关系就像古代的命运之神一样,悬居于地球之上,用看不见的手将幸福和不幸分配给人们,将一些王国创造出来

×× 是从当下现存的前提中产生[①]并"不依赖"于他们的,仍然是一种自身特殊的和独特的"普遍"利益,或者说,他们本身不得不活动于这种分裂之中,就像在民主制中一样。另一方面,这些不断地**现实地**反对同特殊利益相对立的共同利益和虚幻的共同利益的**实践**斗争,使得通过国家这种虚幻的"普遍"利益来进行**实践的**干预和约束成为必要。

共产主义对我们来说不是应当被设定的一种**状况**,不是现实必须按其来矫正的**理想**[②]。我们所称为共产主义的是那种扬弃当今状况的**现实的**运动。这个运动的条件是从既有的前提中产生的。

× 这种"**异化**"——沿用哲学家们易懂的话——当然只有在具备了两个**实践**的前提之后才会被扬弃。为了使这种异化成为一种"不堪承受的"力量,也就是说,成为人们进行革命所针对的力量,就必须让它把人类的大多数变成完全的"无财产者",同时使其与现存的富有财富和教养的世界相对立,而这两者都以生产力的一种巨大增长即一种高度发展为前提。另一方面,生产力的这种发展(随着这种发展,人们的**世界历史性的**存在取代狭隘地域性的存在已经是既有的经验的现存了)之所以是绝对必需的实践前提,还因为如果没有这种发展,那就只会有**匮乏**和贫穷的普遍化;而伴随着**贫穷**,就必然重新开始争夺必需品,全部旧的污秽必然再现。其次,因为只有随着生产力的这种普遍发展,人们的**普遍交往**才能建立起来,所以,一方面,在所有民族中同时都产生了"无产者"群众这一现象(普遍的竞争),其中每一民族都依赖于其他民族的变革;另一方面,最终,**世界历史性的**、经验的普遍的诸个体取代了地域性的诸个体。如果没有这些,(1)共产主义就只能作为一种地域物而存在;(2)异己的[③]交往的**力量**本身就不可能发展成为一种**普遍的**从而是不堪承受的力量,它们会依然处于故土的、迷信般的"状态";(3)交往的任何扩大都会扬弃地域性的共产主义。共产主义在经验上只有作为占主导地位的各民族"一次性"同时发生的行动才是可能的,而这以生产力的普遍发展和与此相联系的世界交往的普遍发展为前提。

---

① 此句除孙善豪版外,其他诸汉译本均未载。

② 不是现实必须按其来矫正的理想 (nicht......ein Ideal, wonach die Wirklichkeit sich zu richten haben): 郭沫若版译为"不是现实该得遵照的一种理想";克士版译为"不是 ...... 一种预备把现实造成这个样子的理想";《全集》(1960)版、单行本(1988)、《选集》(1995)版和《文集》(2009)版译为"不是现实应当与之相适应的理想";孙善豪版译为"不是一个现实所要去瞄准的理想"。

③ "异己的"(fremden)一词为 MEGA2-1/5 所未载。

[19] 又把它们毁掉，使一些民族产生又使它们消逝；但随着基础即私有制的扬弃，随着对生产实行共产主义的调节——这种调节内含着消灭人们对于自己产品的关系的异己性——供求关系的权力也将消失，人们将重新获得交换、生产及其相互关系之方式的支配权。

在所有迄今为止的历史阶段上受生产力所决定、同时也制约生产力的交往形式，就是**市民社会**。这个市民社会——从前面的叙述已经可以得知——是以简单的家庭和复杂的家庭即所谓部落存在物作为自己的前提和基础的。关于市民社会的比较详尽的界定已经包括在前面的叙述中了。从这里已经可以看出，这个市民社会是全部历史的真正发源地和舞台，而迄今那种轻视现实关系而局限于夸大首脑和国家活动^①的历史观是多么荒谬。

到现在为止，我们只是主要考察了人类活动的一个方面——人**对自然的影响**。另一方面，是人**对人的影响**……

国家的起源和国家同市民社会的关系。

共产主义。

此外，**无产的工人们的群体**[①]——大量的、同资本或者同任何一种最低需要满足相隔绝的劳动力——因此由于竞争也不再是暂时地失去工作，而是陷入完全困难的境地，甚至失去作为有保障的生活来源，这种状况是以**世界市场**为前提的。因此，无产阶级只有在**世界历史意义**上才能存在，就像共产主义——它的事业——从根本上说只有作为"世界历史性的"存在才能够实现一样。而个体的世界历史性的存在，也就是个体的存在直接与世界历史相联系。

交往与生产力

---

① 首脑和国家活动（Haupt- & Staatsaktion）：郭沫若版译为"圣君贤相与国家大事"；克士版译为"国王及国家的政治活动"；《全集》（1960）版译为"元首和国家的丰功伟绩"；单行本（1988）译为"元首和国家的言过其实的业绩"；《选集》（1995）版译为"历史事件"；《文集》（2009）版译为"重大政治历史事件"；孙善豪版译为"国家大事"。后三者译法均出自该词组因德国巡回剧团演出的同名剧目而产生的引申含义。这里按其本意译出。

---

① 无产的工人们的群体（die Masse von blosen Arbeitern）：克士版译为"大众的无产工人"；《全集》（1960）版、单行本（1988）、《选集》（1995）版和《文集》（2009）版译为"许许多多人仅仅依靠自己劳动为生"；孙善豪版译为"仅只依靠劳动为生的劳动群众"。

[20] 历史无非是各单个世代的依次接续,每一代都要利用所有以前各代遗留下来的材料、资金和生产力,因此,一方面在完全改变的环境下继续从事所继承的活动,另一方面又通过完全改变的活动来变更陈旧的环境。然而事情被思辨地曲解为这样:较后的历史构成较前的历史的目的。例如,美洲发现的目的就在于促使法国大革命的爆发。于是历史藉此便获得了它的别致的目的,成为一个"与其他的人物相并列的人物"(其他的人物诸如已存在的"自我意识""批判""唯一者",等等)。然而,人们在前期历史中用"使命""目的""萌芽""观念"等语词指谓的东西,不过是从后期历史中得出的一种抽象,即一种关于前期历史对后期历史所发生的积极影响的抽象。

各个相互影响的活动范围在这个发展进程中愈扩大,各个民族的原始封闭状态愈被日益完善的生产方式、交往以及由此而自然形成的不同民族之间的分工所消灭,历史就愈成为世界历史,以至于例如在英国发明了一种机器,它就夺走了印度和中国的无数劳动者的饭碗,并改变了这些国家的整个生存方式,这一发明就成为一个世界历史的事实。或者,砂糖和咖啡由此证明了其在 19 世纪的世界历史意义:因拿破仑大陆体系产生的这些产品的匮乏导致德国人

[21] 起来反抗拿破仑，从而遂成为光荣的 1813 年解放战争的现实基础。由此可见，这种历史向世界历史的转变，不是"自我意识"、X 或者别的形而上学幽灵的某种纯粹抽象的行动，而是一种完全物质的可以通过经验证明的行动，是任何个体像行、住、吃、喝、穿一样可以提供证明的行动。

　　X 世界精神

　　单独的个体随着他们的活动扩大为世界历史性的活动，愈来愈受到异己力量的支配（他们把这种压迫想象为所谓世界精神等的狡计），受到日益扩大的、最终表现为**世界市场**的力量的支配，这种情况在迄今为止的历史中当然绝对是经验的事实。但是，另一种情况同样也以经验为根据，即随着现存社会状况被共产主义革命所推翻（下面还要谈到这一点），以及藉此私有制与其相一致的被扬弃，这种对德国理论家们说来是如此神秘的力量也将被消除。同时，每一个单独的个体的解放的程度是与历史完全转变为世界历史的程度相一致的。F 各个个体藉此才能从各种不同的民族和地域的局限中解放出来而同整个世界的生产 F 发生实践的联系，才能获得享用全球的这种全面生产 X 的成就。个体的**全面的**依存性和自发形成的**世界历史性的**共同活动的最初形式，

　　关于意识的生产

　　F 至于个体的现实的精神财富完全取决于他的现实关系的财富，这按照上面的叙述可以看得很清楚。
　　F（也包括精神生产）

　　X（人们的创造）

[22] 通过共产主义革命转化为对下述力量的控制和自觉的驾驭，这些力量产生于人们的相互作用，但是迄今却使他们深切感到完全是异己的力量并统治着他们。这种直观仍然可以被思辨和唯心地即幻想地解释为"类的自我生产"（"作为主体的社会"），从而把处在联系中的前后相继的一系列个体设想为一种遮盖上神秘性的、自我生产的单个个体。这表明，诸个体诚然在肉体上和精神上**互相**生产着，但是并不是自己生产自己，像圣布鲁诺胡说的那样。

最后，我们从上面所阐发的历史观中还可以得出下述结论:（1）生产力在其发展的过程中进入到这样的一个阶段，在这个阶段上产生出来的生产力和交往手段在现存诸关系下只能带来灾难，生产力已经不再是生产力，而是破坏力（机器和货币）。与此相关联还产生了一个阶级，它不得不承担社会的一切重负而却不能享受其好处，它被排斥于社会之外，

[23] 被强行置于同其他一切阶级的最坚决的对立之中；这个阶级构成所有社会成员的多数，从这个阶级中产生出关于彻底革命的必要性的意识，即共产主义的意识，这种意识当然也能够在有能力观察到无产阶级地位的其他阶级中形成；（2）在其中使一定的生产力能够得以利用的条件，是一定的社会阶级实行统治的条件，这个阶级源自财产的社会权力，在每一国家形式中都获得其**实践**—观念的表现，因此一切革命斗争都是针对此前实行统治的阶级；（3）在所有迄今为止的革命中始终没有触及活动方式①，而只是涉及这种活动的另一种分配，涉及一种新的、在另外一些个人间的分工，而共产主义革命则是针对迄今为止的活动**方式**，消除**劳动**，扬弃所有阶级的统治包括这些阶级本身，因为发起这个革命的是这样一个阶级，它在社会上已经不被看作一个阶级，不被承认为一个阶级，它已经成为现今社会的一切阶级、民族等等解体的表现；（4）无论是为了广泛地产生这种共产主义的意识，还是为了实现这一事业本身，都必须使人们极大地发生改变，这种改变只有在实践运动中，在发生的**革命**中才有可能实现；因此革命之所以必需，不仅是因为没有其他的方式能够推翻统治阶级，而且还因为**推翻**统治阶级的那个阶级，只有在革命中才能清除自己身上的全部陈旧的秽物，才能胜任新建社会的任务。

人们的兴趣是维持现在的生产状况。

---

① 活动方式（Art der Thaetigkeit）：郭沫若版译为"营为之种别"；克士版译为"活动形式"；《全集》(1960) 版，《选集》(1995) 版和《文集》(2009) 版译为"活动的性质"；单行本（1988）译为"活动的旧有性质"；孙善豪版译为"活动的方式"。

[24] 因此，这种历史观就在于：从直接生活的物质生产出发来阐述现实的生产过程，并把与该生产方式相联系的、由其所产生的交往形式，即不同阶段上的市民社会，理解为整个历史的基础；不仅描述其作为国家的活动的形式，而且从其出发阐明意识的所有各种不同的理论产物和形式即宗教、哲学、道德等，✕ 这种历史观不是像唯心主义历史观那样，在每个时代中寻找某种范畴，而是始终站在现实的历史**基地**上，不是从观念出发来解释实践，而是从物质实践出发来解释观念形态。由此还可得出下述结论：意识的一切形式和产物是不能通过精神批判、通过把它们消融在"自我意识"中或变成"鬼魂""幽灵""怪想"等消除的，而只有实际地推翻这一切唯心主义妄言所由产生的现实的社会关系。历史的动力以及宗教、哲学和任何其他理论的动力不是批判，而是革命。这种历史观表明：历史并不是通过作为"精神的精神"消融在"自我意识"中而终结的，而是在历史的每一阶段都遇到有一定的物质成果，一定的生产力总量，✕ 这些都是每一世代从其前一代那里继承下来的。大量的生产力、资金和环境，这些尽管一方面为新的一代所改变，但另一方面，它们也预设了新一代的自身的生活条件，使其得到一定的发展和赋予其特殊的性质。

因此，环境创造

费尔巴哈

以及追溯它们的形成过程。这样当然也就能从整体上描述事物（从而也能够描述事物不同方面的彼此的相互作用）。

✕ 以及诸个体同自然以及他们彼此之间在历史上所创造的关系，

[25] 人，正如人创造环境一样。生产力、资金和社会交往形式的总和，即每个个体和每一代所遇到的现成的东西，是哲学家们想象为"实体"和"人的本质"的东西的现实基础，是他们加以神化并与其斗争的东西的现实基础，这种现实基础尽管遭到名为"自我意识"和"唯一者"的哲学家们的反叛，但却丝毫无损于其对人们的发展所起的作用和影响。不同世代的既有生活条件还决定着：历史上周期性重复的革命动荡是否强大到足以彻底改变一切现存的基础；如果还没有具备这些实行全面变革的物质因素，X 那么，尽管这种变革的**观念**已经被宣布过上百次，但对于实践的发展却完全无关紧要，正如共产主义的历史所证明的那样。

X 就是说，一方面还没有既有的生产力，另一方面还没有形成不仅反抗迄今社会的个别条件，而且反抗迄今的"生活生产"本身——赖其建基的"总体活动"革命化——的革命群众，

整个迄今的历史观不是完全忽视了历史的这一现实基础，就是把它仅仅看成与历史进程没有任何联系的附带物。因此，历史必定总是按照某种外在于它的尺度来书写；现实的生活生产呈现为某种非历史之物，而历史之物则呈现为某种脱离共同生活、外加和超越于世界之物。由此，人对自然界的关系就被排除于历史之外，从而产生了自然界与历史的对立。因此，这种历史观只能在历史中看到首脑和国家的政治活动，看到宗教的尤其是理论的斗争，特别是在任何历史时代都不得不分享**该时代的幻想**。例如，假若某一时代想象自己由纯"政治的"或"宗教的"动机所规定，F 它的历史书写者也会接受这个意见。这些特定的人关于自己的现实实践的"幻想""想像"变成一种唯一起规定性的和积极的力量，这种力量统治和规定这些人的实践。如果在印度人和埃及人那里出现的分工所采取的粗陋形式在这些民族的国家和宗教中产生了等级制度，那么历史学家便相信，等级制度

F 那么尽管"宗教"和"政治"只是其现实动机的形式，

[26] 是产生这种粗糙社会形式的力量。法国人和英国人至少抱着一种同现实最接近的政治幻想，而德国人却在"纯粹精神"的领域中驰骋，把宗教幻想变为历史的动力。黑格尔的历史哲学是整个德国历史编纂学的最终的、达到其"最纯粹的表述"的成果。在德国历史编纂学那里，事情涉及的不是现实的利益，甚至不是政治的利益，而是纯粹的思想。后来，×圣麦克斯·施蒂纳更是首尾一贯，他丝毫不知道整个现实的历史，历史过程必定显得好像是"骑士、强盗和幽灵的历史"，他当然只有借助于"无信仰"（Heillosigkeit）[①]来摆脱这些历史幻象而获得拯救。这种观点实际上是宗教的观点，它把宗教的人假设为全部历史起点的原人，它在自己的想象中用宗教的幻想生产来代替生活资料和生活本身的现实生产。整个这样的历史观及其解体和由此而产生的怀疑和疑虑，仅仅是德国人的纯**民族**的事务，而且对德国说来也只有**本土**的意义。有一个实例，近来被不断讨论的一个重要问题是：人究竟如何"从上帝的王国进入人的王国"。似乎这个"上帝的王国"不是存在于想象之中，而是存在于其他某处，似乎学识渊博的先生们不是一直生活在"人的王国"之中——这点他们并不知道——他们现在正在寻找通向这一"人的王国"的道路；似乎这种科学的消遣（因为这确实不过是一种消遣）在于说明这个理论的空中楼阁的罕见，

对于圣布鲁诺而言，这种历史编纂学[①]也不能不作为一系列的"思想"出现，其中一个吞噬一个，并最后殒没在"自我意识"之中。

所谓**客观**的历史编纂学恰恰在于，脱离活动来理解历史的关系。

反动性。

而不是恰好相反在于证明这种空中楼阁是从现实的尘世关系中形成的。在这些德国人那里，一般说来事情始终只涉及把既有的无稽之谈

---

① "无信仰"（Heillosigkeit）：Heillosigkeit 一词的词根为 Heil，其宗教含义是"解脱""拯救"等。郭沫若版译为"无信仰"；克士版译为"不神圣"；《全集》（1960）版、单行本（1988）、《选集》（1995）版、《文集》（2009）版和孙善豪版译为"不信神"。

---

① "这种历史编纂学"：郭沫若版译为"这种的历史叙述"；克士版译为"此种历史的叙述"；《全集》（1960）版译为"这些纯粹的思想"；单行本（1988）、《选集》（1995）版和《文集》（2009）版译为"这种历史哲学"（指黑格尔历史哲学），孙善豪版译为"这种历史书写"。

[27] 这个问题及其解决的纯民族性还表明：这些理论家们都极其真诚地相信，如"神人""人"等幻觉主宰着各个历史时代。圣布鲁诺甚至断言：只有"批判和批判家创造了历史"。而当这些理论家们亲自从事历史的构建时，他们就迫不及待地越过一切早期阶段，一下子从"蒙古人时代"转入真正"富有内容的"历史，即《哈雷年鉴》和《德国年鉴》的历史，以及黑格尔学派在普遍争吵中解体的历史。所有其他的民族和所有现实的事件都被遗忘，世界舞台局限于莱比锡的书市以及"批判""人"和"唯一者"之间的论争。如果理论[家们]或许偶尔着手处理现实的历史主题，例如18世纪的历史，那么他们也只是提供同构成这些想象基础的事实和实践发展相脱离的想象的历史，其仅有的目的，也只是把所考察的时代描述成一个真正的历史时代，即1840—1844年德国哲学斗争时代的不完善的前阶和尚有局限性的先导。对于这一目的而言，书写过去的历史是为了使某个非历史性人物的声誉及其幻想更明亮地闪耀，与此相应人们根本不提一切现实的历史事件，甚至不提政治对历史的现实历史性的干预，而只为此提供一种不是以研究为根据、而是以杜撰和文学式的流言蜚语为根据的叙事，如像圣布鲁诺在他那部已被人遗忘的《十八世纪历史》中所做的那样。这些夸夸其谈、盛气凌人的思想小贩们相信他们无限地超越于一切民族偏见之上，实际上他们比梦想德国统一的啤酒市侩还带有更多的民族局限性。他们根本不承认其他民族的行动是历史性的。他们在德国、面向德国

融释为随便某种其他的奇思异想，就是说，他们预设，全部这些无稽之谈完全具有某种有待揭示的独有**意义**。然而，问题其实却只在于从现存的现实关系出发来说明这些理论词句。如前所述，要现实地、实践地消灭这些词句，以及从人们的意识中消除这些想象，只有通过改变环境才能做到，而非通过理论的演绎。对于大部分人即无产阶级来说，这些理论想象是不存在的，因而也就不需要去消灭它们。如果这些群众曾经有过某些理论想象，例如宗教，那么这些想象现在也早已被环境消灭了。

[28] 和为了德国而生活。他们借助于不是剽窃法兰西国家而是剽窃法兰西哲学，不是把法兰西的省份德国化而是把法兰西的思想德国化，把莱茵之歌变为精神之歌，以及征服亚尔萨斯和洛林。同以理论的世界统治的形式来宣布德国的世界统治的圣布鲁诺和圣麦克斯相比，费奈迭先生是一个世界主义者。

XX 把这一判定变成**这个**"人"的谓词，

费尔巴哈

这些分析也表明，费尔巴哈有多么错误。他（《维干德季刊》1845 年第二卷）借助于"共同人"这一判定宣布自己是共产主义者，XX 相信这样一来就能够把指谓现存世界中一定革命政党的追随者的"共产主义者"一词重新变为一个纯范畴。费尔巴哈在关于人与人之间的关系问题上的全部推论只是在于证明：人们是并且**一直**是互相需要的。他想要创制对**这一**事实的意识①，也就是说，像其他理论家那样，只是提出对**现存**事实的正确意识，然而对于真正的共产主义者来说事情却在于推翻这种现存。不过，我们完全承认，费尔巴哈在致力于生产对这一事实的意识的时候，达到了理论家一般可能达到的程度，不失为一位理论家和哲学家。然而具有特色的是，圣布鲁诺和圣麦克斯立即用费尔巴哈关于共产主义者的想象来代替真正的共产主义者，这种情况之所以时有发生，是因为他们借此也能够将共产主义作为"精神的精神"、作为哲学范畴、作为势均力敌的敌手来进行斗争，而从圣布鲁诺的方面来说，这样做还有其实际的利益。举一个例子来说明承认现存同时又不了解现存是费尔巴哈和我们的反对者始终共有的。让我们回忆一下《未来哲学》中的一处，费尔巴哈在那里阐明：某物或某人的存在同时也就是某物或某人的本质；一个动物或人类的一个个体的一定生存条件、生活方式和活动，就是使该动物或人的个体的"本质"得到满足的东西。任何例外在这里都被理解为不幸的偶然事件，不能改变的反常现象。这样说来，如果千百万无产者根本不满足于他们的生活条件，如果他们的"存在"

----

① 意识（Bewußtsein）：郭沫若版，克士版和孙善豪版译为"意识"；《全集》（1960）版，单行本（1988）、《选集》（1995）版和《文集》（2009）版译为"理解"。

[29] 同他们的"本质"毫不相符，那么，根据上面提到的该处的观点，这就是一种不可避免的不幸，而人们必须默默地忍受这种不幸。然而，千百万无产者或者共产主义者所想的却完全是另外一回事，在他们的时代将证明，他们将在实践中通过革命使自己的存在与自己的"本质"相一致。因此在这样的情况下费尔巴哈从来不谈人的世界，而是每次都遁入外在的自然界，而且是尚未被人所统治的自然界。但是伴随每次新的发明，伴随每次工业的进步，都有新的一部分被从这一领域中划分出去，而关于类似的费尔巴哈词句的事例所赖以产生的基地也就愈益缩小了。不妨谈谈其中的一个定理：鱼的"本质"是它的"存在"，即水；河鱼的"本质"是河水。但是，一旦这条河被工业支配，一旦它被染料和其他废料污染以及航行轮船，一旦它的水被引入沟渠，而人们只要将沟渠里的水简单地排放掉就会使鱼失去生存条件，那么，这条河的水就不再是鱼的"本质"，对鱼而言也不再是适合的生存条件了。将所有这类矛盾宣布为一种不可避免的反常现象，在根本上无异于圣麦克斯·施蒂纳对不满者的这种安抚：这种矛盾是他们自己的矛盾，这种恶劣的环境是他们自己的恶劣的环境，而他们既可以安于这种环境，也可以保留自己对于这种环境的不满，还可以以幻想的方式来反抗这种环境。同样，也无异于圣布鲁诺的这种斥责：这些不幸状况的出现是由于当事人陷入"实体"粪便之中而没有进展到"绝对的自我意识"，以及未能将这种恶劣关系认作他们的精神的精神。

[30] 统治阶级的思想在每一时代都是占统治地位的思想。也就是说，一个阶级是社会上占统治地位的 F 力量，则同时也是社会上占统治地位的**精神**力量。支配着有关物质生产的资料的阶级，同时也藉此支配着有关精神生产的资料，因此，那些缺少精神生产资料的人的思想，F 是从属于统治阶级的。占统治地位的思想不外是占统治地位的诸物质关系在观念上的表达，不外是被理解为思想的占统治地位的诸物质关系；因而，恰好是该关系决定某一阶级成为统治阶级^①，从而决定该阶级统治的思想。此外，构成统治阶级的个体也都具有意识和能够思维，因而只要他们作为阶级统治，并且决定某一历史时代的整体面貌，那么，不用待言，他们在他们所处的所有范围内都会这样做。也就是说，作为思想者、作为思想的生产者进行统治，调节自己时代的思想的生产和分配。因而，他们的思想是该时代占统治地位的思想。例如，某个时代在某一国家里，皇权、贵族和资产阶级争夺统治，因而在那里是分享统治，分权说就表现为占统治地位的思想，分权这时就被作为一种"永恒的规律"来谈论。

我们在上面（p ）已经说明分工是迄今历史的根本力量之一，现在，分工也以精神劳动和

F 物质

F 一般而言

---

① 因而，恰好是该关系决定某一阶级成为统治阶级（also der Verhältnisse, die eben die eine Klasse zur herrschenden machen）：手稿中"这种关系"（Verhältnisse）的德文定冠词写为 der。梁赞诺夫版判读为"die"，MEGA2,I/5 判读为"der"。该句话郭沫若版译为"也就是这些关系使该一阶级成为支配者"；克士版译为"因为在各关系中，既然一个阶级为统治阶级"；《全集》（1960）版和单行本（1988）译为"因而，这就是那些使某一个阶级成为统治阶级的各种关系的表现"；《选集》（1995）版和《文集》（2009）版译为"因而，这就是那些使某一个阶级成为统治阶级的关系在观念上的表现"；孙善豪版译为"也就是这样的关系：正是它们才使得某一个阶级成为统治阶级"。

[31] 物质劳动的分工形式出现在统治阶级中间，以至于在这个阶级内部一部分人作为该阶级的思想家而出现，他们是这一阶级的积极的、有概括能力的观念论者，他们把 F 这一阶级关于自身的幻想作为其主要的谋生来源，而其他人对于这些思想和幻想则更多的是采取一种消极和接受的态度，因为在现实中他们是该阶级的积极成员，很少有时间来编造关于自身的幻想 F。在这一阶级内部，这种分裂甚至可以发展成为这两部分人之间的某种程度上的对立和敌视，但是每当发生实践冲突，即阶级本身受到威胁，这种对立和敌视便会自行消除。随之消失的，还有这种假象：占统治地位的思想仿佛不再是该统治阶级的思想，并且仿佛拥有一种与该阶级的权力不同的权力。某一特定时代的革命思想的存在是以革命阶级的存在为前提的，而关于这个革命阶级的前提，需要说的在前面（p）已经说过了。

F 编造

F 和思想

　　然而，在理解历史进程时，如果将 F 统治阶级本身分离开来，F 仍旧停留在某一时代这些或那些思想在统治，而不顾及生产的 F 和思想的生产者，F 那么人们就可以这样说：例如，在贵族统治时期是荣誉、忠诚等概念在统治，而在资产阶级统治时期则是自由、平等等概念在统治。一般而论，统治阶级本身都是这样幻想的。所有历史编纂学家特别是 18 世纪以来的历史编纂学家所共有的这种历史观，必然会遇到

F 统治阶级的思想和
F 将这些思想独立化，

F 条件
F 也就是说，撤弃构成这些思想之基础的个体和世界环境，

[32] 这样一种现象：愈来愈抽象的思想在统治，也就是说，思想愈来愈采取普遍性的形式。因为每一个取代之前统治阶级的地位的新阶级，为了达到自己的目的，必然把自己的利益描绘成社会全体成员的F，也就是说，在观念上的表述就是，赋予自己的思想以普遍性的形式，将其描绘成唯一合理的、普遍适用的思想。进行革命的阶级，因为它与另一个**阶级**相对立，从一开始就不是作为一个阶级，而是作为全社会的代表而出现。它俨然作为社会全体群众来反对唯一的统治的阶级。它之所以能这样做，是因为在开始时它的利益的确同其余一切非统治阶级的共同利益还有较多的联系，在当时那些关系的压力下还无法发展为特殊阶级的特殊利益。因此，它的胜利对于其他未能获得统治的阶级中的许多个体来说也是有利的，但这只是就这种胜利有可能使这些个体上升到统治阶级之中这一点而言。当法国资产阶级推翻了贵族的统治之后，使许多无产者借此有可能摆脱无产阶级，但是这只有当他们变成资产者时才能实现。因此，每一个新阶级赖以建立自己统治的基础，比它之前的统治阶级所依赖的基础要更为宽广，然而后来非统治阶级和正在统治的阶级之间的对立也就发展得更为尖锐和深刻。这两种情况决定了：与所有

F 共同利益

（普遍性符合于：（1）与等级相对的阶级；（2）竞争、世界交往等；（3）统治阶级的人数众多；（4）**共同利益**的幻想，在始初这种幻想是真实的；（5）观念论者们的错觉和分工。）

[33] 迄今争取统治的阶级能够做的相比，反对新统治阶级所进行的斗争还要更加坚决和更加彻底地否定迄今的社会状况。

只要阶级的统治完全终止了社会制度形式的存在，只要把特殊利益描述为普遍利益或把"普遍物"描述为统治性的东西不再必要，那么，一定阶级的统治仿佛只是某种思想的统治这整个假象当然就会完全自行消失。

把统治思想同进行统治的个体 F 分离开来，并由此得出结论说，历史上始终是思想在统治，这样就很容易从这些不同的思想中抽象出作为历史中统治者的"思想"、F，从而把所有这些个别的思想和概念理解为在历史中发展着的概念本身的"自我规定"。思辨哲学就是这样做的。黑格尔自己在其《历史哲学》的结尾承认，"他所考察的仅是**概念**的进展"，他在历史方面描述了"真正的**神正论**"（第 446 页）。人们这时能够重新回溯到"概念"的生产者，回溯到理论家、观念论者和哲学家，并得出结论说：哲学家、F 一向在历史上统治。但这一结论，如我们所看到的，也已经由黑格尔表述过了。这样，证明精神在历史中的统治性（施蒂纳的教阶制）的全部把戏，可以归结为以下三种尝试：

F 特别是同生产方式的一定阶段所产生的诸关系

F 观念等等

然后，这样自然也就能够从人的概念、想象的人、人的本质、这个人中引申出来所有人的诸关系

F 思想家

[34] No. 1 必须把出于经验的原因、处在经验的条件下和作为物质个体的统治者的思想同这些统治者分离开，从而承认思想和幻想在历史中的统治。

No. 2 必须赋予这种思想统治以某种秩序，证明在彼此相继的统治思想之间的某种神秘的联系。为此需要做到：将这些统治思想理解为"概念的自我规定"。

No. 3 为了消除这种"自己—自我规定的概念"的神秘的外观，把它变成某个人物——"自我意识"；或者 F 把它变成在历史上代表着"概念"的一系列人物——"思想者""哲学家"，F 并且这时再将这些人物理解为历史的制造者、"看守人参议会"、F。这样，就从历史中消除了一切唯物主义的因素，就可以安然地放任思辨之马了。

（这之所以可能，是因为这些思想借助其经验的基础确实是彼此相联的，以及因为它们被理解为纯思想而变成自我区别，即由思想所产生的区别）

F 为了以仿佛真正的唯物主义的面貌出现，

F 观念论者　这个人："思维着的人的精神"

F 统治者

X 要说明这种曾经在德国占统治地位的历史方法，以及它为何主要在德国占统治地位，就必须从它与一切观念论者的幻想的联系出发，例如，从它与法学家、政治家（其中也包括实践的国务活动家）的幻想的联系出发，就必须从这些家伙的独断的玄想和曲解出发，而这种玄想和曲解完全可以简单地从他们的实际生活状况、他们的职业和分工中得到解释。

[35] 在日常生活中任何一个小店主都知道要很清楚地判别某人：其假象是怎样的，而实际上又是怎样的。然而我们的历史编纂学却还没有达到这种常识性的认识，它相信每一时代的词句，而不管其说了自己什么和想象了什么。

[40][……] 从前者产生了发达的分工和扩大的贸易的前提，从后者产生了地域性。在前一种情况下，诸个体必须聚集在一起，在后一种情况下，他们作为生产工具而与既有的生产工具本身相并置。因而这里出现了自然产生的生产工具和通过文明创造的生产工具之间的差异。**耕地**（水等等）可以看作自然产生的生产工具。在前一种情况下，即在自然产生的生产工具的情况下，诸个体隶属于自然界，在后一种情况下，他们则隶属于劳动产品。因此在前一种情况下，财产（地产）也表现为直接的、自然产生的统治，而在后一种情况下，则表现为劳动的统治，特别是积累起来的劳动即资本的统治。前一种情况的前提是，诸个体通过任何一种纽带——可能是家庭的、部落的或者甚至是土地本身的纽带结合在一起；后一种情况的前提是，他们彼此独立，只是通过交换保持联系。在前一种情况下，交换主要是人和自然之间的交换，即劳动的一方对产品的另一方的交换，而在后一种情况下，主要是人与人之间所进行的交换。在前一种情况下，只要具备普通常识就足够了，体力活动和脑力活动还根本没有分开；在后一种情况下，脑力劳动和体力劳动的分工必定在实践上已经完成。在前一种情况下，所有者统治非所有者是基于个人的关系，以及基于一种共同体的方式；在后一种情况下这种统治是通过某种第三者，即通过货币，采取一种物的形态。在前一种情况下，存在着小工业，但其隶属于自然产生的生产工具的使用，因此没有不同个体之间的分工；在后一种情况下，工业只有借助和通过分工才能存在。

[41] 到现在为止我们都是从生产工具出发，这里已经表明了在一定阶段私有制对于工业的必要性。在采矿业中私有制和劳动还是完全一致的；在小工业中以及迄今为止的整个农业中，所有制是现存生产工具的必然结果；在大工业中，生产工具和私有制之间的矛盾才是必定已经高度发展的大工业的产物。因此，只有借助大工业也才有可能扬弃私有制。——

物质劳动和精神劳动的最大的一次分工，是城市和乡村的分离。城乡之间的对立是伴随野蛮向文明、部落体向国家 F 而开始的，它贯穿于直到今天的全部文明史（反谷物法同盟）。——随着城市的出现也就需要有行政机关、警察、赋税，等等，简言之，就需要有公共机构，从而就存在一般政治。在这里居民第一次划分为两大阶级，这种划分直接建立在分工和生产工具的基础之上。城市已经表明了人口、生产工具、资本、享受和需求的集中这一事实；而在农村却恰好看到相反的事实，即隔绝和分散。城乡之间的对立只有在私有制的范围内才能存在。这种对立最显著地表现出个体屈从于分工、屈从于他被迫从事的一定的活动。这种屈从把一部分人变为头脑狭隘的城市动物，把另一部分人变为头脑狭隘的乡村动物，并且每天都在产生两者利益的对立。在这里劳动仍然是主要之事，它是**凌驾于**诸个体之上的力量；只要这种力量存在，私有制就必然存在。扬弃城市和乡村之间的对立，是共同联合体的首要

F 以及地域向民族的过渡

[42] 条件之一，这个条件又取决于一大堆物质前提，而且任何人一看便知，这些前提靠单纯的意志是不能实现的（对这些条件还须展开阐述）。城市和农村的分离也可以理解为资本和地产的分离，理解为资本不依赖于地产而存在和发展的开端，即单纯以劳动和交换为基础的所有制的开端。

在那些中世纪不是从过去历史中现成地继承而是由获得自由的农奴新建的城市里，除了随身携带的、微薄的和几乎仅是由最必要的手工劳动工具构成的资本以外，每个人的唯一财产就只是他的特有的劳动。不断流入城市的逃亡农奴的竞争，乡村反对城市的不断的战争，以及由此产生的一种有组织的、城市的武装力量的必要性，某种劳动的共同所有而形成的纽带，F 在手工业者同时也是商人的时期用于出售其商品的公共建筑的必要性，以及由此产生的将未经授权者排除于这种公共建筑之外，各手工业之间的利益的对立，保护艰辛学得的工艺制作的必要性，以及全国性的封建机构，——所有这些都是各手工业劳动者联合为行会的原因。我们在这里不想进一步提示后来的历史发展所引起的行会业的多种演变。在整个中世纪农奴不间断地逃入城市。这些在乡村遭到自己主人迫害的农奴只身逃入城市，在这里遇到了他们无力反抗的有组织的团体，并且不得不屈从于被有组织的城市竞争者对他们劳动的需要以及有组织的城市竞争者的利益所决定的地位。这些只身逃入城市的劳工根本不可能形成一种力量，因为如果他们的工作是一种行会性的并且是必须进行学习的，那么师傅就会使他们从属于自己，并按照自己的利益来组织他们；或者，如果他们的工作不需要学习，因而不是行会性而是日工性的，那么他们就绝不能形成一种组织，而仍旧是无组织的平民。城市中对日工的需要创造了平民。

这些城市是真正的"联盟"，这种联盟是由于

[43] 直接的需要以及由于对保护财产、加倍增加各成员的生产资料和防卫手段的关心而产生的。这些城市的平民由彼此陌生、只身进入城市的个体构成，他们无组织地面对有组织、用武器武装起来并猜忌地监视着他们的力量，被剥夺了一切权力（aller Macht beraubt）[1]。每一手工业中的帮工和学徒都按照最符合师傅的利益来组织。他们同师傅的宗法关系赋予师傅双重力量：一方面，师傅对帮工的全部生活有直接的影响；其次，对帮工而言，在同一师傅手下工作是一条实际的纽带，它使这些帮工联合起来反对其他师傅手下的帮工，并使他们与后者相分离；最后，帮工由于具有自己成为师傅的兴趣，便与现存制度联结在一起。因此，平民也最低限度地举行暴动来反对整个城市制度，但是由于他们的软弱无力而仍旧没有任何作用，帮工们只是在个别行会内部进行微小的反抗，而这些反抗就像属于行会业本身存在的一部分一样。中世纪大规模的起义全部都是从农村爆发的，但是由于农民的分散性以及由此而来的不成熟，这些起义同样也全无结果。

这些城市中的资本是自然形成的资本，它由住宅、手工工具 F 构成。由于不发达的交往和匮乏的流通，这种资本作为不能兑现现钞的东西（als unrealisirbar）[2] 必须由父传子。这种资本不像现代资本那样，是以货币计算的资本，不论体现为这种或那种物品都同样适用，而是一种直接同占有者的特定劳动相联系、与其不可分割的资本，就此而言，是**等级**资本。

在城市中各行会之间的分工

F 和自然形成的、世代相袭的客户

---

① 被剥夺了一切权力（aller Macht beraubt）：郭沫若版译为"是把一切势力都被剥夺了的"；克士版译为"是没有一点力量的"；《全集》(1960) 版、单行本（1988）、《选集》(1995) 版和《文集》(2009) 版译为"是毫无力量的"；孙善豪版译为"他们毫无力量"。

② 作为不能兑现现钞的东西（als unrealisirbar）：郭沫若版译为"不兑现的所有"；克士版译为"不能兑换现钱的"；《全集》(1960) 版、单行本（1988）、《选集》(1995) 版、《文集》(2009) 版和孙善豪版译为"没有实现的可能"。

[44] 还非常少，而在行会自身内部各个劳动者之间则根本没有实行分工。每个劳动者都必须熟悉工作的全部领域，只要是使用工具能做的他都必须能做。各城市间有限的交往、较少的联系、F 都妨碍了分工的进一步发展。因此，每一个想成为师傅的人都必须掌握其全部手工技艺。正因如此，在中世纪手工业者那里还存有对其专业劳动和技艺的一种兴趣，这种兴趣能够被升华为某种有限的艺术感。但也正因如此，中世纪的每个手工业者都全身心地投入自己的工作中，与其保持一种惬意的奴隶关系，因而他们远比对工作采取冷漠态度的现代工人屈从于自己的工作。

F 居民的稀少和需求的有限，

　　分工的进一步扩大是生产同交往的分离，是商人这一特殊阶级的形成。这种分离是在历史上遗存下来的城市里 F 继承下来的，并且很快就出现在新兴的城市中。这样就产生了跨越最邻近地区建立贸易联系的可能性，这种可能性的实现，取决于现有的交通工具，取决于由政治关系所决定的地上的公共治安状况（众所周知，在整个中世纪商人们都是以武装商队形式来回流动的），以及取决于交往所及地区由相应的文化水平所决定的较为原始或较为发展的需求。伴随特殊阶级内部建立起来的交往，以及伴随通过商人跨越城市最邻近环境所实现的贸易的扩大，在生产和交往之间也立即产生了相互作用。城市**彼此**发生了联系，新的生产工具被从一个城市带到另一个城市，生产和交往间的分工随即引起了各个城市间的新的生产分工，

F（在此顺便说明，连同犹太人一起）

[45] 不久每一个城市都开发出一种占优势的工业部门。始初的地域性开始逐渐被消除。

　　某一地域创造出来的生产力特别是发明，在以后的发展中是否会失传，仅仅取决于交往的扩展。只要交往还没有超出直接毗邻地区，每种发明都必须在每一地域被特殊地创造；纯粹偶然的事件，例如蛮族的入侵，甚至是通常的战争，都足以使一个展现出生产力和需求的国家不得不重新从头开始。在最初的历史中，日常的每种发明必然都是新的，并且在每一地域都是被独立地创造出来的。腓尼基人 F 的遭遇证明，即使在贸易相对较为扩大的情况下，不多的已形成的生产力也难免面临完全的没落。由于该民族被排除于贸易之外，以及亚历山大的征服和随之而来的衰落，腓尼基人的大部分发明长期失传了。F 只有在交往成为世界交往、大工业成为基础以及所有民族都被卷入竞争之时，已赢得的生产力的持存才有了保障。

　　不同城市之间的分工的直接结果是手工工场的形成，它是超出行会系统的生产部门。手工工场的最初繁荣——先是在意大利，然后是在佛兰德——是以同外国各民族的交往为历史前提的。在其他国家，例如在英国和法国，工场手工业最初只限于国内市场。除上述说到的前提以外，手工工场还以人口特别是农村人口和资本的不断积聚为前提。资本开始违逆行会法规部分地集中到行会中，部分地集中到商人中的个别人手中。

F 和中世纪的玻璃绘画术 ①

F 中世纪的玻璃绘画术也是同样的例子。

---

① 和中世纪的玻璃绘画术：此句为马克思在右栏所补充，并标有插入符号"F"，MEGA2-1/5 版未载，现根据手稿补入。

[46] 那种一开始就以机器哪怕还是最简陋形态的机器为前提的劳动,很快就显示出其是最具有发展能力的劳动。迄今农民为使自己获得所必需的衣物而在乡村中附带从事的纺织业,是由于交往的扩大而获得动力和进一步发展的第一种劳动。纺织业是第一个而且一直是最主要的工场手工业。伴随人口增长而增长的对衣服质料的需要,自然形成的资本通过加速流通而实现的开始积累和变现,以及由此引起并由于交往的逐渐扩大而完全受到庇护的奢侈需求,这些都在量和质上为纺织业提供了推动力,使它摆脱了迄今的生产形式。除了为自身需要而一直从事和还在继续从事纺织的农民以外,在城市里出现了一个新的纺织工阶级,他们的纺织品可以支配整个国内市场,并且在很大程度上还支配国外市场。

织布是一种在大多数情况下都只需要很少的技艺、并且能很快就分化出无数众多部门的劳动。按其整个特性来说,它与行会的束缚相抵触。因此,织布业多半是在没有行会组织的乡村和小城镇上经营,这些地方逐渐变成了城市,而且很快就成为每个国家的最繁荣的城市。

伴随摆脱了行会束缚的工场手工业的出现,所有制关系也就随即发生了变化。超越自然形成的等级资本的第一步是由商人的出现所促成。商人的资本一开始就是流动的,如果就当时的境况而言,可以说是现代意义上的资本。第二步则是伴随工场手工业的出现。工场手工业又动用了大量自然形成的资本。相对自然形成的资本而言,一般是增加了流动资本的量。

工场手工业同时还成了农民反抗那些排斥他们或以廉价雇佣他们的行会的庇护所,就像在过去行会城市曾被充作农民

[47] 反抗土地占有者的庇护所一样。

　　与工场手工业的开启相伴随的是一个流浪时期，这是由取消封建侍从、解散服务于帝王制约诸侯而汇聚的军队 F 而引发的。从这里已经可以看出，这种流浪现象完全与封建制的解体相联系。早在 13 世纪曾出现过这种类型的个别流浪时期，但普遍而持久的流浪则是在 15 世纪末和 16 世纪初才出现。这些流浪者——他们的人数是如此之多，以致在英国亨利八世的命令之下 [①] 被绞死了 72000 人——只有遭遇到极大的困难，由于极端贫困，并且经过长期的抗拒之后，才会去工作。迅速繁荣起来的工场手工业（特别是在英国）逐渐地吸纳了他们。

F 以及改进农业并把大量耕地变为牧场

　　随着工场手工业的出现，同时也产生了工人对雇主的变化了的关系。在行会中，帮工和师傅之间继续存在着宗法关系，而在工场手工业中，取代其位置的是工人和资本家之间的金钱关系。在乡村和小城市中，这些关系仍然浸有宗法的色彩，然而在较大的、真正的工场手工业城市里，已经早就丧失了几乎所有的宗法色彩。

伴随工场手工业的出现，不同的民族进入了一种竞争的关系，即贸易战。这种贸易战变成了战争、保护关税和禁令的形式。而在过去，各民族只要联结在一起，都呈现出一种相互的友善交易。商业从此开始具有了政治的意义。

　　由于伴随美洲和通向东印度航海线的发现交往扩展了，工场手工业 F 获得了巨大的跃升。从那里输入的新产品，尤其是进入流通的大量金银，完全改变了阶级之间的相互态势，给予封建土地所有制和劳动者以沉重的打击。冒险的远征，殖民地的开拓，以及首先是市场现在已经可能并且日益扩展为世界市场，呼唤出历史发展的一个新阶段。

F 和整个生产运作

[①] "在……命令之下"（u.A）：手稿为 "u.A"，即 unter Anweisung 一词的缩写。单行本（1988）、《选集》(1995) 版、《文集》(2009) 版和孙善豪版将 "u.A" 这一缩略语词视作 "u.a"（und anderen 一词的缩略语）而译为"其中"。

[48] 关于这个阶段的一般情况，这里不再赘述。各民族之间的贸易战由于新发现土地的殖民化而加剧，并且相应地变得更加扩大和残酷。

商业和工场手工业的扩展加速了流动资本的积累，而在那些没有受到扩大生产激励的行会里，自然形成的资本却保持稳定甚至缩减。商业和工场手工业创造了大资产阶级，而小资产阶级则集中在行会。它现在不再像过去那样在城市中占据统治地位，而是不得不屈从于大商人和手工工场主的统治。因此，行会一旦接触到工场手工业就衰落了。

小市民
中产阶层
大资产阶级

在我们所谈及的这个时代，各民族间的彼此交往的关系采取了两种不同的形态。最初，金银的微小流通量导致禁止出口这些金属；而因必须给不断增长的城市人口提供就业机会而成为必要的、大部分从国外引进的工业，又不能缺少其特权。这种特权当然不仅是能够被用来应对国内的竞争，而且主要是能够被用来应对国外的竞争。地方的行会特权透过这些最初的禁令扩展到全国。F 美洲的金银在欧洲市场上的出现，工业的逐步发展，商业的迅速繁荣，以及由此而引起的非行会的资产者和货币的活跃，这些都赋予上述这些惩罚措施以另外的意义。国家日益缺少货币，出于充实国库的考虑，这时继续禁止金银输出；资产者对新投入市场的、作为其投机主要对象的大量货币感到完全满意；迄今的诸种特权成为政府收入的源泉，并且被为了货币而变卖；在关税法中出现了出口税，这种税对于工业而言只是一种路障，

F 关税源自封建主对行经其领地的商人所征收的使其免遭抢劫的捐税。后来各城市同样征收了这种捐税。在现代国家出现之时，这种捐税是国库获取货币的最便利的手段。

[49] 具有纯粹充实国库的目的。

　　第二个时期从 17 世纪中叶开始，几乎一直持续到 18 世纪末。商业和航运比扮演次要角色的工场手工业扩展得更快；F 各国经过长期的斗争，瓜分了开放的世界市场。这一时期开始于航海法和殖民地垄断。各国间的竞争尽可能通过关税率、禁令和各种条约来消除，最终则通过战争（特别是海战）来进行和解决。最强大的海上强国英国在商业和工场手工业方面都拥有优势。此时优势已经集中于一国。

F 各殖民地开始成为强大的消费者；

　　工场手工业被持续地加以保护：在国内市场借助保护关税，在殖民地市场借助垄断，而在国外市场则借助差别关税。本国自己生产的原料的加工受到优惠（英国的羊毛和亚麻，法国的蚕丝）。F 国外进口的原料的加工受到冷落或打压（英国的棉花）。在海上贸易和殖民力量占据优势的国家，自然也能保证其工场手工业得到最大程度的量和质的扩展。工场手工业根本不能离开保护，因为只要其他国家发生哪怕最微小的变动都足以使它失去市场和遭到破产。它可以很容易地在某个国家在稍微有利的条件下建立起来，正因如此，它也很容易地被破坏。同时，它采用特别像 18 世纪乡村的方式来经营，与个体大众的生活关系共生，以致没有国家敢于借助允许自由竞争而拿它的生存来冒险。因而就其输出自己的产品而言，工场手工业完全依赖于商业的扩展或收缩，而它对商业的反作用相对来说很微小。这表明了它的从属的角色，同时也表明了商人在 18 世纪的影响。

F 国内生产的原料的输出被禁止（英国的羊毛），

[50] 商人特别是船主比其他人更迫切地要求国家保护和垄断。手工工场主虽然也要求保护并得到了保护，但是从政治意义上来说，他们总是不及商人。商业城市，特别是沿海城市已经相当文明化并具有大资产阶级的性质，而在工厂城市里则仍然存有最大量的小资产阶级。参看艾金（John Aikin）以及其他人等著《18 世纪是商业的世纪》。平托（Isaac Pinto）对此说得很清楚："商业是这一世纪的宠儿。"他还说："从某个时期起，人们只谈论商业、航海和海运。"

尽管资本的运动已经显著地加速，但是相对而言还是始终进展缓慢。世界市场被分割成诸单个部分，其中每一部分都由一个特殊的国家来榨取。各国间竞争的消除，生产本身的无助，以及刚经过最初阶段的货币制度，都严重地妨碍了流通，其结果是当时所有商人和整个经商方式都不能摆脱的卑俗—小气的商人习气。当时的商人同手工工场主特别是同手工业者相比当然是大市民、资产者，但是如果同后来时期的商人和工业家相比，他们则仍旧是小市民。参看亚·斯密（A.Smith）。

这一时期的标志还有：禁止金银输出法令的废除，货币贸易、银行、国债、纸币、股票和基金投机、所有货物的交易的出现以及整个货币制度的形成。资本又在很大程度上丧失了其附着的自然性质。

商业和工场手工业在 17 世纪不可遏止地集中于一个国家，即英国。这种集中逐渐地为这个国家创造了一个相对的世界市场，从而也造成了对这个国家的工场手工业产品的需求，这种需求是以往的工业生产力所不再能满足的。这种超出生产力的需求正是引起中世纪以来私有制发展的第三个

[51] 时期的驱动力，借此它产生了大工业——将自然力运用于工业的目的、机器以及扩大的分工。这一新阶段的其他的条件——国内的自由竞争，理论力学的形成 F 等——在英国均已存在（国内本身的自由竞争到处都必须通过革命来赢得，例如，英国 1640 年和 1688 年的革命，法国 1789 年的革命）。竞争很快就迫使每一个 F 国家通过采取新的关税措施来保护自己的工场手工业（旧的关税已再无力抵制大工业），并很快在关税的保护下开办大工业。尽管有这些保护措施，大工业仍使竞争普遍化了 F。大工业创造了交往手段和现代的世界市场，控制了商业，把所有的资本都变为工业资本，从而产生快速的流通（形成货币制度）和资本的集中。它首次开创了世界历史，因为它使每个文明化的国家及其每个个体的需要的满足都依赖于整个世界，消灭了迄今自然形成的各国的孤立状态。它使自然科学隶属于资本，剥除了分工的自然性的最后外观。只要在劳动的范围内有可能做到，它就把自然属性从根本上消灭掉，F 它建立了现代的大工业城市——它们仿佛一夜之间出现——来取代自然生成的城市。它在所及之处破坏了手工业和整个所有的工业的早期阶段。它使城市完全战胜了乡村。它的 [……]① 是自动化系统。[它]产生了大量的生产力，对于这些生产力而言，私人 [所有制] 同样成为一种桎梏，

F（牛顿所完成的力学在 18 世纪的法国和英国都是最普及的科学）

F 想继续保持自己的历史影响的

F（竞争是实际的贸易自由。保护关税只不过是其中的治标办法，是贸易自由**范围内**的防御措施）

大工业通过普遍的竞争迫使所有个体都趋于极度的精力紧张。它尽可能地消灭观念体系、宗教、道德等，而在它无法做到此点之处，它就把它们变成赤裸裸的谎言。

F 并且把一切自然性的关系都消融于金钱的关系中。

---

①　此处手稿缺损。

[52] 正如行会制度成为工场手工业的桎梏和小的乡村企业成为发展起来的手工业的桎梏一样。F 一般说来，大工业到处都生产了社会各阶级间相同的关系，从而消灭了各民族的特殊性。最后，当每一民族的资产阶级还保持其独有的民族利益时，大工业却创造了这样一个阶级，这个阶级在所有的民族中都拥有相同的利益，在它那里民族性已经被消除，这是一个在现实中同整个旧世界相脱离并同时与其相对立的阶级。大工业不仅使工人无法忍受其对资本家的关系，而且也无法忍受劳动本身。

当然，在一个国家的每一地域中大工业并不是都达到了同样的发展高度。但这并不能阻碍无产阶级的阶级运动，因为大工业所产生的无产者充任这个运动的前导并引导全体群众，也因为没有卷入大工业的工人被大工业置于比在大工业中的工人更恶劣的生活境遇。同样，只要非工业国家被世界交往卷入普遍竞争的斗争中，大工业发达的国家也就或多或少地影响着这些国家。

这些不同的形式同时也是劳动组织的形式，从而也是所有制的形式。在每一个时期都发生现存的生产力的联合，只要需求使这种联合成为必要。

————

生产力和交往形式之间的这种矛盾——正如我们所看到的，它在以往的历史中曾多次出现，然而并没有危及其基础——每一次都必定爆发为一场革命，同时也采取各种附属形态，即作为冲突的总和，各个阶级之间的冲突，意识的矛盾，思想斗争，政治斗争，等等。从狭隘的视域出发，人们可以从这些附属的形态中抽取出一种形态，并将其视为这些革命的基础。因为发起革命的诸个体是根据他们的教育水平和历史发展阶段来构造关于他们自己的活动本身的幻想，这样做就较为容易。

————

因此，按照我们的理解，一切历史冲突都根源于生产力和交往形式之间的矛盾。

F 这些生产力在私有制之下只获得了片面的发展，并且对大多数人来说成为毁灭性力量，而大量这样的生产力在私有制之下根本得不到利用。

[53] 此外，导致某一国家内部发生冲突，不需要这一矛盾在这个国家自身中发展到极端。由于同工业比较发达的国家进行广泛的国际交往所引起的竞争，就足以使工业比较不发达的国家内部产生类似的矛盾（例如，由于英国工业的竞争就使德国潜在的无产阶级显露出来）。

————

竞争使各个个体即不仅使资产者，而且使无产者彼此孤立，尽管它也将他们汇集在一起。因此需要持续很长的时间，这些个体才能联合起来。F 因此只有经过长期的斗争，才能战胜同这些孤立的、有生命的个体——他们每天都处于再生产这种孤立状态的境况中——相对立的各种有组织的势力。要求相反的东西，就意味着要求在这个特定的历史时代不要存在竞争，或意味着要求这些个体从头脑中抛掉他们作为孤立的人所不能控制的那些关系。

F 由此可见，为了达成这种不应仅仅是地域性的联合，必须通过大工业生产出必要的手段，即大工业城市和廉价而快捷的交通。

————

住宅建筑。在野蛮人那里不言而喻每个家庭都有自己的洞穴和茅屋，正像在游牧人那里每个家庭都有独自的帐篷。这种被分离的家庭经济由于私有制的进一步发展而变得更加必要。在农业民族那里共同的家庭经济也和共同的土地耕作一样是不可能的。城市的建造是一个重大的进步。可是，在迄今所有的时代，扬弃被分离的经济——这与扬弃私有制分不开——是不可能的，因为尚不存在为此需要的物质条件。确立一种共同的家庭经济要以机器的发展、自然力的利用以及许多其他的生产力为前提，例如自来水、

[54] 煤气照明、蒸汽取暖 F 没有这些条件，共同的经济本身将不会重新成为新生产力，将丧失一切物质基础，以及将建立在纯粹理论的基础之上。就是说，将是一种纯粹的幻想，只能导致寺院经济。还有可能就是，表现为向城市聚拢，以及为了个别的特定的目的（监狱、兵营等）而兴建共同的房屋。不言而喻，扬弃分离的经济是同扬弃家庭不可分的。

————————

（在圣桑乔那里经常出现的一句话是，每个人都可以通过国家是其任何所是 ①。这基本上等于说，资产者只是资产者类的一个标本；这句话的前提是，资产者的**阶级**在构成该阶级的个体存在之前就已经存在。）在中世纪，每一城市中的市民为了自卫，都被迫联合起来反对农村贵族；商业的扩大和交通的建立，致使个别城市为此熟悉了另一些为了实现同样利益而反对同样对手的城市。从各个城市的许多地域性市民团体中，开始非常缓慢地形成市民**阶级**。各个市民的生活条件，由于他们和现存的关系以及同时为这种关系所决定的劳动方式相对立，便成为他们完全共同的、独立于每个单个人的条件。F 随着各城市间的联系的产生，这些共同的条件发展为阶级条件。同样的条件、同样的对立和同样的利益，大体说来也必然到处产生同样的习俗。资产阶级本身开始伴随其生存条件逐渐发展起来，并且按其分工重新分裂为各种不同的集团。最后，在所有现有财产转变为工业资本或商业资本的范围内，它吸纳了所有以前存在过的有产的阶级，F 单独的诸个体所以构成阶级，

F 以及扬弃城市和乡村的 [对立]。

在哲学家那里，阶级是先在的

F 就市民摆脱了封建束缚而言，他们创造了这些条件；就他们受自己同既存封建制度的对立所决定而言，他们又被这些条件所创造。

它首先吸纳了直接隶属于国家的那些劳动部门的、然后是所有或多或少和观念体系有关的阶层。

F（同时资产阶级把原先没有财产的阶级的大部分和原先有财产的阶级的一部分变为新的阶级，即无产阶级）。

————————

① 每个人都可以通过国家是其任何所是（daß Jeder alles was er ist durch den Staat ist）：郭沫若版译为"各人的现状之所以然，是由国家而然"；《全集》（1960）版、单行本（1988）、《选集》（1995）版和《文集》（2009）版译为"每个人通过国家才完全成其为人"；孙善豪版译为"每个人可以是任何什么，但都要透过国家才是"。

[55] 只是因为他们必须为反对某一另外的阶级进行共同的斗争；此外，他们本身又相互敌对地处在竞争中。另一方面，阶级相对个体来说又是独立的，以致这些个体发现他们的生活条件是被预定的；他们的生活地位 F 被阶级所决定，而他们隶属于阶级。这和单个个体屈从于分工是同类的现象，这种现象只有通过扬弃私有制和劳动本身才能消除。至于个体隶属于阶级怎样同时发展为隶属于各种想象，等等，我们已经多次地提示过了。

　　如果人们**从哲学上**来观察个体在历史的前后相继的等级和阶级的共同生存条件中以及由此强加给他们的普遍的想象中的这种发展，那么人们当然就很容易幻想：在这些个体中类或"人"得到了发展，或者说这些个体发展了"人"；这一幻想藉此赏了历史几记有力的耳光[①]。如此一来，就能够将各种等级和阶级理解为普遍表达的诸种类别，理解为类的种，以及理解为人的发展阶段了。

　　个体隶属于一定的阶级，这在除了反对统治阶级以外不再有需要实现的特殊阶级利益的阶级形成以前，是不可能被扬弃的。

————

　　人格的力量（关系）由于分工转化为物的力量，不能再通过从头脑中抛掉其普遍的想象来扬弃，而只能通过个体重新驾驭这些物的力量并扬弃分工来扬弃。这没有共同联合体是不可能实现的。只有在共同联合体中，对于每个个体来说

F 从而他们的人格的[①] 发展

（费尔巴哈　存在与本质）

————

[①]　这一幻想藉此赏了历史几记有力的耳光（eine Einbildung,womit der Geschichte einige starke Ohrfeigen gegeben werden）：郭沫若版译为"对于历史是撇了好几下重实的耳光"；《全集》（1960）版译为"可以设想出某种奚落历史科学的东西"；单行本（1988）、《选集》（1995）版和《文集》（2009）版译为"是对历史的莫大侮辱"；孙善豪版译为"不啻赏了历史几个大耳光"。

[①]　人格的（persoenlich）：郭沫若版、克士版、《全集》（1960）版、单行本（1988）、《选集》（1995）版、《文集》（2009）版和孙善豪版均译为"个人的"。下同，不再一一注出。

[56] 才存在按照一切方面发展其才能的手段，因而只有在共同联合体中，人格自由^①才成为可能。在迄今共同联合体的诸种替代品中，如在国家等中，人格自由只是对那些在统治阶级关系中发展的个体来说是存在的，这只是因为他们是这一阶级的个体。迄今诸个体所联结成的那种虚假共同联合体，总是作为独立的共同联合体而与他们相对立；同时，由于这种共同联合体是一个阶级反对另一个阶级的联合，因此对于被统治的阶级来说，它不仅是一种完全的虚构共同联合体，而且也是一种新的桎梏。在真实共同联合体中，诸个体在他们的联合中并通过这种联合获得他们的自由。

个体总是从他们自己出发，当然是处在既有的历史条件和关系中的个体，而不是观念论者们意义上的"纯"个体。但是在历史发展的进程中，正是由于分工内部社会关系不可避免的独立化，才出现了每个个体的生存的差别，即一方面他是具有人格的，另一方面他是屈从于某一劳动部门和与其所属的诸种条件的。这不应理解为，似乎例如食利者和资本家等已不再是人格人，而应理解为，他们的人格完全受特定的阶级关系所决定和规定。这一区别只是在他们与另一阶级的对立中才出现，而对他们本身来说只是在他们破产时才产生。这在等级中（更多的是在部落中）还是隐蔽的，例如，贵族始终是贵族，平民始终是平民，不论他的其他的关系如何，这是一种与他的个体性不可分割的质。人格个体^②与阶级个体的区别，对于个体而言的生活条件的偶然性，只是伴随那个自身是资产阶级产物的阶级的出现才出现。只有个体相互之间的竞争和斗争才产生和发展了

---

① 人格自由（persoenliche Freiheit）：郭沫若版译为"人身的自由"；克士版、《全集》（1960）版、单行本（1988）、《选集》（1995）版和《文集》（2009）版为"个人自由"；孙善豪版译为"人的自由"。以下同。

② 人格个体（persoenliches Individuum）：郭沫若版译为"人性的个人"；克士版译为"人格的个人"；《全集》（1960）版、单行本（1988）、《选集》（1995）版和《文集》（2009）版译为"有个性的个人"；孙善豪版译为"个性的个人"。以下同。

[57] 这种偶然性。因此，在想象中在资产阶级的统治下个体要比先前更自由些，因为他们的生活条件对他们来说是偶然的；然而实际上他们当然更不自由，因为更加屈从于物的强力。等级的区分特别显著地表现在资产阶级与无产阶级的对立中。当市民等级、同业公会等起来反对土地贵族的时候，他们的生存条件，即在其与封建纽带分离以前就潜在地存在着的动产和手工技艺，表现为某种有效地对抗封建土地所有制的积极的东西，因此最初也以它们自己的方式采取了封建的形式。当然，逃亡农奴将他们迄今的农奴地位当作对他们的人格来说是某种偶然的东西。但是，在这方面他们所做的不过是每个从桎梏中解放出来的阶级所做的同样的事情，此外他们不是作为一个阶级而是单独地解放出来的。其次，他们并没有越出等级制的范围，而只是构成了一个新的等级。他们在新的位置中也还保存了他们迄今的劳动方式，并且借助使其摆脱与迄今的、已经达到的发展阶段不再相适应的桎梏，使其得以继续完善。——

与此相反，在无产者那里，他们自身的生活条件、劳动，从而当代社会的全部存在条件对他来说都已成为某种偶然的东西，对此单个的无产者是无法加以控制的，而且对此也没有**社会**组织能够提供他们以某种控制。单个无产者的人格和强加于他的生活条件即劳动之间的矛盾，对无产者自身显现出来，特别是因为他从青年时代起就已经被牺牲，因为他没有机会在本阶级内部获得转换到另一个阶级的诸条件。

[58] 注意。不要忘记，单是农奴存在的必要，大经济的不可能，以及把配给分派给随身的农奴，很快就使农奴对封建主的义务降低到实物地租和徭役的平均水平，这样就使农奴有可能积累动产，从而实现从其主人领地的逃亡，并使其有希望上升为市民。同时，也产生了农奴的分化，以致逃亡农奴已经是半个资产者。这里，同样可以清楚地看到，掌握了某种手工技艺的、无人身自由的农民最有机会获得动产。

————

这样，逃亡农奴只是想自由地发展他们已经现有的生存条件并使其发挥作用，从而最终达到自由的劳动；而无产者为了实现自己的人格，则必须扬弃他们自己的迄今的生存条件，F 即扬弃劳动。因此，F 同时也是整个以往社会的存在条件，他们也就同社会个体迄今被赋予整体表现的那种形式即国家处于直接的对立中，他们必须推翻国家，以便实现他们的人格。

————

从至此为止的整个说明中可以看出，某一阶级的个体结成一种共同的关系，这种关系受他们相对于第三者的共同利益的制约，并总是构成一种共同联合体，而这些个体只要还生活在本阶级的生存条件下，以及不是作为个体而是作为阶级的成员处于这种关系中，这些个体就只是作为同质化个体 ① 隶属于这个共同联合体。与此相反，在革命无产者的共同联合体中，他们和全体社会成员的生存条件

————————

① 同质化个体 (Durchschnittsindividuen)：郭沫若版译为"平均个人"；克士版和孙善豪版以及广松涉版译为"平均的个人"；《全集》(1960) 版、单行本（1988)和《选集》(1995) 版译为"普通的个人"；《文集》(2009) 版译为"一般化的个人"。

[59] 都在他们的控制之下，情况恰好反转过来：在这个共同体中个体是作为个体参加的。它恰恰是个体的一种联合（当然是在现代已经发达的生产力的前提之下），这种联合把个体的自由发展和运动的条件置于他们的控制之下。而这些条件迄今到处都听凭于偶然性，并且同单个个体相对立，F 迄今的联合绝不是任意的，F 而是诸种条件的必然的联合 F，在这些条件的范围内，个体然后可以享用偶然性。这种在一定条件下无阻碍地享有偶然性的权利，迄今人们一直称之为人格自由。而这些生存条件当然一向只是生产力和交往形式。

————

共产主义同所有迄今运动的区别在于：它推翻了所有迄今生产关系和交往关系的基础，并且第一次有意识地把一切自发产生的前提当作以往人们的创造物，消除这些前提的自发性，将它们置于联合起来的个体的力量之下。因此，共产主义的建立实质上具有经济的性质，即从物质上生产这种联合的条件，把现存的条件变成联合的条件。共产主义所创造的现存的东西，正是这样的一种现实的基础，它排除一切不依赖于个体而存在的东西，因为现存无非是个体自己迄今交往的一种产物。这样，共产主义者在实践上把通过迄今生产和交往所产生的条件看作无机的条件，而并不想像以往各个世代的计划或使命就是为他们提供材料，也不相信这些条件对于创造它们的个体说来是无机的。

F 这正是由于他们作为个体的分散性，由于他们借助分工产生的必要的联合，以及由于他们的分散性这种联合变成一种对他们来说是异己的束缚。

F 例如像《社会契约论》中所描绘的那样，

F 参阅例如北美合众国和南美诸共和国的形成，

[60] 人格个体与偶然个体 ① 之间的区别，不是概念的区别，而是一种历史的事实。这种区别对于不同的时代具有不同的意义，例如，在 18 世纪等级对于个体来说就是某种偶然的东西，对于家庭或多或少也是如此。这是一种并非我们为每个时代所规定的区别，而是每个时代本身所遇到的不同因素所规定的区别，确切地说，不是按照概念而是由物质的生活冲突所强制规定的区别。与先前时代相反，对后来时代显得好像是偶然的东西，亦即先前时代所传承下来的诸因素中显得好像是偶然的东西，是与生产力的特定发展相适应的交往形式。生产力对交往形式的关系就是交往形式对个体的 F 的关系。(这种活动的基本形式当然是物质的，所有其他精神的、政治的、宗教的等活动都取决于它。当然，物质生活的不同形态每次都依赖于发展了的需要，而这些需要的产生，也像这些需要的满足一样本身是一个历史的过程，这一过程在羊或狗那里是没有的 F，虽然羊或狗当然具有其现在的形态——但尽管如此——却是一种历史过程的产物。) 只要上述矛盾还未出现，个体处在其中并彼此交往的条件就是与他们的个性相适应的条件，这些条件对于他们来说丝毫不是什么外在的东西；它们是这样一些条件，在这些条件下，生存于一定关系中的一定的个体能够单独生产他们的物质生活以及与其有关的东西，因而它们是个体的自主活动的条件，并且是通过这种自主活动生产出来的。因此，只要

F 行动或活动

F（施蒂纳**反对**人的难以理顺的主要论据）

交往形式本身的生产

---

① 人格个体（persoenlichem Individuum）与偶然个体（zufaelligem Individuum）：郭沫若版译为"人性的个人与偶然的个人"；克士版和广松涉版译为"人格的个人和偶然的个人"；《全集》(1960) 版、单行本（1988）、《选集》(1995) 版和《文集》(2009) 版译为"有个性的个人与偶然的个人"；孙善豪版译为"个性的个人与偶然的个人"。

[61] 上述矛盾还没有出现，人们在其中进行生产的这种特定的条件是同他们的现实的局限性和他们的片面存在相适应的，这种存在的片面性只是在矛盾出现时才表现出来，因而只是对于后代才存在。然后这种条件才显现为一种偶然的桎梏，并且视这种条件为桎梏的意识也被强加给过去的时代。

　　这些不同的条件，起初表现为自主活动的条件，后来却表现为它的桎梏，在整个历史发展过程中构成一个连接在一起的交往形式的序列，这种交往形式的联系就在于：原先的已成为桎梏的交往形式被一种新的、适应比较发展的生产力，从而也适应个体自主活动的进步方式的交往形式所取代；然后新的交往形式又会变成桎梏并为另一种交往形式所取代。因为这些条件在发展的每一阶段上都适应于同期的生产力的发展，所以它们的历史同时也是发展着的、由各个新的一代所传承的生产力的历史，从而也是个体本身的力量发展的历史。

　　由于这种发展是自发地进行的，也就是说，它不服从自由联合起来的个体的共同计划，因此它是从各个不同的地区、部落、民族和劳动部门等出发的，其中每一个起初都独立于其他而发展，直到后来才逐渐与其他的发生联系。此外，这种发展进行得很缓慢；各种不同的阶段和利益从来没有得到完全的克服，而只是被隶属于获胜的利益，并和后者一起延续数世纪之久。F 这也就说明：为什么在涉及允许进行一般性概括的个别问题上，

F 由此可见，甚至在一个民族内部，撇开其财产关系不论，各个个体都有完全不同的发展，并且较早时期的利益，在与之相适应的交往形式已经为适应于较晚时期的利益的交往形式所排挤之后，仍然长时间拥有一种表现为相对于个体而独立的虚幻共同联合体（国家、法）的传统权力，这种权力最终只有通过革命才能被打破。

[62] 意识有时似乎超越了同时期的经验关系,以致人们在后来某个时期的斗争中可以依赖先前时期理论家的威望。

与此相反,在那些例如北美一开始就已经处于发达的历史阶段的国家,这种发展进行得非常迅速。这些国家除了移居到那里去的个体以外没有其他的自发地形成的前提,而这些个体之所以迁移到那里去,是因为他们的需要不再适应旧国家的交往形式。因此,这些国家在开始时就拥有旧国家的最进步的个体,从而也就拥有与这些个体相适应的、在旧国家还没能够实行的最发达的交往形式。这种情况是一切殖民地所共有的,只要它们不单纯是军用场所或交易场所。迦太基、希腊的殖民地以及 11 世纪和 12 世纪的冰岛对此提供了实例。如果在另一块土地上发展起来的交往形式被现成地带到被征服的国家,在征服的情况下也可以发生类似的关系。与这种交往形式在它的祖国还受到过去先前阶段的利益和关系的束缚不同,它在被征服的地方能够并且必然被完全和毫无阻碍的实行,以便保证征服者的持久的权力(英国和那不勒斯在被诺曼人征服之后,它们获得了最完善的封建组织形式)。

征服这一事实显得似乎与这整个历史观相矛盾。人们迄今将暴力、F 等当作历史的动力。这里我们只能限于主要之点并举一个最令人瞩目的事例:古老文明被野蛮民族所毁灭,与此相衔接,一种新的社会结构就开始形成(罗马和蛮族人,封建制和高卢人,东罗马帝国和土耳其人)。

F 战争、掠夺和抢劫

[63] 如上所述,在被征服的蛮族那里,战争本身还是一种通常的交往形式;在被带来的、对于该民族来说是唯一可能的粗陋的生产方式的情况下,人口的增长越需要新的生产资料,这种交往形式越被竭力地加以利用。与此相反,在意大利,由于地产的集中,自由民几乎消失了,奴隶本身也在不断地死亡,必须不断地由新的奴隶来替补。奴隶制仍然是整个生产的基础。处于自由人与奴隶之间的平民从未超出流氓无产者的范围。罗马一般说来始终未跨出城市,它与各行省之间几乎只有政治上的联系,这种政治联系当然也就可能再被政治事件所中断。

————

再没有比认为迄今在历史上只有**掠夺**[①]具有决定意义这一更习常的想象了。野蛮人**掠夺**了罗马帝国,人们用这一事实来解释从古代世界向封建制的过渡。但是在野蛮人的掠夺下,一切都取决于被掠夺民族是否已经像现代民族那样发展出了工业生产力,或者它的生产力是否主要仅建立在联合和共同体的基础之上。此外,掠夺受到掠夺对象的制约。如果掠夺者不屈从于被掠夺国家的生产和交往条件,就绝不可能掠夺银行家的体现于证券中的财产。就现代工业国家的整个工业资本来说也是这样。最后,无论在何处掠夺都将很快就结束,一旦不再有任何东西可以掠夺,人们就必须开始生产。从这种很快出现的生产的必要性中可以得出下述结论:

(这除了由于购买和负债所引起的以外,也还由于继承,即借助古老的氏族在狂肆放荡和罕有结婚的情况下逐渐灭亡,其财产落入少数人手中),以及地产转变为牧场(这除了由于通常的、迄今仍起作用的经济的原因,还由于掠夺来的进贡谷物的输入以及由此导致的意大利谷物消费者的匮乏)

————————

① 掠夺(Nehmen):郭沫若版和克士版译为"夺取";《全集》(1960)版、单行本(1988)、《选集》(1995)版和《文集》(2009)版译为"占领";孙善豪版译为"攫取";广松涉版译为"略取"。

[64] 已定居的征服者所采取的共同体形式，必须适应既有的生产力发展水平，如果从一开始情况不是这样，那么就必须按照生产力而加以改变。这也就说明了在民族迁徙之后的时间里随处可见的一个事实，即奴隶变成了主人，征服者很快就接受了被征服者的语言、教育和习俗。

封建制绝不是现成地从德国带过去的；而是起源于征服者在进行征服本身期间战争的军务组织，而且这种组织只是在征服之后由于受到在被征服国家所遇到的生产力的影响才发展为真正的封建制。这种形式在多大程度上受到生产力的制约，推行源自古罗马灵感的其他形式（查理大帝等）的失败尝试已经表明了。

待续——
————

在大工业和竞争中，个体的整体生存条件都融合为两种最简单的形式：私有制和劳动。借助于货币任何交往形式和交往本身对个体来说都成为偶然的东西。F 另一方面，个体本身完全屈从于分工，因此被置于最彻底的相互依赖关系中。私有制就其内在于劳动并与劳动相对立而言，是从积累的必然性中发展起来的。起初它还较多地拥有共同体的形式，但是在进一步的发展中却愈益接近私有制的现代形式。由于分工从最初起就包含着劳动**诸条件**、工具和材料的分配，因而也包含着积累起来的资本在不同私有者之间的劈分，从而也包含着资本和劳动之间的分裂以及所有制本身的不同形式。分工愈发达，

诸制约性，诸片面性

F 因此，下述现象已经蕴含于货币中：迄今为止的一切交往都只是一定条件下的个体的交往，而不是个体作为个体的交往。这些条件可以归结为两项：积累起来的劳动或私有制，以及现实的劳动。如果其中的这项或那项中止，交往就会停滞。现代经济学家本人如西斯蒙第、舍尔比利埃等人就将"个体的联合"同"资本的联合"相对置。

[65] 积累愈增加，这种分裂也就发展得愈尖锐。劳动本身只有在这种分裂的前提下才能存在。

————

（个别民族的——德国人和美国人——个体的人格能量①已经被种族杂交，因此德国人好像患了痴呆症：在法国、英国等国家异族人已经移居到发达的土地上，在美国更是移居到一块全新的土地上；而在德国质朴的居民却仍在安居。）

————

因此，这里表明两个事实。第一，生产力表现为一种完全独立于并脱离于个体的东西，它是与个体并存的一个独自世界，其原因在于，个体——他们的力量就是生产力——是分散的并且处于彼此对立之中，而另一方面这些力量只有在这些个体的交往和联系中才是现实的力量。因此，一方面是生产力的整体，这种生产力仿佛采取了一种物象的形态，并且对个体本身来说已经不再是个体的力量，而是私有制的力量，因此，对于个体而言，他们只有是私有者，生产力才是个体的力量。生产力从未在早期采取过这种个体作为个体来交往的冷漠的形态，因为他们的交往本身还是较为狭隘的。另一方面是和这些生产力相对立的大多数个体，这些力量是和他们相分离的，因此这些个体被剥夺了一切现实的生活内容，变成了抽象的个体，然而他们也正藉此才处于**作为个体**彼此发生联系的境况中。他们同生产力和自身的存在还保持的唯一联系，即劳动，在他们那里已经失去了自主活动的一切假象，他们只能通过荒废生命的方式来维持其

西斯蒙第

————

① 个体的人格能量（persoenliche Energie der Individuen）：郭沫若版译为"个人们之人身的势能"；《全集》（1960）版译为"个人的精力"；克士版、单行本（1988）和《选集》（1995）版译为"个人能力"；《文集》（2009）版译为"个人的自身能力"；孙善豪版译为"个人之人的能量"。

[66] 生命。而在较早时期,自主活动和物质生活的生产是分离的,这是由于它们是由不同的个人(Personen)来承担的,并且物质生活的生产由于个体本身的局限性还被视为自主活动的一种从属的方式。现在它们竟陷入如此互相分离的境地,以致物质生活一般都表现为目的,而这种物质生活的生产即劳动 F 则表现为手段。

F(它是现在唯一可能的自主活动的形式——但正如所我们所看到的——也是自主活动的否定形式)

这样,现在就出现了这样的情况:个体必须占有现有的生产力总体,这不仅是为了达到其自主活动,而且一般说来是为了保证其生存。这种占有首先受到占有的对象的制约,以及受到发达的、存在于普遍交往范围内的生产力总体的制约。因此,从这个方面来说,占有就必须已经具有一种适应生产力和交往的普遍特性。对这些力量的占有本身不外是与物质生产工具相适应的个体能力的发展。正因如此,对生产工具总体的占有,也就是个体本身的能力总体的发展。其次,这种占有受到占有的个体的制约。只有完全失去了一切自主活动的现代无产者,才能够获得其完全的、不再受限制的自主活动,这种自主活动就是对生产力总体的占有以及由此而来的能力总体的发挥。先前的一切革命性的占有都是有局限的;个体的自主活动受到有限的生产工具和有限的交往的限制,他们所占有的是这种有限的生产

[67] 工具，因此这就带来了一种新的局限性。他们的生产工具成为他们的财产，但是他们本身却屈从于分工和自己的生产工具。在迄今所有的占有的情况下，个体的总体屈从于个别的生产工具；在无产阶级占有的情况下，生产工具的总体必定隶属于每个个体，F 现代的普遍交往除了通过隶属于所有个体的方式以外，不可能通过其他的方式隶属于个体。再次，占有还受到实现占有所必须采取的方式和方法的制约。它只有通过联合才能实现，这种联合由于无产阶级本身的特性，只能是普遍性的，而且它也只有通过革命才能得到实现，在革命中一方面迄今的生产方式、交往方式以及社会结构的权力被推翻，另一方面无产阶级的普遍特性以及无产阶级为实现这种占有所必需的能力获得发展，进而无产阶级将摆脱迄今社会地位所遗留给它的一切东西。

F 而财产则隶属于所有个体。

只有在这个阶段上，自主活动才同物质生活一致起来，而这是同个体向全面个体①的发展以及一切自发性的消除相适应的。从而，劳动转化为自主活动，迄今受限制的交往转化为个体作为个体的交往，也是与此相适应的。伴随着联合起来的个体对总体生产力的占有，私有制也就终止了。与在迄今的历史中特殊条件总是表现为偶然的相反，现在诸个体本身的分离行为即每个个体本身的特殊的私人职业成为偶然的。

哲学家们将不再

———————

① 全面个体（totale Individuen）：郭沫若版译为"全面的个人"；克士版译为"完全的个人"；《全集》(1960) 版和单行本（1988）译为"完整的个人"；《选集》(1995) 版和《文集》(2009) 版译为"完全的个人"；孙善豪版译为"完全个人"。

[68] 屈从于分工的个体想象为名之为"人"的理想,将我们所阐述的整个发展过程理解为"人"的发展过程,以至将这个"人"强加于迄今每一历史阶段上的个体,并将其描述成历史的推动力量。这样,整个历史过程就被理解为"人"的自我异化过程。这在本质上源于:总是将后来阶段的同质化个体强加于先前阶段的个体,以及将后来的意识强加于先前的个体。通过这种颠倒,即从一开始就将现实的条件抽象化,就有可能把整个历史变成一种意识的发展过程了。

自我异化

市民社会包括个体在生产力一定发展阶段中的共同的物质交往。它包括这一阶段共同的商业生活和工业生活,因此它超越了国家和民族,尽管另一方面它对外仍然必须以民族性的形式发生作用,对内仍然必须划分为国家。"市民社会"这一语词出现在 18 世纪,当时财产关系已经从古代的和中世纪的共同体中解脱出来。真正的市民社会是伴随资产阶级才发展起来的;然而它借助于这一名称却始终标志着直接从生产和交往中发展起来的社会组织,这种社会组织在一切时代都构成国家的基础以及通常的观念的上层结构①的基础。

国家和法同所有制的关系。

所有制的第一种形式无论是在古代世界或中世纪都是部落所有制,这种所有制在罗马人那里主要是由战争决定的,而在

---

① 观念的上层结构(idealistische Superstruktur):郭沫若版译为"观念上的上层结构";克士版译为"理想的上层建筑";《全集》(1960)版、单行本(1988)、《选集》(1995)版和《文集》(2009)版译为"观念的上层建筑";孙善豪版译为"唯心论上层建筑"。idealistische Superstruktur 一词应译为"观念的上层结构"或"观念的超级结构",不宜与 ideologischer Ueberbau("观念的上层建筑")一词相混淆。其中的 Superstruktur 一词应译为"上层结构"或"超级结构"而非"上层建筑"。马克思和恩格斯在《德意志意识形态》中确实首次提出了"观念的上层建筑"这一概念,但他们使用的是 ideologischer Ueberbau 一词,而且并不是在"费尔巴哈"章中,而是在"圣麦克斯"章中。见 MEGA2,1/5 第 430 页和《全集》(1960)版第 432 页(该词被译为"思想上层建筑")。

[69] 日耳曼人那里则是由畜牧业决定的。
F 在起源于中世纪的民族那里，部落所有制经历了不同的阶段——封建土地所有制，同业公会动产所有制，工场手工业资本——直到大工业和普遍竞争所决定的现代资本，即撤弃了共同体的一切外观并排除了国家对所有制发展的一切影响的纯粹私有制。现代国家是与这种现代私有制相适应的，它由于赋税而逐渐被私有财产者所收买，以及由于国债完全落入他们之手，以交易所中国家债券行市涨落的形式而存在，完全依附于私有财产者即资产者提供给它的商业信贷。因为资产阶级已经是一个**阶级**而不再是一个**等级**，因此它被迫民族性地而不是地域性地组织起来，并且赋予其均等化利益①以一种普遍的形式。借助私有制从共同体中的解放，国家成为一种并存和外在于市民社会的特殊存在；但是，国家不外是资产者为了不仅在国内而且在国外两方面保障他们的财产和他们的利益所必然赋予的组织形式。国家的独立性目前只是在这样的国家还存在：在那里，等级还没有完全发展成为阶级，在比较先进的国家中已经被消灭了的等级还扮演着某种角色，以及存在着一种混合体，因而在其中任何一部分居民都不可能对其余部分的居民进行统治。这尤其适用于德国的情况。现代国家的最完善的例子就是北

F 在古代民族中，由于较多的部落共居一个城市，因此部落所有制就作为国家所有制的形式出现，而单个人的权利则局限于单纯的占有（Possessio），然而这种占有也像一般部落所有制一样，仅限于地产。真正的私有制在古代像在现代民族一样，始于动产（奴隶制和共同体）（以古罗马完全身份的市民法为基础的所有制 [dominium ex jure Quiritum]）。

---

① 均等化利益（Durchschnittsinteresse）：郭沫若版译为"平均利害"；克士版译为"公共和平均的利益"；《全集》（1960）版、单行本（1988）、《选集》（1995）版和《文集》（2009）版译为"通常的利益"；孙善豪版译为"平均利益"；广松涉版译为"平均的利害"。

[70] 美。新近的法国、英国和美国的著作家都一致宣称，国家只是为了私有制而存在，以至这种思想也渗入日常意识之中了。

因为国家是统治阶级的诸个体使其共同利益发挥作用的形式，F 因此可以得出结论：一切共同的规章制度都以国家为中介，都获得一种政治的形式。由此便产生了一种错觉，好像法律建立在意志的基础之上，即建立在脱离现实基础的**自由**意志的基础之上。同样，权利①继而也被归结为法律。

F 是该时期整个市民社会的集中表现，

私法是伴随私有制从自然共同体的解体过程中同时发展起来的。在罗马人那里，私有制和私法的发展并没有引发较广的工业和贸易方面的后果，因为他们依旧保持着同一的整个生产方式。在封建共同体被工业和商业解体的现代各民族那里，伴随私有制和私法的形成开始了一个能够进一步发展的新阶段。同样，在中世纪进行了扩张的海上贸易的第一个城市阿马尔菲也制定了海洋法。一当工业和商业起初在意大利随后在其他国家进一步发展了私有制，已形成的罗马私法便立即被重新拾起并被提升到权威的地位。当后来资产阶级赢得如此之多的权力时，诸侯开始保护他们的利益，以便借助资产阶级来推翻封建贵族，这时法便开始在所有国家——在法国是在16世纪——真正地发展起来了，这种发展

（放高利贷！）

---

① 权利（Recht）：郭沫若版、克士版、孙善豪版和广松涉版译为"权利"；《全集》（1960）版、单行本（1988）、《选集》（1995）版和《文集》（2009）版译为"法"，全句被译为"法随后也被归结为法律"。

[71] 除了英国以外在所有国家都是以罗马法典为基础的。即便在英国，为了私法（特别是在动产方面）的进一步完善，也不得不接纳罗马基本法。（不要忘记，法正像宗教一样没有自己的历史。）

　　在私法中，现存所有制关系被宣布为普遍意志的结果。"使用和滥用的权利"（jus utendi et abutendi）本身一方面表达了私有制绝对不依赖于共同体这一事实，另一方面表达了这一错觉，即仿佛私有制本身是以 F 单纯私人意志为基础。实际上"滥用"这个概念对于财产私有者来说具有非常确定的经济界限，如果他不想看到财产即他的"滥用的权利"转入他人之手；因为从根本上说单纯从他的意志方面来考察的物根本就不是物；物只有在交往中并且不依附于权利时才成为物，成为现实的财产（哲学家们称之为观念的一种**关系**）。这种把权利归结为纯粹意志的法律的错觉，在所有制关系进一步发展的情况下必然会造成这样的现象：某人在法律的名义上可以拥有某物，但实际上并没有拥有某物。例如，假若由于竞争，某块土地的地租被排除，可是这块土地的同一个所有者在法律的名义上仍然拥有它，包括"使用和滥用的权利"。但是他并不能借此有丝毫作为，如果他还未占有足够的资本来经营他的土地，他作为土地所有者就丝毫不能占有。法学家们的这种错觉说明：对于法学家们以及任何法典来说，诸个体进入到相互关系之中，F 完全是偶然的；这些关系被他们看作人们可以随意进入或不进入的关系，

F 对物的任意支配的

对于哲学家们来说关系＝观念。
他们只知道这个"人"对自身的关系，因此一切现实的关系对他们而言都变成了观念。

关于意志的意志，现实的，等等

F 例如缔结契约，

[72] 而它们的内容则完全基于缔约双方的个体的意愿。

每当工业和商业的发展形成新的交往形式，例如保险公司等，法就不得不总是将其作为财产获得方式而接纳它们。

————

分工对科学的影响。

在国家、法、道德等方面的东西，**镇压**。

资产者必须在法律中赋予自己以一种普遍的表达方式，正因为他们作为阶级进行统治。

自然科学和历史。

不存在政治史，法的历史，科学史等，艺术史、宗教史等。

————

为什么观念论者们将一切本末倒置。

宗教家、法学家、政治家，

法学家、政治家（一般的国务活动家）、道德家、宗教家。

关于一个阶级内部这种观念形态的划分：1）**职业由于分工而独立化**；每个人都认为他的技艺是真实的。关于他的技艺与现实的联系使他必然产生错觉，因为这是由技艺本身的本性决定的。诸关系在法律、政治等中——在意识中成为诸概念；因为他们超越不了这些关系，而这些关系的概念在他们的头脑中也成为固定的概念。例如，法官运用法典，因而法官将立法视为真正的主动的推动者。尊重他们的商品，因为他们的职业同公众有关。

法的观念。国家的观念。在**通常的**意识中事情被倒置。

————

宗教从一开始就是**超验性的意识**，从现实的诸力量中产生。

这点宜通俗。

……

————

关于法、宗教等的传统。

————

与表现为"共同体"像古代国家、封建制、专制君主制这种纽带相适应，尤其与宗教的想象相适应。

[73] 个体过去和现在始终是从自己出发。他们的关系是他们的现实生活过程的关系。他们的关系相对于他们而独立，他们自己的生命的力量变得与他们异常敌对，其原因何在？

一言以蔽之曰：**分工**，其发展如何总是依赖于发展的生产力。

土地所有制。公社所有制。封建所有制。现代所有制。

等级所有制。手工工场所有制。工业资本。

I

费尔巴哈

唯物主义与唯心主义

观点的对立 [①]

---

① 按照既有的说法这三行铅笔边注为恩格斯所写，但字迹似与恩格斯的字迹有异，或应为伯恩斯坦所写。

马克思：关于费尔巴哈（1845 年稿）^①

1

所有迄今为止的唯物主义（包括费尔巴哈的唯物主义在内）的主要缺陷是：对对象、现实和感性，仅从**客体**的**或直观**的形式去理解，而不是将其理解为**感性的人的活动**、**实践**，不是从主体方面去理解。因此，与唯物主义相反，**能动**的方面却被唯心主义抽象地发展了——当然唯心主义是不了解现实的、感性的活动本身的。费尔巴哈所希冀的是感性的、与思想客体实际有别的客体，但是他没有将人的活动本身理解为**对象性的**活动。因此，在《基督教的本质》中，他只是将理论行为视为真正的人的行为，而对于实践则仅从其龌龊的犹太人的表现形式去理解和确定。因此，他不理解"革命的"、"实践—批判的"活动的意义。

2

对象性的^②真理是否为人的思维所获得，这个问题不是理论的问题，而是一个**实践的**问题。人们必须在实践中证明其思维的真理性，即现实性和力量，以及此岸性。关于思维——与实践相隔绝的思维——的现实性或非现实性的争论，是一个纯**经院哲学**的问题。

3

关于改变环境和教育的唯物主义学说忘记了：环境必须由人来改变以及教育者本身必须被教育。因此，它必然将社会划分为两部分——其中一部分超越于社会之上。

---

① 马克思 1845 年的稿本。马克思手稿的原文标题是 "1.ad Feuerbach"（"关于费尔巴哈"）。恩格斯在 1888 年发表这篇手稿时所加的标题是 "Marx ueber Feuerbach"（"马克思论费尔巴哈"）。"关于费尔巴哈的提纲"（Thssen ueber Feuerbach）这一标题为苏联马克思主义—列宁主义研究院所后加。

② 对象性的（gegenstaendlich）："对象性"兼有客观的和属我的双重含义。郭沫若版译为"对象的"；克士版译为"客观"；《全集》（1960）版、单行本（1988）、《选集》(1995) 版和《文集》(2009) 版译为"客观的"；孙善豪版译为"对象性"。

环境的改变与人的活动或自我改变的重合，只能被把握和合理地理解为**革命的实践**。

4

费尔巴哈从宗教的自我异化、从世界被二重化为宗教世界和世俗世界的事实出发。他的工作在于：将宗教世界消融于其世俗基础之中。但是世俗基础同自己本身脱离并定影为云中的独立王国，只能从这一世俗基础的自我分裂和自我矛盾来解释。因此，对这一世俗基础本身必须在其自身中来理解，不仅在其矛盾中来理解，而且在实践上使其革命化。因此，例如，在揭示出圣家庭①的秘密在于尘世家庭以后，这时尘世家庭本身就应当首先在理论和实践上被根除②。

5

费尔巴哈不满意**抽象的思维**，期望**直观**；但是他没有将感性理解为**实践的**、人的—感性的活动。

6

费尔巴哈将宗教的本质消融于人的本质。但是人的本质不是单个个体③所固有的抽象物。在其现实中，它是社会关系的总和。

费尔巴哈没有对这种现实的本质进行批判，因此被迫：

1. 撇弃历史的进程，将宗教感情确定为自为之物④，并且设定一种抽象的——**孤立的**——人的个体。

2. 因此，本质只能被理解为"类"，理解为内在的、缄默的、将许多的个体⑤**自然地**联结起来的共同性。

---

① 圣家庭（die heilige Familie）：指耶稣及其父母。郭沫若版译为"神圣的家族"；克士版译为"天上家族"；《全集》（1960）版、单行本（1988）、《选集》（1995）版和《文集》（2009）版译为"神圣家族"；孙善豪版译为"神圣家庭"。
② 这时尘世家庭本身就应当首先在理论和实践上被根除（muss nun erstere selbst theoretisch und praktisch vernichtet werden）：郭沫若版译为"地上的家庭本身便当于理论上与实践上以被消灭"；克士版译为"人们必须从理论和实践两方面把它毁灭"；《全集》（1960）版、单行本（1988）、《选集》（1995）版和《文集》（2009）版译为"世俗家庭本身就应当在理论上和实践中被消灭"；孙善豪版根据恩格斯稿本译为"现在就必须首先在理论上被批判，并在实践上被翻转了"。
③ 单个个体（dem einzelnen Individuum）：郭沫若版译为"各个个人"；克士版译为"各个人"；《全集》（1960）版、单行本（1988）、《选集》（1995）版和《文集》（2009）版译为"单个人"；孙善豪版译为"单个个人"。
④ 确定为自为之物（fuer sich zu fixieren）：郭沫若版译为"单独地固定"；克士版译为"确定为独立的东西"；《全集》（1960）版译为"孤立地观察"；单行本（1988）、《选集》（1995）版和《文集》（2009）版译为"固定为独立的东西"；孙善豪版为"固著成它本身"。
⑤ 许多的个体（die vielen Individuen）：郭沫若版译为"多数的个人"；克士版译为"许多人"；《全集》（1960）版、单行本（1988）、《选集》（1995）版、《文集》（2009）版和孙善豪版译为"许多个人"。

7

因此,费尔巴哈没有看到,"宗教感情"本身是社会的产物,并且他所分析的抽象的个体① 属于特定的社会形式。

8

一切社会生活在本质上是**实践的**。将理论引向神秘主义的所有神秘之物,都能在人的实践中以及在对这种实践的理解中找到合理的答案。

9

直观的唯物主义,即不是将感性理解为实践活动的唯物主义,达到的极限是对单个个体② 和市民社会的直观。

10

旧唯物主义的立足点是市民社会,而新唯物主义的立足点是人类的社会或社会的人类。

11

哲学家们只是各不相同地**解释**世界,而问题取决于**改变**世界。

---

① 抽象的个体(das abstrakte Individuum):郭沫若版、克士版、《全集》(1960)版、单行本(1988)、《选集》(1995)版、《文集》(2009)版和孙善豪版均译为"抽象的个人"。

② 单个个体(der einzelnen Individuen):郭沫若版译为"各个的个人";克士版译为"分离的个人";《全集》(1960)版、单行本(1988)、《选集》(1995)版和《文集》(2009)版译为"单个人";孙善豪版译为"单个个人"。

恩格斯：费尔巴哈

（a）费尔巴哈的全部哲学归结为：（1）自然哲学。——消极地崇拜、痴迷地顶礼膜拜自然的庄严和万能——；（2）人类学，确切地说，（α）生理学，在此方面，与唯物主义者们所说过的关于身体与灵魂的统一相比，丝毫未能说出新的东西，只是不那么机械，而是有些夸大。（ß）心理学，归结为将爱情捧上天的狂热颂歌，类似自然崇拜，此外没有任何新东西。（3）与"人"的概念相适应的道德要求，行动的无力。参见§54第81页："人对胃的美德的和理性的关系在于，将其不是作为兽的而是作为人的本质对待。"—§61："人……作为道德的本质"以及《基督教的本质》中许多的美德废话。

———————

（b）人们在现时的发展阶段上，他们的需要只能在社会内部得到满足；况且，人们从一开始，一当他们存在，就是彼此需要的，并且只有藉此才能发展他们的需要和能力等；他们处于交往之中。这些在费尔巴哈那里是这样表述的："**自为的单个人**① **在自身中不拥有人的本质**"，"**人的本质只包含在共同联合体中，包含在人与人的统一之中**，但是这种统一只是建立在我与你之**差别**的**事实**之上。——自为的人 ② 就是人（在一般意义上），而人与人，——**我与你的统一就是上帝**（也就是超出一般意义的人）。"§61，62第83页。——哲学竟发展到这种地步：它提出关于人们之间不可缺少交往这一平常的、不承认它就根本不能存在和绝不能产生第二代人的、一般而言在性别中就已经存在的事实，作为其全部生涯的最终的最伟大的成果，并且还为此赋予"我与你的统一"以一种神秘的形式。如果费尔巴哈所思考的不是性行为、类行为以及我和你的共同性，这句空话是根本不可能成立的。尤其是因为**这个人** = 头＋心，为了制造**这个人**两个人就是必要的，这样，在其交往中——**男人**和**女人**，一个作为**头**，另一个作为**心**。否则就不能想象，为什么两个人比一个人更加人性。圣西门的个体。只要他的共同联合体变成**实践的**，也只能局限于性行为以及哲学思想与问题的和解。"真正的辩证法"。§64.基于"人即精神

———————

① 自为的单个人（der einzelne Mensch fuer sich）:《全集》（1960）版译为："单个人本身"。

② 自为的人（der Mensch fuer sich）:《全集》（1960）版译为："人本身"。

的人还有肉体的人的**生产**"的对话。第 67 页。这种"**生产**"出来的人，除了在"精神上"和"肉体上"又"生产人"以外，尔后做什么，对此什么都未说。

费尔巴哈也仅知道**两个人**之间的交往。"真理是：自为的本质 ① 独自不是真实的、完善的、绝对的本质，真理和完善只是**两个实质相同的本质的结合和统一**。"第 83、84 页。

————

(/19/c)《未来哲学原理》一开始就表明了我们同他之间的区别：§1：新时代的任务是把上帝现实化和人化，把神学转变和消融为人类学。参见："否定神学是新时代的本质。"《未来哲学原理》，第 23 页。

————

（d）费尔巴哈区分了天主教和新教。§2."天主教"关心的是"什么是自在的上帝本身"，具有"思辨的和冥想的倾向"；新教纯然是基督学，把自在的上帝留给自身，把思辨和冥想留给哲学——这不外是出于与发展科学相适应的需要而产生的分工。费尔巴哈从这种**内在于神学**的纯需要出发来解释新教，而独立的哲学史后来也自愿地加以沿袭。

————

（e）"存在不是一种同事物分开的普遍概念。它与存在是什么是一件事。……存在是本质的论断。**什么是我的本质？是我的存在**。鱼在水中，但是你不能把鱼的本质同这种存在分离开。语言已经把存在和本质同一化。只是在人的生活中，**而且也只是在反常的和不幸的情况下**，存在才会同本质相分离。——这发生在：人并不是在他拥有存在的时候也就拥有了他的本质，但是正因为这种分离，所以当人们实际存在，即具有肉体时，并不就真正存在，即具有灵魂。只有当你的心存在的时候，**你才存在**。但是一切事物，**——违反自然法则的情况除外**——都喜欢在其所在和喜欢是其所是。"第 47 页。对现存的美妙赞扬。除了违反自然法则的情况，以及极少的反常的情况，你喜欢 7 岁时成为矿井的看门人并独自在昏暗中守候 14 小时，这就是你的存在，因此这也就是你的本质。走锭纺纱机的接线工也是一样。你的本质就在于隶属某一劳动部门。参见《信仰的本质》第 11 页"无法满足的饥饿"。

————

（f）§48 第 73 页："只有时间是把对立或矛盾的规定不矛盾地联结在同一个存在物中的**中介**。至少生物是如此。这样，例如在人中间就表现出这种**矛盾**：时而**这种规定**、这种意图，时而另种、恰好相反的规定，主宰和充塞着我。"费尔巴哈将其称为：（1）矛盾；（2）矛盾的统一；以及（3）这应是时间所为。当然，是"充实的"时间，但始终是时间，而不是在时间中发生的事情。该原理＝只有在时间中才可能存在变化。

————

① 　自为的本质（Wesen fuer sich）：《全集》（1960）版译为："任何本质本身"。

参考文献

（附：简称）

一、外文文献

1.International institute of social history, Karl Marx/Friedrich Engels Papers *15*,Inv.nr.A11 [A7(_1)],ARCH 00860

[简称：手稿高清照片；A11/Inv.nr.A11]

2.Karl Marx/Friedrich Engels, »Marx und Engels über Feuerbach:Der erster Teil der Deutsche Ideologie«, Hrsg.von David Rjazannov, »Marx-Engels-Archiv, Zeitschrift des Marx-Engels-Instituts in Moskau«, Bd.1,Frankfurt a.M.,1926

[简称：梁版 /Rjazannov Ed.]

3.Karl Marx/Friedrich Engels, „»I.Feuerbach", Gengensatz von materialistischer und idealistischer Anschauung«, Hrsg.von V.Adoratskij, »Historisch-kritische Gesamtausgabe«, I/5., »Die Deutsche Ideologie«, Marx-Engels-Verlag GmbH, Berlin 1932

[简称：阿版 /Adoratskij Ed.]

4.»Die Deutsche Ideologie« (1845/1846),B.I.Teil der „Deutschen Ideologie", Karl Marx, »Die Frühschriften«, Hrsg.von Siegfried Landshut,Alfred Kröner Verlag,Stuttgart 1971

[简称：兰版 /Landshut Ed.]

5.Karl Marx/Friedrich Engels, »Neuveröffentlichung des Kapitels I des Bandes der Deutsche Ideologie von Karl Marx und Friedrich Engels«, Vorbereitet und eingeleitet von Inge Tilhein, »Deutsche Zeitschrift für Philosophie«, 14.Jahrgang, Heft.10,1966

[简称：新德版 /neudeutsche Ed.]

6.Karl Marx/Friedrich Engels, »Kritik der neuesten deutschen Philosophie in ihren Repräsentanten,Feuerbach, B.Bauer und Stirner,und des deutschen Sozialismus in seinen verschiedenen Propheten«, Karl Marx, »Frühe Schriften«, Bd.2, Hrsg.von Hans-Joachim Lieber und Peter Furth,Wissenschaftliche Buchgesellschaft,Darmstadt 1971

[简称：利版 /Lieber Ed.]

7. Karl Marx/Friedrich Engels, »Die Deutsche Ideologie,I.Band,Kapitel I.Feuerbach, Gengensatz von materialistischer und idealistischer Anschauung, Gesamtausgabe (MEGA) Probeband«, Dietz Verlag,Berlin 1972

[简称：MEGA2 试行版 /MEGA2 Probeband]

8. Karl Marx/Friedrich Engels, »Die Deutsche Ideologie,Kritik der neuesten deutschen Philosophie in ihren Repräsentanten,Feuerbach, B.Bauer und Stirner,und des deutschen Sozialismus in seinen verschiedenen Propheten«,1.Band,1.Abschnitt,Hrsg.von Wataru Hiromatsu,Kawadeshobo-shisha,Tokio 1974

[简称：广版或广松涉版 /Hiromatsu Ed.]

9. 渋谷正編訳,『草稿完全復元版，ドイツ・イデオロギー，［序文・第 1 巻第 1 章］』，新日本出版社，1998

[简称：涩版]

10.Karl Marx/Friedrich Engels,Joseph Weydemeyer: »Die Deutsche Ideologie,zu I.Feuerbach und II.Sankt Bruno«, Bearbeitet von Inge Taubert und Hans Pelger,in Marx-Engels-Jahrbuch 2003,Akademie Verlag GmbH,Berlin 2004

[简称：MEGA2 先行版 / MEGA2 Vorabpublikation]

11. Karl Marx/Friedrich Engels, »Deutsche Ideologie,Manuskripte und Drucke,Text, (MEGA2-1/5)« Bearbeitet von Ulrich Pagel,Gerald Hubmann und Christine Weckwerth,Walter de Gruyter GebH,Berlin/Boston 2017

[简称：MEGA2_1/5]

12. Karl Marx/Friedrich Engels, »Deutsche Ideologie,zur Kritik der Philosophie, Manuskripte in chronologischer Anordnung«, Hrsg.von Gerald Hubmann und Ulrich Pagel, Walter de Gruyter GebH,Berlin/Boston,2018

[简称：胡版 /Hubmann Ed.]

13.»The German Ideology,Online Edition«, Hrsg.von Omura lzumi Group,in: http://www.online-dif.com,Tokio 2019

[简称：在线版 /Online Ed.]

二、中文文献

1. 郭沫若译:《德意志意识形态——原名〈德意志观念体系论〉》，言行出版社 1938 年版。
[简称：郭沫若版]

2. 克士（周建人）译:《德意志观念体系·第一部分（总论）》，珠林书店 1941 年版。
[简称：克士版]

3. 中共中央马克思恩格斯列宁斯大林著作编译局译:《马克思恩格斯全集》第 3 卷，人民出版社 1960 年版。

[简称：全集（1960）版]

4. 中共中央马克思恩格斯列宁斯大林著作编译局译：《马克思恩格斯选集》第 1 卷，人民出版社 1972 年版。

[简称：选集（1972）版]

5. 中共中央马克思恩格斯列宁斯大林著作编译局译：《马克思恩格斯：费尔巴哈》人民出版社 1988 年版。

[简称：单行本（1988）]

6. 中共中央马克思恩格斯列宁斯大林著作编译局译：《马克思恩格斯选集》第 1 卷，人民出版社 1995 年版。

[简称：选集（1995）版]

7. 中共中央马克思恩格斯列宁斯大林著作编译局译：《德意志意识形态（节选本）》，人民出版社 2003 年版。

[简称：节选本（2003）]

8. 中共中央马克思恩格斯列宁斯大林著作编译局译：《马克思恩格斯文集》第 1 卷，人民出版社 2009 年版。

[简称：文集（2009）版]

9. 孙善豪译注：《德意志意识型态，I. 费尔巴哈，原始手稿》，联经出版公司 2016 年版。

[简称：孙善豪版]

10. 中共中央马克思恩格斯列宁斯大林著作编译局译：《德意志意识形态（节选本）》，人民出版社 2018 年版。

[简称：节选本（2018）]

译名对照

A

Abstraktion	抽象
Aktion	活动
Andres	他物
Aneignung	占有
Anschauungsvermögen	直观能力
Anschauungsweise	直观方式
Arbeitskraft	劳动力
Arbeitsweise	劳动方式
Art der Thätigkeit	活动方式
Association	联合
Aufheben	扬弃
Auffassung	理解
Auffassungsfähigkeit	理解力

B

Basis	基础
Bedürfnis	需要，需求
Beschaffenheit	特性
Bestehende	现存
bestimmen	规定
Betätigung	活动
Betrachtungsweise	观察方式

Betriebsweise	运作方式
Bewußtseinsformen	意识形式
bürgerliche Gesellschaft	市民社会

D

Dasein	存在
Denken	思维
Durchschnittsindividuum	同质化个体

E

Eigentum	所有制；财产
Eigentumserwerbsart	财产赢获方式
Einbildung	臆想
Einzelnen	单个人
Einzige	唯一者
Empfindung	情感
Entfremdung	异化
erzeugen	制造
Existenzform	生存方式
Existenzbedingung	生存条件
Existenzmedium	生存手段

F

feudales Gemeinwesen	封建共同体
Feudalismus	封建主义
Form des Eigentums	所有制形式
Form des Verkehrs	交往形式
Fortgang des Begriffs	概念的进展

G

Gattung	类
Gedanken	思想

Gegenstand	对象
geistige Produktion	精神生产
geistiger Verkehr	精神交往
Gemeinde	公社
Gemeinschaft	共同联合体
Gemeinschaftlichkeit	共同性
Gemeinwesen	共同体
Gesamttätigkeit	总体活动
geschichtliche Auffassung	历史观
Geschichtsauffassung	历史观
gesellschaftliche Gliedrung	社会结构
Gestalt	形态
Gewalt	强力
Gliederung	划分；结构

H

Haben	拥有
Heerdenbewußtsein	畜群意识
Heillosigkeit	无信仰

I

Idee	观念
Ideenformation	观念形态
Ideologe	观念论者
Ideologie	观念体系
Illusion	幻想
illusorische Gemeinschaft	虚构共同联合体
Individualität	个性
Individuum	个体；诸个体（复）
Instinkt	本能

K

Klassenindividuum	阶级个体

L

Lebensmittel	生活资料
Lebensproduktion	生命生产
Lebensweise	生活方式

M

Macht	力量，势力；权力
Menge	总量
materielle Lebensbedingung	物质生活条件
materielle Produktion	物质生产
materielle Tätigkeit	物质活动
materielles Leben	物质生活
materielles Verhalten	物质行为
materieller Verkehr	物质交往

N

Nation	民族，国家
naturwüchsiges Gemeinwesen	自然共同体

O

Oberherrlichkeit	主权性，主宰性

P

Person	个人，诸个人（复），人物
persönliche Freiheit	人格自由
persönliches Individuum	人格个体
Persönlichkeit	人格
physische Existenz	肉体存在
politische Ideologie	政治观念体系
positive Wissenschaft	实证科学
Priorität	优先权

Privateigentum	私有制
Produktionsbedingung	生产条件
Produktionskraft	生产力
Produktionsmittel	生产资料
Produktionsverhältnis	生产关系
Produktionsweise	生产方式
Produktivität	生产率
produzieren	生产

Q

Qualität	质

R

Recht	权利

S

sachlich	物象的，物的
Schein	表象
scheinbare Gemeinschaft	虚假共同联合体
Selbstbestimmung	自我规定
Selbstbetätigung	自主活动
Selbstbewußtsein	自我意识
Selbstentfremdung	自我异化
Sein	存在
Sein der Menschen	人的存在
sinnliche Gewissheit	感性确定性
Staatsbürger	公民
Stammbewußtsein	部落意识
Spekulation	思辨
spekulirende Triebe	思辨欲
Substanz	实体
Summe	总和
Superstruktur	上层结构

T

Tat	行动
Tatbestand	事实
Tätigkeit	行动，活动
Teilung der Arbeit	分工
totale Individuen	全面个体
totale Produktivkräfte	总体生产力

U

Umstände	环境
Unterart	（类的）种
Urmensch	原人

V

Verhältnis	关系，境况（复）
Verkehr	交往
Verkehrsform	交往形式
Verkehrsverhältnis	交往关系
Volk	民众
Vorstellung	想象

W

Weise der Produktion	生产方式
Weltgeschichte	世界历史
Weltverkehr	世界交往
Wesen	本质，存在物
wirkliche Gemeinschaft	真实共同联合体

Z

zufälliges Individuum	偶然个体
Zusammenhang	联系
Zusammenwirken	共同活动

编注后记

　　一般而论，研究者面对的外译文献均为次生形态的文本，即经过了文字识别和判读、必要的整理以及翻译等诸程序和环节，其间难免会发生某种程度的失真和背离。因此，对原生形态文本的追溯就成为研读外译经典文献的必要前提和重要门径。《德意志意识形态》是一部作者生前未能最终完成和发表的文稿，对其原生形态的追溯就显得更为重要。

　　本书的编撰可谓出于一种自我强迫的使命感。这可能是基于本人的某些主客观条件：在主观方面，自己最为青睐的马克思和恩格斯的哲学著述就是《德意志意识形态》"费尔巴哈"章，也曾长期从事有关该章的研究和教学。特别是，确认该章手稿的纸张编码全部为恩格斯所标记以及应以此作为该章文本编排的根本依据和准则的方案系由本人明确提出，因而也有责任将其付诸实施。另外，本人的第一外语实际上为德语，虽为大学毕业后才修习，明显先天不足，但毕竟也经过专业学习和具有留学经历，尚可勉强用之。在客观方面，出于对"费尔巴哈"章的青睐，本人藏有"费尔巴哈"章的各种中外文版本，其中包括郭沫若的 1938 年译本，周建人（克士）的 1941 年译本，广松涉本人亲赠的 1974 年广松涉版，以及利波尔（Hans-Joachim Lieber）主编的 1971 年版《马克思著作集》第二卷（《德意志意识形态》卷）等珍本，这无疑为研究工作提供了极大的便利。面对这些条件，自己不禁无形中感到一种压力，感觉自己似乎负有一种无法逃脱的责任。正是在这种莫名的使命感的驱动下，历经一年多的不懈努力，大体完成了本书的编撰工作。期间，深感此项工作的浩繁、琐碎和细微。

　　脱稿之际，正值北京新冠防疫工作进入高潮。这样，此项工作也就成为对这段半封闭宅居生活的一种特殊纪念。

　　本书的出版得到中国社会科学出版社社长赵剑英教授的大力支持以及中国马克思主义研究基金会的热心资助，责任编辑朱华彬主任及校对、排版人员为顺利付梓付出了辛勤努力，谨在此深致谢意。

2022 年 6 月 22 日于京